Vision

Verlag

Friedrich Wilhelm von Steuben
Stich von Albert Teichel

Franz Fabian

Steuben

Ein Preuße in Amerika

Vision Verlag

Ergänzte und erweiterte Neuausgabe des Buches:
»Die Schlacht von Monmouth – F. W. v. Steuben in Amerika«
Umschlagbild: Die Kapitulation der Briten zu Yorktown 1781.
Gemälde von John Trumbull (Ausschnitt).

ISBN 3-928787-14-4
1. Auflage 1996
© Vision Verlag GmbH Berlin
Schutzumschlag und Einband:
Anneliese Mielke
Abbildungen: Archiv des Autors
Gesamtherstellung: druckhaus köthen GmbH

Inhalt

Alle Schätze der Welt, davon bin ich überzeugt,
könnten mich nicht dazu bringen, einen Angriffskrieg
zu unterstützen, denn ich halte ihn für Mord.
Aber wenn ein Dieb in mein Haus einbricht, mein
Eigentum verbrennt oder zerstört und mordet oder
mich und die in meinem Hause sind, zu töten droht,
um mich zu zwingen, seinen absoluten Willen zu
tun – soll ich das dulden?

(Thomas Paine)

Vor allen Dingen läßt sich der Geist dieser Nation
nicht im geringsten mit dem der Preußen, Österreicher
oder Franzosen vergleichen. Sie sagen dort einfach
zu Ihren Soldaten: ›Tut dies und das!‹, und es wird
ausgeführt. Ich bin dagegen gezwungen zu erklären:
›Dies muß aus dem und dem Grunde getan werden!‹
und erst dann wird es gemacht.

(Steuben in einem Brief an seinen
Freund F. W. v. Gaudy in Preußen)

Ein Hauptmann als General

An einem schönen Junitage des Jahres 1777 stieg ein elegant geklei-
deter Reisender in Paris in einem vornehmen Hotel ab. In seinem
Gepäck führte dieser Fremde einen Brief mit sich, der an den Vertreter der amerikanischen Kontinentalregierung in Frankreich,
Doktor Benjamin Franklin, gerichtet war. Verfasser dieses Briefes
war ein alter Freund Franklins, ein Engländer namens Burdett. Er
empfahl darin dem amerikanischen Gesandten den Überbringer des
Briefes Baron Friedrich Wilhelm von Steuben.

Aber noch bevor der Baron von Steuben Benjamin Franklin aufsuchte, hatte er sich um eine Zusammenkunft mit dem französischen Kriegsminister, dem Grafen St. Germain, bemüht, den er
schon vor Jahren bei einem Aufenthalt in Hamburg kennengelernt
hatte.

Drei Tage nach der Ankunft Steubens in Paris meldete sich bei
ihm im Hotel der Kommandeur des Regiments Condé, Oberst Pa-
genstecher. »Ich habe den Auftrag, Baron, Sie zum Kriegsminister
zu führen«, erklärte der Oberst. »Der Graf bedauert, daß er Sie
nicht in Versailles empfangen kann; aber das ist unter den gegebenen Umständen unmöglich. Er erwartet Sie an einem Orte, wo ihre
Unterredung ohne Zeugen sein wird. Paris ist voller Spitzel, man
muß sich in acht nehmen.«

Im Hofe des Hotels stand ein geschlossener Wagen. Steuben und
der Oberst bestiegen ihn. Der Schlag fiel zu, und die Kutsche rollte
über das holprige Pflaster davon.

Sie hielt erst wieder im Hof des Pariser Arsenals. Ein junger Offizier, der die Ankunft des Wagens erwartet hatte, riß die Tür auf
und führte die Herren zum Kriegsminister.

Steuben fand den Grafen über Mitchels große Karte der Vereinigten Staaten von Nordamerika gebeugt, als er dessen Kabinett betrat.

»Was haben Sie da, Graf?« fragte Steuben, nachdem er den Kriegsminister begrüßt hatte.

»Ihr künftiges Wirkungsfeld, Baron«, antwortete St. Germain, sich wieder der Karte zuwendend. »Ich habe mich mit Ihrem Anliegen beschäftigt. Sie sind der richtige Mann im richtigen Augenblick. Sie sollten nach Amerika gehen! Wenn Ihre dortige Tätigkeit von Erfolg gekrönt ist, werden Sie mehr Ruhm und Ehre ernten, als Sie es in Europa je erwarten können.«

»Mister Burdett, der Ihnen, Graf, wohl ebenfalls bekannt sein dürfte«, erwiderte Steuben, »hat mit mir in Karlsruhe und Baden ausführlich über die politische und militärische Lage auf dem amerikanischen Kontinent gesprochen. Von ihm stammt auch der Rat, daß ich mich an die Herren Franklin und Beaumarchais wenden solle, um die Möglichkeiten meines militärischen Engagements zu erörtern. Aber ich habe es doch für richtig gehalten, mich zunächst einmal bei Ihnen, Graf, über die Chancen meiner Absichten zu erkundigen.«

»Die junge amerikanische Republik braucht Ihr militärisches Talent, Baron«, erwiderte St. Germain. »Die amerikanische Armee ist schlecht ausgebildet und schlecht organisiert. Tapfere Männer stehen an ihrer Spitze, aber es mangelt ihnen an militärischer Erfahrung. Wie Sie selbst wissen, kann es sich Frankreich zu diesem Zeitpunkt nicht leisten, einen Krieg mit England zu riskieren. Deshalb kann ich den Amerikanern auch keinen meiner höheren Stabsoffiziere schicken, das käme einer offiziellen Einmischung gleich. Ich hoffe auf Sie, Baron. Helfen Sie den Amerikanern!«

Claude Louis Comte de Saint-Germain war ein kriegserfahrener Offizier. Er hatte an zahlreichen Feldzügen teilgenommen und den Siebenjährigen Krieg als General in der französischen Armee mitgemacht. Er war auch in der Schlacht bei Roßbach dabeigewesen, in der die Preußen die Franzosen vernichtend schlugen. Seit 1775 war er französischer Kriegsminister.

Der Graf war über die militärischen Fähigkeiten Steubens gut unterrichtet. Er wußte, daß die amerikanischen Truppen einen solchen

Ratgeber und Organisator brauchten, selbst ihr Oberkommandierender Washington besaß bei weitem nicht eine ähnliche militärische Ausbildung wie dieser Preuße, der als Stabsoffizier in der Armee Friedrichs des Großen geschult worden war, mit der sich keine andere Armee Europas, was die Ausbildung anbetraf, messen konnte.

»Wir unterstützen die Amerikaner, so gut es geht«, fuhr St. Germain fort, »aber noch sind uns Grenzen gesetzt, die wir nicht überschreiten dürfen. Doch ich kann Ihnen versichern, lieber Baron, daß die Möglichkeit eines offenen Bündnisses mit den Vereinigten Staaten vielleicht bald gegeben sein wird. Wenn Sie bis dahin die Aufgabe übernehmen, die Armee unserer zukünftigen Verbündeten ausbilden zu helfen, so wird Ihnen nicht nur der Dank des amerikanischen Kongresses, sondern auch der Dank der Regierung Seiner Majestät des Königs von Frankreich sicher sein.«

»Ich werde es mir überlegen«, erwiderte Steuben. »Noch habe ich nicht mit Herrn Franklin gesprochen und weiß nicht, was er zu dem Empfehlungsbrief sagen wird, den ich bei mir trage.«

»Ich bin sicher, daß er Ihnen eine positive Antwort zuteil werden läßt, wenn ich Ihren Schritt unterstütze, und ich bin hierzu gern bereit. Glauben Sie nicht, Baron, daß ich Ihnen etwas rate, was ich nicht bereit wäre selbst zu tun, wenn ich nicht im Dienste meines Königs stünde.«

Steuben war erstaunt darüber, daß der Kriegsminister bereit war ihm zu helfen, denn er hatte eine solche Unterstützung von französischer Seite nicht erwartet.

St. Germain fügte dem Schreiben Burdetts noch einen Vermerk vom militärischen Standpunkt aus bei, der der Empfehlung Gewicht verlieh. »Wenden Sie sich vorerst an Monsieur Beaumarchais, er wird alles Weitere veranlassen; denn er ist in diesen Angelegenheiten der bestinformierte und einflußreichste Mann in Paris. Beaumarchais erwartet Sie bereits, er ebnet Ihnen alle Wege.«

Caron de Beaumarchais[1] fand an dem Deutschen Gefallen, und er lud ihn sofort ein, bei ihm zu wohnen. Steuben war um der Repräsentation willen in einem sehr teuren Hotel abgestiegen und nahm daher dankbar die Einladung an.

In dem luxuriösen Hause des vielbewunderten Beaumarchais verkehrte die vornehme Welt der französischen Hauptstadt. Beaumarchais war nicht nur ein erfolgreicher Geschäftsmann und ein gefeierter Bühnendichter, sondern auch ein höchst unterhaltsamer Gesellschafter, der zahlreiche Freunde und Feinde besaß. Es gab viele, die er mit seinem Spott gebrandmarkt und auf das tiefste getroffen hatte. Aber Beaumarchais war auch gutmütig und konnte sehr generös sein. Er ging mit seinem Gelde ebenso verschwenderisch um wie mit seiner Begabung und seiner Lust am Leben.

Caron de Beaumarchais war ein typischer Vertreter des jungen, aufstrebenden Bürgertums. Ehemals Uhrmacher, später Musiklehrer der Töchter Ludwigs XV., hatte er sich durch seine Geschicklichkeit, seine gesellschaftlichen Talente, Beziehungen und Heiraten bald ein bedeutendes Vermögen erworben. Durch Finanzspekulationen vergrößerte er seinen Besitz erheblich und erwarb sich daneben noch einen Namen als Schriftsteller. Beaumarchais, dessen Feder und Zunge seines treffenden, bissigen Witzes wegen gefürchtet waren, verkehrte in den höchsten Kreisen.

Er gehörte zu jenen Pariser Intellektuellen, die sich mit revolutionären Gedanken trugen, und die in den rebellierenden Amerikanern ihre natürlichen Verbündeten sahen. Andererseits war er ein gerissener Kaufmann und witterte das große Geschäft, das mit dem Aufstand der amerikanischen Kolonisten gegen die englische Unterdrückung zu machen war.

Eines der schwierigsten Probleme für die amerikanischen Aufständischen war die Beschaffung von Waffen und Munition. In sämtlichen dreizehn Staaten gab es in der ersten Hälfte des Jahres 1776 nicht so viel Schießpulver, um auch nur einen Monat lang Krieg führen zu können. Die vorhandenen Gewehre waren für kriegerische Zwecke nur bedingt verwendbar. Sie waren von einheimischen Büchsenmachern für die Jagd gefertigt und von unterschiedlichem Kaliber. Jeder Jäger goß sich seine Bleigeschosse selbst. Bajonette waren eine Seltenheit. Auch Artillerie war kaum vorhanden.

In dieser Situation kam den Amerikanern das von England im Siebenjährigen Kriege geschlagene und nun im stillen nach Rache dürstende Frankreich zu Hilfe. Allerdings konnte man es nicht wagen, die Amerikaner offen zu unterstützen, wenn man nicht kriegerische Gegenmaßnahmen von seiten Großbritanniens herausfordern wollte. Die französische und die britische Regierung beteuerten einander ständig ihre friedlichen Absichten. Frankreich mußte die Amerikaner also im geheimen unterstützen. Andererseits konnte eine wirksame Hilfe den englischen Agenten in Frankreich aber unmöglich verborgen bleiben. Der französische Außenminister, Vergennes, arbeitete mit seinen Ratgebern daher den Plan aus, eine private Handelsfirma zu gründen, die offiziell nicht das geringste mit der französischen Regierung zu tun hatte und Waffen und andere Güter nach den Westindischen Inseln verkaufte. Von dort aus sollten die französischen Lieferungen an die Amerikaner weitergeleitet werden.

Mit der Leitung dieses Unternehmens wurde der Geschäftsmann und Bühnenschriftsteller Caron de Beaumarchais beauftragt. Dieser gründete die Firma Hortalez & Co., die nun die Verschiffung der aus den Arsenalen der französischen Regierung gelieferten Waffen übernahm. Beaumarchais war also der rechte Mann für Steuben. Er war über die Absichten des Deutschen, sich der amerikanischen Armee als Stabsoffizier zur Verfügung zu stellen, erfreut; denn dies bedeutete zugleich eine Unterstützung seines eigenen Handelsgeschäfts. Aber er war auch von Steuben selbst angetan. Beide hatten bald miteinander Freundschaft geschlossen, und der Franzose bemühte sich, dem Deutschen zu helfen, wo er konnte. Er vermittelte auch das Zusammentreffen Steubens mit Franklin.

In dem kleinen Pariser Vorort Passy hatte der amerikanische Gesandte ein Landhaus bezogen. Er hatte es für besser gehalten, nicht in Paris zu wohnen; denn er wollte einerseits den zahllosen Besuchern entgehen, die in ihm eine Art Wundertier aus einer neuen Welt sahen, und zum anderen wollte er die französische Regierung nicht durch seine Anwesenheit in der Hauptstadt vor England bloßstellen.

Um die Versorgung der amerikanischen Armee mit Kriegsmaterial in die Wege zu leiten, hatte der Kongreß im Frühsommer 1776 Silas Deane bereits nach Paris entsandt. Dieser verhandelte nun mit Beaumarchais. Aber bald, nachdem Deane als Handelsvertreter in Paris eingetroffen war, hatte der Kongreß Benjamin Franklin als Gesandten nach Frankreich geschickt, damit dort die Sache Amerikas nun auch politisch vertreten sei.

Franklin war ein berühmter Mann. Er war 1706 als Sohn eines Seifensieders in Boston geboren und hatte das Buchdruckerhandwerk gelernt. Später schrieb er selbst Bücher und wandte sich dem Studium der Physik zu. Er hatte sich vor allem der Erforschung der Elektrizität gewidmet und unter anderem den Blitzableiter erfunden. Seine wissenschaftlichen Arbeiten fanden höchste Anerkennung. Er war Mitglied der Royal Society in London, Doktor der Universitäten von Oxford und Edinburgh und versah hohe Staatsämter. Viele Jahre hatte er in England als Vertreter der Bevölkerung der Kolonien gewirkt und galt als ein beharrlicher Vorkämpfer der amerikanischen Unabhängigkeit.

Franklin war kein junger Mann mehr, als er sich auf das französische Unternehmen einließ. Aber er war ein Gelehrter von Weltruf und besaß jene Menschenkenntnis, Abgeklärtheit und zurückhaltende Weisheit, die notwendig waren, um auch ein guter Staatsmann zu sein. Frankreich für die Sache der Freiheit seines Landes zu gewinnen war eine Aufgabe, der er seine ganze Kraft widmete.

Franklin wurde in Paris schnell populär. Ihm gelang es bald, durch Vergennes, größere finanzielle Mittel für die Ausrüstung der amerikanischen Armee zu bekommen. Franklin wandte sich aber auch direkt an das französische Bürgertum. Dazu benutzte er seine publizistische Tätigkeit, besonders in der Zeitschrift »Affaires de l'Angleterre et de l'Amerique«, deren ständiger Mitarbeiter er war.

Für diese Zeitschrift schrieb Franklin auch jenen fiktiven Brief des angeblichen Grafen de Schaumbergh an den Baron Hohendorf, der die hessischen Truppen in Amerika kommandierte.

In diesem Brief gibt der Graf seiner Freude über die Nachricht Ausdruck, daß 1605 Hessen, die er geliefert hatte, getötet seien. Der amtliche britische Bericht nenne jedoch die Zahl 1455. Er zweifle nicht daran, daß Hohendorf diesen Irrtum korrigieren werde, da er sonst um das Geld käme, das er für seine getöteten Untertanen zu erhalten habe. Er hoffe auch, schreibt Schaumbergh, der Baron habe sich nicht zu sehr bemüht, Verwundete am Leben zu erhalten, denn er sei gewiß, sie würden eher sterben wollen, wenn sie sich nicht mehr für Dienste bei ihrem Herrn eigneten. Er sei gerade dabei, dem Baron neue Rekruten zu senden, mit denen dieser nicht sparen solle. Der Baron solle vor allem den Ruhm im Auge haben, denn dieser sei das wahre Glück des Soldaten. Der Ruhm könne aber nur inmitten von Gefahren erworben werden. Eine Schlacht zu gewinnen, die den Sieger kein Blut koste, sei ein unrühmlicher Erfolg, während sich die Besiegten, die mit den Waffen in der Hand zugrunde gegangen seien, mit Glorienschein umgeben hätten. Der Baron möge sich an jene dreihundert Mann erinnern, die den Engpaß der Thermopylen verteidigten und von denen nicht einer zurückgekehrt sei. Er würde sich glücklich schätzen, könnte er das von seinen tapferen Hessen sagen.

Dieser Brief, der in seiner Art an Swifts berühmtes Schreiben »Ein bescheidener Vorschlag, wie man die Kinder der Armen hindern kann, ihren Eltern oder dem Lande zur Last zu fallen ...« erinnert, prangerte den grausamen Menschenhandel an, den deutsche Fürsten mit ihren Untertanen trieben, und erregte die Empörung der europäischen Kulturwelt.

Franklin war in vieler Hinsicht für seine Heimat tätig und schickte der jungen amerikanischen Armee auch Offiziere, an denen es in den Staaten mangelte. Auf seine Empfehlung hin wurde auch der neunzehnjährige französische Adlige und Leutnant Lafayette in der amerikanischen Armee eingestellt, der im Unabhängigkeitskrieg eine bedeutende Rolle spielen sollte.

Eines Tages erhielt Franklin einen Brief seines alten Freundes Burdett, der in Karlsruhe im Dienste des Markgrafen von Baden stand. Burdett teilte Franklin mit, daß er mit einem Manne befreundet sei, der lange Jahre im Dienste König Friedrichs II. von Preußen gestanden habe und ein erfahrener Soldat sei. Außerdem habe dieser Mann eine hervorragende Ausbildung in den Kriegswissenschaften genossen und besitze glänzende Kenntnisse der höheren militärischen Führung. Er glaube wohl, daß man diesen Offizier für den Dienst in der amerikanischen Armee gewinnen könne.

Franklin bekam genügend Angebote von Offizieren, die in die amerikanische Armee eintreten wollten. Doch waren dies zumeist Abenteurer, die sich nur des Geldes wegen mit solchen Plänen trugen. Frankreich hatte den Amerikanern eine Anzahl Offiziere gesandt, die in der Armee der Staaten dienten. Aber keiner von ihnen besaß umfangreichere Kenntnisse der höheren Truppenführung. Das Angebot, einen geschulten Stabsoffizier der preußischen Armee zu gewinnen, war also keineswegs zu verachten.

Franklin antwortete, daß man die Angelegenheit wohl erörtern könne, wenn der Betreffende mit einem Empfehlungsschreiben nach Paris käme. Steuben war nun durch Beaumarchais bei Franklin angemeldet worden und fuhr nach Passy. Er trug außer dem Brief Burdetts noch ein Empfehlungsschreiben des französischen Außenministers Vergennes bei sich, mit dem ihn Beaumarchais bekannt gemacht hatte.

Franklins Haus lag in einem weiten Garten, denn der Gelehrte liebte es, viel im Freien zu sein, spazierenzugehen und, wenn das Wetter es zuließ, seine Arbeiten auf der Terrasse vor dem Hause zu erledigen und hier seine Besucher zu empfangen.

Über Franklin hatte Steuben bereits eine Menge erfahren, und er war gespannt auf diese Begegnung. Er traf einen kraftvollen Mann, dem man seine einundsiebzig Jahre nicht ansah. In seiner Gesellschaft befand sich ein großer, behäbiger, mit einem leichten Sommeranzug bekleideter Mann, den Franklin als Herrn Silas Deane vorstellte.

16

»Seien Sie uns willkommen, Baron«, sagte Franklin. »Wie ich von unserem Freunde Beaumarchais erfuhr, tragen Sie sich mit der Absicht, Ihre militärischen Kenntnisse unserem Lande zur Verfügung zu stellen?« »Das möchte ich, Doktor Franklin«, antwortete Steuben. »Und deshalb stehe ich vor Ihnen, um mit Ihnen zu besprechen, unter welchen Bedingungen dies geschehen soll.«

»Bedingungen?« Franklin wiegte den Kopf. »Es ist mir leider nicht möglich, mit Ihnen bestimmte Bedingungen zu vereinbaren, Baron.« Steuben gefiel dem Gelehrten. Franklin hatte sofort erkannt, daß dies ein Mann war, der wußte, was er wollte und konnte, daß hier keiner von jenen affektierten und gepuderten Offizieren vor ihm stand, von denen sich bereits eine große Zahl bei ihm um einen möglichst hohen Posten in der amerikanischen Armee beworben hatte. Dieser Deutsche war eine Persönlichkeit, ein ganzer Mann. Franklin hatte die Empfehlungsschreiben gelesen, die Steuben mitgebracht hatte, und obgleich er sich in militärischen Dingen wenig auskannte, spürte er wohl, daß es wichtig war, diesen Mann zu gewinnen. Aber er besaß keinerlei Vollmachten, dem Baron eine Stelle in der amerikanischen Armee anzubieten.

Außerdem war gerade zu dieser Zeit eine strenge Anweisung des Kongresses an seine Vertreter in Paris ergangen, keinem Offizier mehr, der seine Dienste anbot, Zusagen für Rang und Sold zu machen. Es hatte in der amerikanischen Armee viel Ärger und Aufsehen erregt, daß der Leutnant Lafayette und der deutsche Baron de Kalb gleich bei ihrer Ankunft in den Staaten zu Generalmajoren ernannt worden waren.

»Leider ist es mir nicht möglich, mit Ihnen Vereinbarungen zu treffen«, wiederholte Franklin.

Steuben glaubte zuerst, sich verhört zu haben. Hatte er denn nicht auf Franklins Rat hin, den ihm sein Freund Burdett übermittelt hatte, diese Reise unternommen? Und jetzt sagte ihm dieser Amerikaner, daß er nicht mit ihm verhandeln könne? Wozu war er dann überhaupt nach Paris gefahren?

»Es tut mir leid, auch in Ihrem Falle keine Ausnahme machen zu können«, sagte Franklin, als Steuben immer noch schwieg. »Aber wenn ich Ihnen einen Rat geben darf, Baron, dann gehen Sie als Freiwilliger in die Staaten. Amerika wird es Ihnen zu danken wissen, und der Kongreß wird Sie gewiß auf den Platz stellen, der Ihnen nach Ihren Kenntnissen und Fähigkeiten gebührt.«

»Ich dachte anfangs, ich hätte falsch verstanden, Doktor Franklin«, entgegnete der leicht erregbare Steuben aufgebracht. »Wissen Sie denn, was Sie mir da anbieten? Ich soll alles hier in Europa aufgeben, um in die mir unbekannte Neue Welt zu gehen, und mich in ein ungewisses Abenteuer einzulassen, ohne auch nur die geringste Sicherheit für mein ferneres Leben genannt zu bekommen. Wie stellen Sie sich das vor, Doktor Franklin?«

Franklin wies ihn zurecht. »Der Kampf um die Freiheit ist kein Abenteuer.«

»Wir haben unsere Vorschriften vom Kongreß«, sagte Silas Deane vermittelnd. »Es tut uns sehr leid, daß wir nicht in der Lage sind, Ihnen gleich hier bestimmte Versprechungen zu machen, und Garantien für Ihre Anstellung durch den Kongreß zu geben.«

Franklin lenkte ein. »Ich kann Ihnen versichern, Baron, daß Sie mit den Empfehlungsschreiben, die sie besitzen, ganz sicher eine entsprechende Position in unserem Heer erhalten werden.«

Steuben war enttäuscht. Er hatte angenommen, daß die amerikanischen Vertreter mit ihm einen Vertrag schließen würden, der ihm ein militärisches Kommando und ein Gehalt zugesichert hätte. Zumindest aber hatte er erwartet, daß man ihm einen ausreichenden Reisekostenvorschuß anbieten würde.

Als Silas Deane zu verstehen gab, daß sie nicht einmal die Vollmacht besäßen, ihm die Reise zu bezahlen, fühlte sich Steuben genarrt. Was dachten sich denn diese Amerikaner? Wozu war er überhaupt noch hier?

»Wir können Ihnen zwar kein Geld versprechen, Baron«, sagte Franklin, »aber Sie brauchen sich über die Entlohnung Ihrer Dienste keine Gedanken zu machen. Amerika ist ein junges, noch unerschlossenes Land. Es besitzt guten Boden und herrliche Wälder in Hülle und Fülle. Sie können dort Ländereien bekommen, deren Besitz Ihr zukünftiges Leben sichern wird. Vielleicht können wir sie damit fürs erste zufriedenstellen und Sie für uns gewinnen?«

Steuben glaubte, Franklin wolle ihn zum besten haben.

»Ich sehe, Doktor Franklin, daß wir so nicht weiter zu verhandeln brauchen«, erwiderte er gekränkt.

Er verabschiedete sich kühl und fuhr in sein Quartier zurück.

Hier überlegte er, was er tun solle. Seit Jahren hatte er keinen militärischen Posten mehr bekleidet, sondern war Oberhofmarschall des Fürsten von Hohenzollern-Hechingen gewesen. Diese Tätigkeit aber konnte ihn nicht befriedigen. Er war im Soldatenberuf aufgewachsen, hatte eine gute militärische Ausbildung erhalten und war Offizier im Stabe Friedrichs des Großen gewesen. Seit seiner Entlassung aus dem preußischen Dienst hatte er sich mit der Stellung eines Höflings zufriedengeben müssen.

Steuben war ein Mann von Unternehmungsgeist und großer Energie.

Voller Hoffnung war er nach Paris gekommen. Sollte er Frankreich wieder verlassen, ohne etwas erreicht zu haben? Er konnte es nicht!

Er hatte fest daran geglaubt, daß man ihn mit Freuden aufnehmen und nach Amerika senden würde. Nun hatten sich seine Pläne zerschlagen. Das Schlimmste aber war, er besaß nicht einmal ausreichende finanzielle Mittel. Mit seinem letzten Geld hatte er die Reise finanziert. In seiner Notlage bewarb sich Steuben bei St. Germain um einen Posten in der französischen Armee. Der Kriegsminister lehnte ab. Es sei keine Stelle mehr frei, hieß es. Wahrscheinlich aber nahm man Steuben nicht, weil er Preuße war. Er wandte sich an den spanischen Gesandten, doch für einen Protestanten, einen Ketzer, gab es in der Armee Seiner Katholischen Majestät keinen Platz.

Was sollte er tun? In Gedanken hatte er sich bereits auf dem Wege nach Amerika gesehen. Seine Sympathien gehörten den Amerikanern.

Hinzu kam, daß auch von der militärischen Seite her gesehen, hier die größten Möglichkeiten für ihn lagen. Als Berufssoldat hatte er in der amerikanischen Armee, die sich im Kriege befand und dringend fähiger Organisatoren bedurfte, die größten Chancen. So blieb er zunächst noch in Paris.

Da erreichte Steuben der Brief eines Freundes, durch den er erfuhr, daß er große Aussichten habe, beim Markgrafen von Baden gute Dienste zu finden. Überzeugt, daß aus seiner Reise nach Amerika nichts würde, verließ er Paris.

In Baden erwartete ihn eine neue Enttäuschung. Schon immer war er als Protestant am Hofe des Fürsten von Hohenzollern-Hechingen nur ungern gesehen worden, und man hätte ihn wohl längst entlassen, wenn der Fürst selbst ihn nicht gestützt hätte. Während seiner Abwesenheit hatten nun kirchliche Kreise Anschuldigungen wegen eines unkeuschen Lebenswandels gegen ihn erhoben. Er, der Junggeselle geblieben war und niemand Rechenschaft schuldete, wurde jetzt eines ausschweifenden Lebens verdächtigt. Während er in Paris weilte, hatte man solche Gerüchte ausgestreut, so daß manche Bekannte es vermieden, mit ihm zusammenzutreffen.

Wie in Hechingen, hatte man auch in Karlsruhe diese Gerüchte verbreitet, und er stieß hier ebenfalls auf eisige Ablehnung. Nur wenige alte Freunde hielten zu ihm.

Doch bald trafen Briefe von Beaumarchais und St.Germain bei Steuben ein, in denen er gebeten wurde, wieder nach Paris zurückzukommen.

Angewidert von der spießbürgerlichen Heuchelei und der Verleumdung reiste er noch einmal nach Paris. Amerika war jetzt seine ganze Hoffnung, in Deutschland war kein Platz mehr für ihn.

Steubens Wagen rollte durch eine anmutige Spätsommerlandschaft, als er das zweite Mal nach Paris fuhr. Der Altweibersommer hing schon in der Luft, die Felder waren abgeerntet. Aber die Sonne spendete noch reichlich Wärme.

Am 18. August traf er in Paris ein. Er war sich völlig klar darüber, daß es kein Zurück mehr für ihn gab. Dieses Mal mußte etwas geschehen.

Aber er brauchte sich keine Sorgen zu machen, denn als er bei Beaumarchais eintraf, war bereits alles entschieden. Beaumarchais zeigte sich geradezu entzückt, den Baron wiederzusehen. Er empfing seinen Gast wie einen lang ersehnten Freund und Bundesgenossen.

Sie fuhren hinaus nach Versailles, wo sie von St.Germain empfangen wurden.

»Wir haben alles für Sie vorbereitet, lieber Baron«, erklärte Beaumarchais in Gegenwart des Kriegsministers. »Die Firma Hortalez & Co. wird Ihre Reise finanzieren und Ihnen ein Schiff zur Verfügung stellen. Auch für Ihre persönliche Ausstattung und Ihre eigenen Wünsche wird gesorgt werden.«

»Aber wie steht es mit einem Vertrag«, fragte Steuben, »ich kann doch nicht ins Blaue hinein reisen?«

»Wir schlagen Ihnen vor, diese Reise privat zu unternehmen«, antwortete Beaumarchais. »Das heißt natürlich, auf unsere Kosten. Sie werden sozusagen als vornehmer Ausländer Amerika besuchen und sich dann, wenn Sie dort angekommen sind, als Freiwilliger anbieten.«

»Als Freiwilliger?« fragte Steuben. »Ohne irgendwelche Garantie, daß man meine Dienste auch wünscht?«

»Sie werden Empfehlungsschreiben mitbekommen«, sagte St.Germain rasch. »Von mir und auch von dem Außenminister Graf de Vergennes, mit einer entsprechenden militärischen Beurteilung.«

»Auch Doktor Franklin und Mister Deane werden Ihnen selbstverständlich Empfehlungsschreiben mitgeben«, ergänzte Beaumarchais, »und ich bin gewiß, daß der Kongreß Ihnen eine ehrenvolle militärische Aufgabe zuweisen wird, wenn Sie, mit solchen Empfehlungen versehen, vorsprechen.«

»Sollten trotzdem alle Bemühungen fehlschlagen«, fügte der Kriegsminister hinzu, »dann wird die Regierung Seiner Majestät des Königs von Frankreich Sie in angemessener Weise entschädigen. Ich gebe ihnen mein Wort. Wir haben allergrößtes Interesse daran, daß ein Offizier wie Sie, die Armee der Vereinigten Staaten von Amerika ausbilden hilft. «

Steuben überlegte nicht lange. Wenn er jetzt nicht in das Angebot einwilligte, verpaßte er seine Chance. »Ich nehme an, meine Herren«, sagte er, »und stehe zu Ihrer Verfügung.«

»Gut«, entgegnete St.Germain, »aber da wäre noch eine Schwierigkeit, Baron. Sie sind, soweit mir bekannt ist, als Hauptmann aus der Armee des Königs von Preußen ausgeschieden. Das ist keine Charge, die das Interesse des amerikanischen Kongresses für Sie erwecken könnte. – Bitte verstehen Sie mich recht, das soll nicht heißen, daß wir in irgendeiner Weise Zweifel an Ihrem militärischen Wissen und Talent hegen. Im Gegenteil! Wir sind von Ihrer Tüchtigkeit überzeugt, lieber Baron. Sonst hätten wir Sie nicht gebeten hierherzukommen. Es fragt sich nur, ob auch der amerikanische Kongreß von Ihren Fähigkeiten überzeugt sein wird, wenn Sie sich dort als Hauptmann vorstellen. Sie müssen bedenken, diese Leute sind keine Soldaten und verstehen wenig von militärischer Schule. Ihnen imponieren nur Rang, Titel und Uniform.«

»Ich habe in der Armee des Markgrafen von Baden den Rang eines Obersten gehabt, Exellenz«, sagte Steuben. Er hatte von vornherein einen solchen Einwand erwartet und sich deshalb diesen Schwindel zurechtgelegt, der in Paris nicht so ohne weiteres nachzuprüfen war. Sollte man sich erkundigen, würde er längst abgereist sein, ehe eine Antwort in Paris eintraf. Er hatte sich entschlossen, alles auf eine Karte zu setzen.

»Ich fürchte, Baron, auch dieser Rang würde nicht genügen«, antwortete der Kriegsminister. »Ich denke, wir müssen in Ruhe überlegen, wie wir diese Frage zufriedenstellend lösen können, damit Sie ihren Fähigkeiten entsprechend eingesetzt werden.«

»Ich bin überzeugt, mein Freund, wir werden eine Regelung finden, von der alle Beteiligten Nutzen haben«, fügte Beaumarchais lächelnd hinzu. »Wir werden darüber nachdenken.«

Zum Abend hatte Beaumarchais in sein Haus einige Freunde und Bekannte zu Gast geladen, dazu eine Reihe Leute, an denen er interessiert war. Es kam die Pariser Lebewelt – Barone und Marquis', Adlige aus dem Klüngel um die Königin Marie Antoinette, Bankiers und Staatsbeamte, Hofdamen und Schauspielerinnen. Es kamen aber auch Dr. Franklin und Mister Deane, die an einem solchen Abend nicht fehlen durften. Beaumarchais war immer bestrebt, einen Kreis interessanter Leute, einflußreiche Männer und schöne Frauen, um sich zu haben.

Steuben fühlte sich inmitten dieser schillernden, schmuckblitzenden Welt wohl. Hunderte von Kerzen in prächtigen, breitarmigen Kandelabern warfen ihr schimmerndes Licht auf die nackten Schultern der Damen, die der neuesten Mode ihrer Zeit entsprechend gekleidet waren. Beaumarchais nahm den Deutschen beiseite. »Ich habe die Lösung, lieber Baron«, sagte er. »Sie fahren als General in die Neue Welt, als General des Königs Friedrich von Preußen. Nur so erscheint es mir möglich, Ihnen von Anfang an eine Stellung zu sichern, in der Sie nutzbringend wirken können. Es wird keinerlei Schwierigkeiten geben, machen Sie sich keine Sorgen, mein Freund. Ich richte alles so ein, daß die Herren im amerikanischen Kongreß zufriedengestellt werden.«

»Aber ich habe schon mit Doktor Franklin und Mister Deane verhandelt«, wandte Steuben ein, »und sie wissen bereits einiges über mich.«

»Mit denen werde ich sprechen, das lassen Sie meine Sorge sein, mein Lieber. Sie müssen General sein, wenn Sie nach Amerika gehen, das ist absolut notwendig. Wir werden Sie entsprechend ausstatten. Es gibt gute Schneider in Paris.«

»Ich bin einverstanden«, stimmte Steuben zu. »Nur wer etwas wagt, kann gewinnen. Ich werde Sie nicht enttäuschen.«

»Das ist ein Wort, Baron«, Beaumarchais lächelte, »kommen Sie, wir gehen zu Franklin.«

»Es freut mich, Sie wieder in Paris zu sehen, Baron«, sagte Franklin, als er Steuben begrüßte. »Wie ich vernommen habe, sind Sie nun

doch entschlossen, unserem Volke in seinem Befreiungskampf bei-
zustehen?«

»Ich bin entschlossen, Doktor Franklin«, antwortete Steuben.
»General von Steuben wird sich unverzüglich in die Neue Welt begeben, um für die Freiheit Amerikas zu fechten«, fügte Beaumarchais hinzu.

»General von Steuben?« fragte Franklin verwundert. »Ich habe
gar nicht gewußt, daß Sie General sind, Baron. Weder mein Freund
Burdett schrieb mir davon, noch haben Sie es jemals erwähnt, wenn
mich mein Gedächtnis nicht trügt. Oder irre ich mich?«

»Dürfen wir Sie, Doktor, und Herrn Deane um eine Unterredung ohne Zeugen bitten«, sagte Beaumarchais rasch. »Bitte, kommen Sie in mein Arbeitskabinett.« Beaumarchais ging voran, die
anderen folgten ihm.

»Sie haben sich nicht geirrt, Doktor Franklin«, begann Beaumarchais, als die vier Männer allein waren. Er wußte, daß er Franklin nichts vormachen konnte. Diesem Amerikaner war er nicht
gewachsen. Vor Franklin versagten sein Scharfsinn, sein Witz und
seine Gerissenheit. Der Gelehrte durchschaute ihn sofort.

Beaumarchais hielt es aus diesem Grunde für das beste, mit offenen Karten zu spielen. Einem guten Argument gegenüber war
Franklin niemals abgeneigt, das wußte Beaumarchais.

»Ich bin der Meinung, Doktor Franklin«, sagte er sachlich, »daß
Baron von Steuben als General in Ihr Land reisen sollte, damit wir
die Gewißheit haben, daß er zum Nutzen der Sache der Freiheit des
amerikanischen Volkes und seinen militärischen Gaben entsprechend, das Bestmögliche leisten kann. Seine Exellenz, der Kriegsminister, auch der Außenminister und alle militärischen Persönlichkeiten, mit denen ich über den Baron sprach, waren überein-
stimmend der Ansicht, daß die militärischen Qualitäten des Barons
über jeden Zweifel erhaben sind. Der Baron war Oberst im Heere
des Markgrafen von Baden, aber ich denke, es ist im Interesse unserer Sache nützlicher, ihn dem Kongreß nicht als Obersten des

Markgrafen von Baden, sondern als General des Königs von Preußen vorzustellen.«

»Da mögen Sie wohl recht haben, Monsieur de Beaumarchais«, erwiderte Franklin lächelnd. »Für einen schlechten Geschäftsmann habe ich Sie nie gehalten. Ich verstehe zwar nicht viel von militärischen Dingen und muß mich auf das Urteil der Fachleute verlassen, die mir Vorteilhaftes über den Baron berichtet haben, doch ich verstehe etwas von Ökonomie und weiß, daß man eine gute Ware in einer guten Verpackung liefern muß. Die Männer in unserem Kongreß sind in der Mehrzahl Kaufleute, Landbesitzer und Rechtsanwälte, und verstehen von militärischen Dingen sowenig wie ich. Deshalb leuchtet mir Ihr Vorschlag ein, Monsieur.«

»Dürfen wir denn dem Kongreß gegenüber eine solche Unwahrheit vertreten?« wandte Silas Deane ein.

»Ich denke, das dürfen wir, wenn es zum Wohle unseres Volkes geschieht«, entgegnete Franklin ruhig, der den ganzen Umfang und die Bedeutung dieser Angelegenheit sofort begriffen hatte. »Sie wissen, Deane, daß ich ein Feind der Unwahrheit und ein Freund der Wahrheit bin. Ich muß Monsieur de Beaumarchais recht geben. Eine solche Unwahrheit dient einem guten Zweck, sie dient dem Siege der Wahrheit und des Rechts, und deshalb ist es für mich keine Unwahrheit mehr.«

Franklin blickte auf den Franzosen. »Sie haben mein Einverständnis, Monsieur de Beaumarchais. Schicken Sie den Baron nach Amerika. Meine Unterstützung sollen Sie haben und auch die von Herrn Deane.«

Franklin streckte Steuben, der schweigend dem Gespräch gefolgt war, die Hand hin. »Reisen Sie mit Gott, General Steuben, und helfen Sie unserem Volk, die Feinde seiner Freiheit zu besiegen.«

Der Soldat

Friedrich Wilhelm von Steuben wurde am 17. September 1730 in der Festung Magdeburg als erster Sohn des Ingenieur-Hauptmanns Wilhelm Augustin von Steuben geboren.

Die Familie stammte aus dem Hessischen. Steubens Vorfahren waren Pachtbauern, die keinen Adelstitel trugen, sondern schlicht Steube hießen.

Friedrich Wilhelms Großvater, Augustin Steube, hatte den geistlichen Beruf wählen müssen. Er war wenig geeignet für dieses Amt, denn zweimal wurde er seines Postens enthoben. Einmal, weil er außer seiner Ehe noch eine Liebschaft mit einer Magd unterhalten hatte, und ein anderes Mal, weil er bei der Jagd einen Jungen angeschossen und getötet hatte. Seine Predigten wurden von vielen Leuten als ketzerisch bezeichnet.

Als er nach seiner zweiten Amtsenthebung in den kleinen Ort Drechen strafversetzt wurde, trug er sich in das dortige Kirchenbuch als Augustin von Steube ein. Zugleich erklärte er, daß er einer adligen Familie entstamme, die in den Wirren des Dreißigjährigen Krieges ihre Güter verloren habe und zerrissen worden sei.

Er mochte verschiedene Gründe für diesen Schwindel gehabt haben. Er hatte eine verarmte Adlige geheiratet, die es nie verwinden konnte, daß sie eine Ehe mit einem hessischen Bauernsohn eingegangen war. Zum anderen wollte er seinen zahlreichen Kindern einen guten Start für ihren Lebensweg schaffen. Auf diese Weise konnten seine Söhne, wie viele andere junge Adlige, die kein Vermögen besaßen, den Offiziersberuf ergreifen. Seine Töchter bekamen so vielleicht die Möglichkeit zu einer vorteilhaften Heirat.

Seit dieser Zeit trug die Familie den Adelstitel. Drei Söhne Augustins wurden Offiziere, und zwei seiner Töchter heirateten in adlige Familien, nur die jüngste blieb unverheiratet.

Der dritte Sohn, Wilhelm Augustin, der Vater Friedrich Wilhelms, trat 1715 im Alter von sechzehn Jahren als Fahnenjunker in die preußische Armee ein.

Die Kinder Augustins wußten von dem falschen Adelstitel, den der Vater der Familie zugelegt hatte, denn der älteste Sohn war zu dieser Zeit fast erwachsen, und auch Wilhelm Augustin war bereits neun Jahre alt. Wilhelm Augustin erfand später sogar einen Stammbaum für die Familie. Als Stammvater erkor er einen adligen Offizier aus dem Dreißigjährigen Kriege namens Nikolaus von Steuben, der ohne Nachkommenschaft gestorben war. Wilhelm Augustin hat ihm einen Sohn zugeschrieben, Ludwig von Steuben, und diesen als Großvater bezeichnet.

1729 war Wilhelm Augustin zu den Königlichen Ingenieurtruppen nach Magdeburg versetzt worden, wo er Maria Dorothea Justina von Jagow heiratete. Ein Jahr später wurde Friedrich Wilhelm geboren.

Der junge Friedrich Wilhelm Steuben lernte früh, daß man es mit der Wahrheit nicht so genau nehmen durfte, wenn man in der feudalen Gesellschaft angesehen sein wollte. Viele Berufe blieben nur dem vorbehalten, der adlig war und über die nötigen Beziehungen verfügte.

Das Hauptmannsgehalt, das der Vater bezog, reichte gerade aus, die notwendigsten Bedürfnisse der Familie zu befriedigen. Aus diesem Grunde sah sich Hauptmann von Steuben nach Diensten in anderen Armeen um, wo man tüchtige Offiziere besser bezahlte. Da kam ihm ein Zufall zu Hilfe.

Die Zarin Anna von Rußland hatte den preußischen König Friedrich Wilhelm I. um einige Ingenieuroffiziere gebeten, und mit Genehmigung seines Monarchen fuhr Hauptmann von Steuben 1731 nach Rußland. Er nahm Frau und Kind mit. Friedrich Wilhelm war ein Jahr alt, als er seine Eltern auf dieser weiten Reise begleitete.

In Rußland empfing Friedrich Wilhelm seine ersten Kindheitseindrücke. Kronstadt, St. Petersburg, Riga waren die Stationen seiner Kindheit. Der Vater zog unter dem Feldmarschall Graf

Münnich, der aus Oldenburg stammte, in den polnischen Erbfolgekrieg, wo er sich bei der Belagerung von Danzig auszeichnete. Auf der Krim kämpfte er gegen die Türken.

Friedrich Wilhelm, der bei seiner Mutter in der Garnison blieb, spielte währenddessen mit den Kindern der russischen Offiziere und Soldaten und träumte davon, einmal ein berühmter Kriegsheld zu werden.

Sein Vater wurde aber, obwohl er seine Dienste in Ehren und mit Auszeichnung erfüllt hatte, nicht angemessen entlohnt und kehrte 1739, arm wie er gegangen war, in die preußische Armee zurück.

Das Jahr 1740 brachte Preußen einen neuen König und den ersten Schlesischen Krieg. Friedrich II. begann seine Regierung mit einem Angriff auf den Nachbarstaat Österreich. Er schlug die Armee Maria Theresias bei Mollwitz. Als der Feldzug zu Ende war, wurde Hauptmann von Steuben zum Major befördert und erhielt den Orden Pour le merite, weil er sich bei der Belagerung von Neiße in hervorragender Weise ausgezeichnet hatte.

In Neiße, wo sein Vater einige Jahre stationiert war, und später in Breslau, ging Friedrich Wilhelm zur Schule. Auch er sollte Offizier werden, und darauf bereitete er sich vor.

Der junge Steuben hatte kaum etwas anderes kennengelernt als die Welt des Militärs. Als Sohn eines armen Offiziers stand ihm auch keine andere Laufbahn offen, die erfolgversprechend war. Als der zweite Schlesische Krieg begann, nahm der Vater den vierzehnjährigen Jungen mit ins Feld.

Friedrich Wilhelm erlebte die lang währende Belagerung von Prag, bei der viele blutige Kämpfe ausgefochten wurden und beide Seiten hohe Verluste erlitten.

Steuben hatte eine für die damalige Zeit gute Schulbildung genossen. Sein Wissen übertraf das der meisten jungen Adligen, die Offiziere werden wollten. Neben seiner Muttersprache beherrschte er das Französische und das Russische gut. Er besaß gründliche

Kenntnisse der Mathematik und hatte sich intensiv mit der Literatur seiner Zeit beschäftigt. In seinen frühen Briefen findet sich eine Fülle von Bemerkungen über gelesene Bücher.

1746, als Steuben sechzehn Jahre alt war, trat er als Fahnenjunker in das Infanterieregiment Lestwitz ein. Er blieb in Breslau, so daß er Vorlesungen an der Universität besuchen und auch deren Bibliothek benutzen konnte.

»Mitten unter den Ausschweifungen einer soldatischen Jugend nährte ich indessen frühzeitig einen Trieb, nicht allein meine Profession zu erlernen, sondern auch meine Kenntnisse in den schönen sowohl als nützlichen Wissenschaften zu erweitern«, schrieb er in späteren Jahren an einen Freund. Er las Cervantes, Swift und Voltaire, war aber dabei nicht der Typ eines Leisetreters, ganz im Gegenteil – Steuben war der Mittelpunkt eines Kreises junger Männer, welche die Stadt mit ihren Späßen unsicher machten. Er war ein guter Tänzer und ein beliebter Gesellschafter, der auch selbst gern Gastgeber war. So gab er seinen Freunden an Soldtagen kleine Soupers, bei denen es manchmal turbulent zuging.

Im November 1752 wurde er zum Sekondeleutnant befördert, und kaum zwei Jahre später erhielt er ein Kommando über eine Abteilung Soldaten, welche die Festung Schweidnitz ausbauen helfen sollte.

In einem Brief, den Steuben am 4. Juni 1754 an einen Freund richtete, schrieb er, daß er in Schweidnitz zu einer höchst abstoßenden Tätigkeit verurteilt sei, da er an dem Bau einer Schanze mitwirken müsse, die quer über einen Friedhof angelegt werde. Seine Soldaten seien damit beschäftigt, einen tiefen Graben auszuheben, wobei ständig halbverweste Leichen zutage gefördert würden.

»Ich bin sehr um meine armen Soldaten besorgt, denn die ekelhaften Dünste werden immer stärker, je mehr die Jahreszeit vorrückt. Ich habe Essig, Schnaps, Tabak und anderes beschaffen lassen, was mir für die Gesunderhaltung der Soldaten nützlich zu sein scheint. Bis jetzt habe ich noch keinen Toten, bin aber in großer Sorge für den Juli. Damit keine Unruhe aufkommt, arbeite ich regelmäßig mit, obgleich diese schauderhafte Arbeit auch mich anekelt, und meine Untergebenen sehen sich genötigt, meinem Beispiel zu folgen. Ora pro nobis! Die hiesigen Befestigungen sind sehr ausgedehnt und vortrefflich angelegt. Ich wünschte sie mir aber noch fester, denn dann wäre dieser Platz für die Pläne des Königs überaus geeignet und würde ihm als großes Heeresdepot dienen, wenn wir nächstens mit der »großen Dame«[2] wieder Krieg haben sollten ...«

Bald erklärten Frankreich und England einander den Krieg. Während Frankreich sich mit Österreich und Rußland verbündet hatte, schloß Preußen mit England ein Bündnis.

Friedrich fiel in Sachsen ein und besetzte Anfang 1756 Dresden. Damit hatte er einen Krieg begonnen, der sieben Jahre währte.

Steuben zog mit dem 34. Regiment, das zur Armee des Feldmarschalls Graf Schwerin gehörte, ins Feld. Es ging nach Böhmen hinein. In der Schlacht bei Prag wurde er verwundet.

Da sich Steuben als kühner Draufgänger im Kampfe bewährt hatte, wurde er zum Freibataillon des Generals Johann von Mayr abkommandiert, das zur Armee des Prinzen Heinrich von Preußen[3] gehörte.

Mit den Freibataillonen hatte sich Friedrich der Große eine Spezialtruppe geschaffen, die unabhängig operierte und deren Aufgabe es war, durch plötzliche, überraschende Angriffe und Handstreiche den Feind überall dort zu treffen, wo er es nicht erwartete. Außerdem wurden diese Bataillone zur Abwehr der Überfälle der Panduren eingesetzt, der irregulären schnellen Truppen Maria Theresias.

Die Freibataillone rekrutierten sich aus abenteuerlustigen, jungen Männern, die hier ein weites Feld für ihren Erlebnisdrang fanden. Sie bestanden aus je tausenddreihundert Mann Fußtruppen, zweihundert Husaren und einer leichten Batterie von fünf Kanonen. Das Freibataillon des Generals von Mayr tat sich während des Krieges besonders hervor.

Für Steuben bot diese Truppe das geeignete Betätigungsfeld. Sein Interesse gehörte seit jeher der leichten Truppe, deren Stärke in ihrer Beweglichkeit und der Überraschungstaktik lag. Die kühnen Unternehmungen gaben ihm Gelegenheit sich auszuzeichnen.

Steuben war einer der besten jungen Offiziere des Freibataillons. 1758 ernannte ihn Mayr zu seinem Adjutanten und ersten Offizier des Stabes.

Das Freibataillon von Mayr erschien überall auf dem Kriegsschauplatz und löste die schwierigsten Aufgaben. Fast täglich gab es Kämpfe mit den Panduren, die diese Formation schnell fürchten lernten. Das Bataillon zog durch Süddeutschland, überfiel Nürnberg und Bamberg, nahm die Stadt Hof ein, kämpfte an der Elbe. Nach einem Überraschungsangriff auf Suhl räumte es die dortigen Gewehrfabriken aus.

Schon nach der Schlacht bei Roßbach hatte das Bataillon die geschlagenen Franzosen bis Erfurt verfolgt. Später war es auch an der Verteidigung von Dresden und der Verfolgung der geschlagenen Österreicher bis an die böhmische Grenze beteiligt.

General von Mayr starb plötzlich im Januar 1759 in Plauen. Für Steuben war die Zugehörigkeit zu diesem Korps die beste militärische Schule gewesen, sie sollte für ihn von großem Nutzen sein. Hier hatte er die Taktik der leichten Infanterie, den Schützenkampf, gelernt, wie er bei den regulären Söldnerheeren jener Zeit noch nicht üblich war. Die Plänkler der Freibataillone bewegten sich in lockeren Schützenlinien im Gelände und feuerten einzeln aus gedeckter Stellung.

Die Taktik der regulären Armeen war die Lineartaktik. In länglichen, starren Vierecken bewegten sich die mit dem Korporalstock gedrillten Söldner in geschlossener Ordnung nach dem Kommando ihrer Offiziere im Gelände. Den einzelnen Abteilungen, Pelotons genannt, fehlte jegliche eigene Initiative, denn sie wurden von ihren Feldherren dirigiert, die alle ihre Bewegungen leiteten. In langsamem Gleichschritt rückten sie vor und schossen dabei auf das Kommando ihrer Offiziere hin Salven ab. Die Truppe, die im entscheidenden Augenblick am schnellsten ihre Salven abfeuerte und am geschicktesten die befohlenen Bewegungen auszuführen verstand, blieb Sieger auf dem Schlachtfeld.

Diese starre Lineartaktik war mit den Freibataillonen zum ersten Male durchbrochen worden. Wenige Jahrzehnte später sollte die neue Taktik das Gesicht des Krieges entscheidend verändern.

Nach dem Tode des Generals von Mayr kehrte Steuben wieder in die reguläre Armee zurück und tat im Stabe des Generals von Hülsen Dienst, der einen Teil der Armee des Prinzen Heinrich kommandierte. Zeitweilig war Steuben auch im Stabe des Prinzen tätig, dessen Achtung er sich erwarb, und mit dem er noch in späteren Jahren in Briefwechsel stand. Steuben nahm an verschiedenen Gefechten teil. In der Schlacht bei Kunersdorf wurde er verwundet, in der die Russen die Armee Friedrichs vernichtend schlugen.

Im November 1759, als Steuben fast dreißig Jahre alt war, wurde er zum Premierleutnant befördert und bald darauf in das Große Hauptquartier versetzt. Hier ernannte man ihn zum Quartiermeister-Leutnant. Damit war seine Befähigung zum Generalstabsoffizier vom König anerkannt worden. Das Quartiermeisterkorps Friedrichs des Großen war ein Vorläufer des späteren Generalstabs und befaßte sich mit der Truppenführung auf dem Marsch und in der Schlacht.

Im Herbst des Jahres 1761 wurde Steuben dem Stabe des Generalleutnants von Platen zugeteilt, den Friedrich mit siebentausend Mann an die russische Front entsandte. Das Korps hatte die Aufgabe, im Rücken der Russen zu operieren.

Nach einigen Streifzügen wandte sich General von Platen nach Pommern, um dem arg bedrängten Kolberg zu Hilfe zu kommen.

Steuben war bei Generalmajor von Knoblich Adjutant geworden, dessen Brigade bei Treptow an der Rega Stellung bezog, um die Nachschubwege nach Kolberg zu schützen. Aber die Brigade wurde von achttausend Russen eingeschlossen, so daß sie nach drei Tagen erfolgloser Verteidigung kapitulieren mußte. Steuben, der gut russisch sprach, führte die Kapitulationsverhandlungen. Achtundfünfzig Offiziere und zweitausend Mann gingen in die Gefangenschaft.

Die Offiziere, die ihre Degen behalten durften, wurden in Königsberg interniert. Aber die Gefangenschaft dauerte nicht lange. Bereits wenige Monate nach diesen Ereignissen im Januar 1762 verstarb die Zarin Elisabeth. Ihr Nachfolger Peter III., der eine fast pathologische Verehrung für alles Preußische zeigte und König Friedrich verehrte, schloß sofort einen Waffenstillstand mit Preußen.

Steuben informierte Friedrich den Großen nach dem Tode der Zarin Elisabeth ständig über die politische Lage in Rußland. Seine Kenntnisse der russischen Sprache waren ihm sehr nützlich.

Steuben berichtete dem König, daß er in Verbindung mit einem Verwandten des neuen Zaren, dem Prinzen von Hollstein-Gottorp, und anderen Offizieren der russischen Armee stehe. Er zweifle nicht daran, daß der neue Zar die Absicht habe, einen Friedensvertrag mit Preußen abzuschließen.

In einem eigenhändigen Schreiben versicherte Friedrich den »Brigademajor, Hauptmann von Steuben« seiner höchsten Anerkennung. Zwei Wochen später verfügte der König, daß Steuben den preußischen Gesandten Baron von Goltz als Attaché nach St. Petersburg begleiten solle. Steuben hielt sich einige Monate am Hofe des Zaren auf. Er blieb so lange in St. Petersburg, bis der russisch-preußische Friedensvertrag unterzeichnet war.

Am 16. Mai reiste er nach Preußen zurück und erstattete dem König am 29. Mai in Breslau Bericht, wobei er auch ein Handschreiben des Zaren überreichte.

Friedrich II. bezeigte ihm seine augenblickliche Gunst und machte ihn zu einem seiner Adjutanten. Er nahm ihn auch in seine Klasse für Kriegskunst auf, die dreizehn Mitglieder zählte und deren einziger Lehrer der König selbst war. Alle Offiziere, die in dieser militärischen Schule vereinigt waren, hatten während des Krieges außergewöhnliche Fähigkeiten bewiesen und waren von Friedrich selbst ausgewählt worden. Hier lehrte er seine militärischen Ideen und Methoden. Dies war die erste Schule zur Heranbildung von Generalstabsoffizieren in Preußen.

Damit hatte Steuben das Höchste erreicht, was in seinen Möglichkeiten lag. Er hatte die Aussicht auf eine glänzende Zukunft, denn alle aus dieser Klasse würden einmal hohe militärische Führerstellen erhalten.

Aber es kam anders, als Steuben gehofft hatte. Bald nach Friedensschluß Preußens mit Österreich und Sachsen wurde der Hauptmann aus der Armee verabschiedet.

Meinungsverschiedenheiten mit dem einflußreichen Grafen Wilhelm von Anhalt, dem Generaladjutanten des Königs, führten dazu, daß Steuben aus dem Dienste beim Hauptquartier ausschied und als Stabskapitän in die Provinzgarnison Wesel versetzt wurde. Dies traf ihn hart, denn er hatte vom König eine andere Belohnung für seine treuen Dienste erwartet, zumal ihn Friedrich seiner Dankbarkeit versichert hatte.

In Wesel erreichte den Hauptmann Steuben die Nachricht, daß er im Zuge der Demobilmachung aus der Armee entlassen sei. Auch dies war eine Tat seines Gegners, des Grafen von Anhalt, der den Demobilmachungsplan entwarf und schon andere Offiziere, die ihm unliebsam waren, aus der Armee entfernt hatte.

Der König widmete Steuben keinerlei Beachtung mehr.

Steuben hatte keinen anderen Beruf als den des Soldaten erlernt. Für einen verarmten Adligen gab es in jener Zeit auch kaum andere Möglichkeiten als den Militär- oder Staatsdienst. Es blieb dem verabschiedeten Hauptmann nichts weiter übrig, als außer Landes zu gehen.

Steuben reiste nach Hamburg. Von dort aus versuchte er, wieder als Offizier in einer anderen europäischen Armee unterzukommen. Für einen Berufsoffizier des 18. Jahrhunderts war es nichts Ungewöhnliches, in den Armeen fremder Länder zu dienen. Ein Natio-

Steuben in Jagdkleidung als Hofmarschall in Hohenzollern-Hechingen
Gemälde eines unbekannten Künstlers

nalgefühl war in den Söldnerheeren jener Zeit nicht vorhanden. Man diente dem Fürsten, dem man sich gerade verpflichtet hatte.

Bei seinen Bemühungen lernte Steuben den Grafen St.Germain kennen, der zu jener Zeit Feldmarschall im dänischen Heer war. Aber alle Versuche, wieder in den Militärdienst zu treten, schlugen fehl. Zu viele Offiziere waren nach dem Siebenjährigen Krieg beschäftigungslos und bewarben sich bei den Armeen.

Bei einem Aufenthalt in Wildbad hatte Steuben die Prinzessin von Württemberg kennengelernt, eine Nichte des Prinzen Heinrich von Preußen, in dessen Armee er während des Siebenjährigen Krieges gedient hatte. Sie empfahl den Hauptmann an den Fürsten von Hohenzollern-Hechingen, der den weltgewandten Steuben als Hofmarschall einstellte.

Im September 1764 trat Steuben sein Amt in Hechingen an, das er zehn Jahre lang innehatte. Er begleitete den Fürsten auf seinen Reisen ins Ausland und hatte Umgang mit der adligen Welt jener Zeit.

Mit seiner Gönnerin, der Prinzessin von Württemberg, blieb Steuben in ständiger brieflicher Verbindung. Im Juni 1769 wurde er an ihren Hof nach Karlsruhe gerufen, um aus den Händen ihres Gatten, des Markgrafen von Baden, einen hohen Orden, den Stern des Hausordens der Treue, entgegenzunehmen, der nur an Adlige mit einwandfreiem Stammbaum verliehen wurde. Aus diesem Grunde ließ sich Steuben von seinem Vater eine Abschrift des gefälschten Stammbaumes senden, den er in verbesserter Form einreichte, indem er für einige Vorfahren noch zusätzlich Titel erfand und seine eigenen Vornamen: Friedrich, Wilhelm, Ludolf, Gerhard, Augustin in die vornehmer klingenden: Friedrich, Wilhelm, Augustin, Heinrich, Ferdinand abänderte.

Sein Fürst verlieh ihm den Baronstitel, so daß er sich von nun an Kammerherr Friedrich Baron von Steuben, Ritter des Hausordens der Treue, nennen konnte.

Den Posten eines Hofmarschalls, dem zugleich die gesamte Haushaltsführung des Hofes oblag, füllte Steuben gewissenhaft aus.

Aber als Protestant war er den katholischen Höflingen und Geistlichen ein Dorn im Auge und oft Intrigen und Verleumdungen ausgesetzt. Steuben wurde des Höflingsdaseins bald müde und sehnte sich nach einer Tätigkeit, die seinen Neigungen mehr entsprach.

Während der Jahre seiner Tätigkeit in Hechingen versäumte er nicht, seine militärischen Kenntnisse zu vervollständigen. Der Kriegskunst und der Militärwissenschaft galt seine ständige Aufmerksamkeit. Oft saß er bis spät in die Nacht hinein, in Wolken blauen Tabakrauchs gehüllt, denn er rauchte gern Pfeife, und las die Werke der Militärschriftsteller seiner Zeit, aber auch Bücher der großen militärischen Denker vergangener Zeiten. Er orientierte sich über alle Zweige des Militärwesens und studierte die militärische Taktik und Strategie. Es war Steubens größter Wunsch, wieder Soldat zu sein, und er begann sich nach einer neuen militärischen Tätigkeit umzusehen.

Da kamen aus Amerika die ersten Nachrichten von den Siegen der Aufständischen und von der Unabhängigkeitserklärung. Steuben begriff sofort, daß sich für einen tüchtigen und befähigten Offizier hier große Möglichkeiten boten.

Als Steuben, der von Hechingen fort wollte, eines Tages nach Karlsruhe reiste, um sich beim Markgrafen von Baden um ein Amt zu bewerben, traf er dort mit Burdett zusammen, den er schon von früheren Aufenthalten am Hofe des Markgrafen her kannte.

P. P. Burdett, der ein leidenschaftlicher Gegner der Amerikapolitik der Londoner Regierung war und mit den amerikanischen Kolonisten sympathisierte, erklärte Steuben, daß die neue amerikanische Kontinentalarmee einen fähigen Militär brauche, der aus den bunt zusammengewürfelten Miliztruppen der einzelnen Kolonien eine wirkliche schlagkräftige Armee formieren konnte. Er fragte Steuben, ob er für eine solche Aufgabe bereit sei.

Am Tage darauf schrieb Burdett den Brief an seinen Freund Franklin.

Auf dem Wege nach Amerika

Als Steuben Paris verließ, um nach Marseille zu fahren, wo er sich einschiffen wollte, trug er rote, goldverzierte Generaluniform mit blauen Aufschlägen. Er hatte diese Farbe gewählt, weil er der Meinung war, daß die amerikanischen Truppen nach dem Vorbilde der englischen Armee in rote Uniformen gekleidet seien, was sich später als ein Irrtum erwies.

Noch in Paris hatte Steuben sich einen Stab zusammengestellt. Zwei französische Offiziere begleiteten ihn – Louis de Pontiere als Adjutant und Pierre Etienne Duponceau als Ordonnanzoffizier.

In dem Gepäck des neugebackenen Generals befanden sich Empfehlungsschreiben der amerikanischen Geschäftsträger in Paris.

In einem gemeinsamen Brief an Washington schrieben Franklin und Deane, daß der Herr, der sich die Ehre geben werde, dem Oberkommandierenden aufzuwarten, der Baron von Steuben sei, ehemaliger Generalleutnant in der Armee des Königs von Preußen, den er in allen seinen Feldzügen als Adjutant und Generalquartiermeister begleitet habe. Er begebe sich in die Neue Welt aus ehrlicher Begeisterung für die Sache der Amerikaner und beabsichtige, sich ihr zu widmen und ihr nach besten Kräften zu dienen. Baron Steuben sei ihnen von den beiden besten militärischen Fachleuten, die es in Frankreich gebe, dem Grafen St. Germain und dem Grafen de Vergennes, alten Bekannten von ihm, empfohlen worden. Sie förderten seine Reise mit großem Interesse, denn sie seien überzeugt davon, daß sein militärisches Wissen und seine Erfahrungen, die er sich durch ein zwanzigjähriges Studium und durch die Praxis in der Schule Preußens erworben habe, den amerikanischen Armeen großen Nutzen bringen werden.

In einem anderen Schreiben, das Silas Deane an Robert Morris, einen der führenden Männer des Kongresses, gerichtet hatte, hieß es außerdem, daß der Überbringer, Baron Steuben, Generalleutnant in der preußischen Armee gewesen sei und mehr als zwanzig Jahre dem König von Preußen als Generalquartiermeister und Adjutant Dienste geleistet habe. Der Wunsch, der amerikanischen Seite zu dienen, veranlasse ihn, dem Kongreß seine Dienste anzubieten. Er besitze Empfehlungsschreiben des Prinzen Heinrich von Preußen und anderer hoher Persönlichkeiten und auch vom französischen Kriegsministerium, wo man seine Person und seinen Charakter kenne. Bereits vor zwei Monaten sei er nach Paris gekommen mit dem Wunsch, sich sofort einzuschiffen. Es habe sich ihm jedoch keine Gelegenheit geboten, und so sei er wieder nach Deutschland zurückgekehrt. Ein Freund habe ihn veranlaßt, erneut nach Paris zu reisen. Da aber keine Gewißheit bestand, daß dieses Mal aus seiner Einschiffung etwas würde, habe er seine Militärpapiere und Dienstbescheinigungen, die er auf seiner ersten Reise nach Paris bei sich führte, zurückgelassen. Deane schrieb, er erwähne dies ausdrücklich, weil Steuben vorgeschlagen habe, sich die Papiere nachkommen zu lassen. Damit wäre aber die Abreise des Generalleutnants verzögert worden. Deane erklärte, er selbst habe diese Militärpapiere, ebenso die Empfehlungen der französischen Minister, geprüft und sei der Meinung, daß das ausreiche.

Auf diese Weise wollten Franklin und Deane von vornherein eine Nachfrage des Kongresses nach den Militärpapieren Steubens unterbinden. Die offizielle Bestätigung der amerikanischen Geschäftsträger in Paris, daß sie die Bescheinigung des Barons geprüft hätten, mußte genügen, jeden Zweifel zu zerstreuen. Die Namen des französischen Kriegsministers, des Außenministers und des Prinzen Heinrich von Preußen, des Bruders Friedrich des Großen, sowie die Versicherung Franklins und Deanes, daß sich die militärischen Fachleute über die ausgezeichneten militärischen Qualitäten des Generals einig seien, bürgten dafür, daß der Kongreß ihn mit Interesse und Wohlwollen empfangen würde.

Steuben reiste durch das herrliche Rhonetal dem südfranzösischen Hafen zu. Außer seinen Offizieren begleiteten ihn noch sein

Diener Carl Vogel und Monsieur de Francy, ein Neffe und Beauftragter von Beaumarchais. Auch seinen Lieblingshund Asor, ein italienisches Windspiel, hatte Steuben mitgenommen.

Herr de Monthieu, einer der Geschäftspartner von Beaumarchais und Königlicher Kommissar, ließ Steuben die Wahl zwischen zwei Schiffen. Steuben wählte die Fregatte »Le Flamand«, ein Schiff von dreihundert Tonnen. Eigentlich hieß die Fregatte »L'Heureux« und war ein mit achtundzwanzig Kanonen bestücktes französisches Kriegsschiff unter dem Befehl des bewährten Kapitäns Landais, der an Bougainvilles Weltumseglung teilgenommen hatte und große seemännische Erfahrungen besaß. Das Schiff war für diese Reise umgetauft und als Handelsschiff getarnt worden, denn es hatte eine stattliche Ladung Kriegsmaterial für die Amerikaner an Bord: 1700 Zentner Pulver, 22 Tonnen Schwefel, 52 Kanonen und 19 Mörser, 5000 Infanteriegewehre, 2500 Sprengkugeln und eine große Anzahl Karabiner, Pistolen und andere Waffen.

Am 26. September 1777 stach die Fregatte in See. Steuben reiste unter dem Namen »Monsieur Frank«. Falls das Schiff von englischen Kaperfahrern angehalten werden sollte, galt er als Privatmann, der mit wichtiger Post für den Gouverneur von Martinique unterwegs war. Aus diesem Grunde trugen Steuben und seine Offiziere Zivil. Ihre Uniformen waren in einem sicheren Versteck untergebracht.

Die Überfahrt ging nicht ohne Zwischenfälle ab. Heftige Stürme brachten das Schiff in Seenot und beschädigten es erheblich. Dazu kam, daß in seinem Vorderteil ein Feuer ausbrach, das nur mit großer Mühe gelöscht werden konnte und noch zweimal, nachdem man es schon besiegt glaubte, wieder aufflammte.

Da die Fregatte 1700 Zentner Pulver an Bord hatte, brach eine Meuterei aus. Die Matrosen, die teilweise zum Dienst in der Flotte gepreßt worden waren, versuchten, sich in den Besitz des Schiffes zu setzen. Es kam zu einem Kampf, an dem auch Steuben und seine

Begleiter teilnahmen. Doch es gelang den rebellierenden Matrosen nicht, die Waffenkammer zu stürmen. So wurde die Meuterei niedergeschlagen.

In den vielen Mußestunden während der Überfahrt las Steuben. Beaumarchais hatte ihm eine Auswahl von Büchern als Reiselektüre mitgegeben. Darunter war auch Rousseaus »Gesellschaftsvertrag«, den sich Steuben zuerst vornahm, und dessen Lektüre ihn außerordentlich fesselte.

Rousseau entwirft in dieser Schrift die Grundzüge einer bürgerlich-demokratischen Republik auf der Basis des Naturrechtes. Rousseau erklärt, daß der Staat auf einem freiwilligen Gesellschaftsvertrag der Menschheit gegründet sei. Souverän allein sei das Volk. Der Wille des Volkes müsse zur Grundlage des staatlichen Lebens werden.

Rousseau fordert Freiheit und Gleichheit für jeden Bürger durch die Beseitigung der feudalen Fesseln, womit er jedoch nicht die ökonomische Gleichheit, sondern die Gleichheit vor dem Gesetz meint. Das waren für die damalige Zeit höchst umstürzlerische Forderungen. Sie wurden vom Bürgertum aufgegriffen und zum Programm erhoben. Das Buch hatte revolutionäre Sprengkraft. Kaum ein anderes Werk jener Zeit übte einen derartigen Einfluß auf die öffentliche Meinung aus und erreichte eine ähnliche politische Wirkung.

Steuben las aufmerksam Abschnitt für Abschnitt und war tief beeindruckt. Rousseau hatte recht, die Verhältnisse mußten verändert werden! Er selbst wollte mit ganzem Herzen an dem Kampf für die Freiheit teilnehmen.

Einen noch größeren Eindruck als die Schriften Rousseaus aber machte auf Steuben das Buch eines bis dahin völlig unbekannten Amerikaners namens Thomas Paine, das den Titel »Common sense« – »Der gesunde Menschenverstand« trug. Steuben hatte dieses Buch in einer gerade erschienenen französischen Übersetzung bei sich. Es war eigentlich kein Buch, sondern nur ein schmales Heftchen, aber die Wirkung, die diese Schrift auf ihre Leser ausübte, war ungeheuer.

Der Verfasser war ein ehemaliger Korsettmacher, der aus Mittelengland stammte. Er war zur See gefahren und hatte in den verschiedensten Berufen, als Handwerksmeister, Zollbeamter, Steuereinnehmer, Lehrer, Ladeninhaber und Schreiber gearbeitet. Er hatte jedes nützliche Buch gelesen, dessen er habhaft werden konnte, und hatte in London auch Philosophie, Mathematik und Physik studiert.

In London hatte er eines Tages Benjamin Franklin aufgesucht, der sich gerade dort aufhielt, und dieser hatte ihn mit einem Empfehlungsschreiben zu seinem Schwiegersohn Benjamin Bache nach Amerika geschickt.

Dort hatte sich Paine gründlich im Lande umgesehen. Vieles, was er erlebte, empörte ihn. Da waren der Sklavenmarkt und die Prügelpfähle. Der Galgen stand unter dem Regime Seiner Majestät des Königs von Großbritannien immer bereit für die Armen, die sich in ihrer Not an fremdem Eigentum vergriffen hatten.

Als die Nachrichten vom Zusammenstoß bei Lexington und über die Gefechte von Concord und Bunkershill das Land durchflogen, erkannte Paine sofort, daß nun der große Augenblick gekommen war, das Joch abzustreifen und das Volk aus den Fesseln der britischen Herrschaft zu befreien. Thomas Paine beschloß, sich von nun an nur noch der revolutionären Bewegung zu widmen.

Im Juli 1775 schrieb Paine in einem Artikel »Gedanken über einen Verteidigungskrieg«: »Ich bin so viel Quäker[4], daß ich gerne aller Welt darin beistimmen würde, die Waffen beiseite zu legen und die Dinge durch Verhandlungen zu regeln, wenn aber nicht alle wollen, ist das unmöglich, und ich greife zu meinem Gewehr und danke Gott im Himmel, daß er mir die Kraft dazu gegeben hat.«

Benjamin Franklin, der nach seiner Rückkehr aus London Paine des öfteren wiedergetroffen hatte, riet ihm, eine Geschichte der bisherigen und gegenwärtigen Verhandlungen zu schreiben, und stellte ihm dafür Material zur Verfügung. Paine ging an die Arbeit, und es entstand »Der gesunde Menschenverstand«. Im Herbst 1775 erschien das Buch, das so wesentlich zur Geburt der Vereinigten Staaten von Amerika beitrug. Das erste Exemplar, das Paine von seinem Verleger erhielt, stellte er Franklin zu.

In diesem Buch erklärte Paine in einer einfachen, aber kraftvollen, für jeden verständlichen Sprache, daß es widersinnig sei, wenn ein so starkes und selbstbewußtes Volk, wie die amerikanische Nation es sei, sich von einer ihm im Wesen fremden Regierung jenseits des Ozeans beherrschen ließe, von »diesem königlichen Stumpfbold in Großbritannien«.

Solche Worte ließen alle Menschen aufhorchen. Paine legte seinen Lesern dar, daß sie die Wahl hätten, sich entweder einem tyrannischen König und seiner korrupten Regierung, die nur die Interessen der englischen Aristokratie vertreten, zu unterwerfen oder als freie Menschen in einer eigenen, unabhängigen Republik zu leben.

»Eine eigene Regierung ist unser gutes Recht«, las Steuben. »Wenn jemand ernsthaft über die Unsicherheit menschlicher Dinge nachdenkt, wird er die Überzeugung gewinnen, daß es unendlich viel klüger und sicherer ist, uns ruhig und entschlossen eine eigene Verfassung schaffen zu lassen, solange wir die Macht dazu haben, als so ein wichtiges Ereignis Zeit und Zufall zu überlassen.« Paine appellierte auch an den Stolz der Amerikaner: »Kann man sich einen größeren Unsinn denken, als daß drei Millionen Menschen jedesmal an ihre Küste rennen, wenn ein Schiff aus London ankommt, um zu erfahren, welcher Portion Freiheit sie sich erfreuen können? Welch absurde Vorstellung, daß ein Kontinent beständig von einer Insel regiert werden sollte!«

Tom Paine wandte sich in seiner Schrift scharf gegen jene, die immer noch glaubten, mit Großbritannien verhandeln zu können und einen Kompromiß herbeizuführen. Und er beschwor seine Landsleute, den unentschiedenen Zustand, in dem sich Amerika zur Zeit befand, zu beenden und eine klare Entscheidung zu treffen, das heißt, sich endgültig von Großbritannien zu trennen. »Ich habe von einigen behaupten hören, daß, weil Amerika bei seinen bisherigen Bindungen zu Großbritannien gut gediehen ist, die gleichen Bindungen auch für sein künftiges Glück notwendig sind und stets die gleiche Wirkung haben werden. Nichts kann weniger stichhaltig sein als dieses Argument. Wir können geradesogut behaupten, daß, weil ein Kind bei Milch so gut gediehen ist, es niemals Fleisch haben sollte oder daß die ersten zwanzig Jahre unseres Lebens Vorbild für die nächsten zwanzig sein sollten.«

Der gegenwärtige Zustand, las Steuben, sei nicht tragbar. Er sei ein Zustand ohne Gesetz, ohne Weisheit, eine Verfassung ohne Namen ...

Wiedervereinigung mit Großbritannien, so erklärte Paine, sei ein trügerischer Traum. Die Natur habe das Band zerrissen, und keine Kunst könne es je wieder knüpfen. England habe nicht die geringste Bereitwilligkeit zu einem Kompromiß gezeigt, und man könne sicher sein, auch keine Bedingungen zu erhalten, die das amerikanische Volk annehmen könne.

Deshalb appellierte Paine an eine Entscheidung durch Waffen. Nicht Amerika, sondern der König habe die Waffen gewählt, aber der Kontinent habe die Herausforderung angenommen. Jede andere Entscheidung, so las Steuben, sei Flickwerk, welches kein dauerndes Glück gewährleisten könne, es würde nur bedeuten, »unseren Kindern das Schwert zu vererben«.

Noch herrsche in Amerika der Geist des Pioniertums, der Entschlossenheit und des Mutes, schrieb Paine. »Nicht in der Zahl, in der Einigkeit liegt unsere Stärke. Doch auch unsere gegenwärtige Zahl ist groß genug, die Macht der ganzen Welt zurückzuweisen.«

»Es gab niemals eine bessere Sache unter der Sonne. Es ist nichts, was eine Stadt, einen Kreis, eine Provinz oder ein Königreich angeht, sondern es ist die Sache eines Erdteils – von der Größe von wenigstens einem Achtel der bewohnten Erde. Es gilt nicht, nur für einen Tag, ein Jahr oder ein Menschenalter zu handeln, sondern die Nachwelt ist eigentlich auch in die Auseinandersetzung verwickelt und wird bis ans Ende der Zeiten von dem, was jetzt geschieht, mehr oder weniger berührt werden.«

Und Thomas Paine schließt seine Kampfschrift mit den Worten: »Oh, Ihr, die Ihr die Wahrheit liebt! Ihr, die Ihr nicht nur der Tyrannei, sondern auch dem Tyrannen entgegenzutreten wagt, erhebt Euch! Jedes Fleckchen der Alten Welt ist von Bedrückern überrannt worden. Die Freiheit ist um den Erdball herumgejagt worden. Asien und Afrika haben sie seit langem vertrieben. Europa betrachtet sie als Fremdling, und England hat sie ausgewiesen. So empfangt denn die Flüchtige und bereitet rechtzeitig der Menschheit eine Zuflucht.«

Die Wirkung des kleinen Buches war beispiellos und läßt sich kaum beschreiben. Die Druckereien arbeiteten Tag und Nacht, um die Nachfrage zu befriedigen.

Diese Schrift wurde überall gelesen, auf den Straßen und auf den Feldern, in den Kneipen, in den Hütten der Farmer und in den Salons der Reichen. Lehrer und andere Schriftkundige lasen sie in Versammlungen den Analphabeten vor, Offiziere den angetretenen Mannschaften.

Der »Gesunde Menschenverstand« durchdrang das ganze Land. In einem Vierteljahr waren 120 000 Exemplare verkauft, in einem halben Jahr mehr als 300 000. Die Zahlen waren für jene Zeit einmalig in der Geschichte der Publizistik. Und das Buch sollte noch über Jahrzehnte fortwirken. Es wurde in alle Kultursprachen übersetzt.

Der Autor der auf jegliches Honorar verzichtet hatte und jedem den Nachdruck gestattete, war über Nacht weltberühmt geworden.

Niemals zuvor hatte Steuben, der in den Begriffen soldatischen Gehorsams und der Königs- und Fürstentreue aufgewachsen und erzogen worden war, eine derartige kühne Sprache vernommen. Aber Paines klare Gedanken und Worte, mit denen er leidenschaftlich für die Sache der Aufständischen stritt, hatten Steuben zutiefst beeindruckt.

Um sich Kenntnisse über das Land, in das er jetzt reiste, und über seine Bewohner zu erwerben, las Steuben auch die Beschreibung der amerikanischen Kolonien des Abbé Raynal, ein Buch, das ihm ebenfalls von Beaumarchais mitgegeben worden war.

Oft saß er auch mit Kapitän Landais zusammen und ließ sich von ihm über Amerika berichten, denn Landais hatte sich schon oft auf diesem Kontinent aufgehalten. Der Kapitän erzählte Steuben auch von dem Aufstand der amerikanischen Siedler gegen die britische Krone, denn er hatte gerade in jüngster Zeit mehrere Fahrten nach Nordamerika unternommen, um die Rebellen mit Waffen zu versorgen.

Wie aber war es zu dieser Rebellion gekommen?

England hatte während des Siebenjährigen Krieges, in den Jahren 1756–1763, in blutigen und verlustreichen Kämpfen Frankreich vom nordamerikanischen Kontinent verdrängt und war nun, außer Spanien, das im Süden des heutigen Territoriums der Vereinigten Staaten noch einige Kolonien besaß, die einzige große Kolonialmacht in Amerika. Der siegreiche Krieg gegen Frankreich hatte eine völlig neue Lage geschaffen. Einerseits waren der französische Druck auf die Grenzen der Kolonien und die ständige Gefahr, von den Franzosen überrannt zu werden, beseitigt, andererseits hatte der Krieg das Selbstvertrauen und das Zusammengehörigkeitsgefühl der Amerikaner gesteigert. Die Truppen, die sich aus der amerikanischen Bevölkerung rekrutierten, hatten in erster Linie den Krieg entschieden. Soldaten aus allen dreizehn Kolonien hatten Schulter an Schulter gekämpft. Dies trug wesentlich zur Geburt des amerikanischen Nationalbewußtseins bei.

Die einheimischen Truppen hatten gesehen, daß sie, die an Ausbildung und Ausrüstung den britischen Truppen weit unterlegen waren, ebensogut wie diese zu kämpfen verstanden, ja daß sie ihnen im waldigen oder unübersichtlichen Gelände sogar überlegen waren. Sie hatten erlebt, daß viele der britischen Offiziere in diesem Kriege versagt hatten. Die amerikanischen Offiziere und Generale aber, die von ihren Truppen in demokratischer Weise gewählt worden waren, hatten wertvolle Kriegserfahrungen gesammelt.

Die Kolonisten hatten die Zeit, in der die britische Kolonialmacht durch den Krieg in Anspruch genommen war, für sich auszunutzen gewußt. Sie hatten sich entgegen den einschränkenden

Kolonialgesetzen der Briten ihre wirtschaftlichen und politischen Freiheiten auszudehnen verstanden, und England, das in dieser Zeit auf die Hilfe der Kolonisten angewiesen war, hatte sie nicht daran zu hindern gewagt.

Als aber der Krieg vorüber war, beschloß die englische Krone, durchzugreifen und die Anmaßungen der Kolonisten nicht mehr zu dulden.

So erließ die Regierung des Königs eine Anzahl von Gesetzen, die das Aufblühen der amerikanischen Industrie verhindern und den einheimischen Handel einschränken sollten. Auch die Exportzölle für amerikanische Waren wurden bedeutend erhöht.

Auf Kosten der Bevölkerung der Kolonien versuchten die englischen Geschäftsleute sich skrupellos zu bereichern und scheuten dabei nicht, Mittel des staatlichen Zwanges anzuwenden, welche wiederum die Empörung der Kolonisten hervorriefen.

Besonders unzufrieden waren viele mit der Agrarpolitik der britischen Regierung. Das den Franzosen im Siebenjährigen Krieg abgenommene Land jenseits der Alleghanyberge war zum Eigentum der britischen Krone erklärt worden, und seine Bestellung wurde untersagt. Die Kolonisten, die dieses Land erobert hatten, wollten es besiedeln und überschritten, trotz des Verbotes, die Grenzen. Dieser Kampf um Land war zugleich ein Kampf gegen die koloniale Unterdrückung.

Die Landspekulanten und viele der Großgrundbesitzer sowie ein Teil der sklavenhaltenden Plantagenbesitzer des Südens waren jedoch an diesem Kampf nicht interessiert. Sie brauchten billige Arbeitskräfte und wandten sich gegen alle demokratischen Bestrebungen. Deshalb unterstützten sie die Politik des englischen Königs. Sie bildeten die Partei der Loyalisten[5], zu der ein großer Teil der Geistlichkeit, die Beamten und diejenigen Kaufleute stießen, die vom britischen Markt abhängig waren. Sie unterstützten die britische Armee oder stellten bewaffnete Formationen auf, die an der Seite der Briten kämpften. Zwischen ihnen und den aktiv die Unabhängigkeitsbewegung unterstützenden Handwerkern, Farmern, Fischern und Arbeitern und dem revolutionären Teil des Bürgertums, kam es dann zu offenen Auseinandersetzungen, die immer erbittertere Formen annahmen.

Die Ereignisse spitzten sich mehr und mehr zu. In den sechziger Jahren hatten sich bereits Organisationen, Klubs und Geheimbünde gebildet, von denen die Vereinigung der »Söhne der Freiheit« die bedeutendste war. Sie agitierten unter der Bevölkerung und organisierten den Widerstand.

Die Forderung nach nationaler Unabhängigkeit war die Losung der amerikanischen Oppositionellen. Das aufsteigende Bürgertum brauchte diese nationale Unabhängigkeit für die Entwicklung der Industrie und des Handels und versuchte sich aus dem Würgegriff des englischen Kapitals zu befreien. Bei diesen Bemühungen wurde es von der Bevölkerung unterstützt.

Eines der Zentren der revolutionären Bewegung war die Stadt Boston. Hier war es bereits am 5. März 1770 zu blutigen Auseinandersetzungen gekommen. Britische Truppen hatten kaltblütig auf Demonstranten geschossen. Dabei waren fünf Amerikaner getötet und mehrere verwundet worden. Das »Massaker von Boston«, wie es genannt wurde, schürte den Zorn in der Bevölkerung und führte viele in die Organisation der »Söhne der Freiheit«.

In Boston war der entschlossene Samuel Adams, ein emsiger Organisator und eifriger Propagandist, der eigentliche Führer der Volksbewegung.

Als im Sommer 1772 die britische Regierung die Absicht äußerte, dem Gouverneur und den Oberrichtern die Gehälter selbst zu zahlen, um so die Beamten der Kontrolle der britischen Krone zu unterstellen, wurde daraufhin am 2. November eine Stadtversammlung in Boston einberufen, die in der Faneuil-Hall zusammentrat. Hier wurde auf Vorschlag von Adams ein Nachrichtenaustauschkomitee geschaffen, das die Aufgabe hatte, sich mit den anderen Städten der Provinz in Verbindung zu setzen und alle Maßnahmen aufeinander abzustimmen. Bald hatte jede Gemeinde ein Komitee, und auch die anderen amerikanischen Staaten übernahmen diese Einrichtung. In kurzer Zeit spannte sich ein Netz von Informationskomitees über den ganzen Kontinent. Mit ihrer Hilfe organisierte die Opposition ihre Aktionen gegen die britische Regierung.

Im Jahre 1773 verkündete das britische Parlament das berüchtigte Teegesetz, mit dem die britische Regierung das Monopol für den Teeverkauf der mächtigen Ostindischen Kompanie zugestand und die einheimischen Kaufleute ausschaltete. Die Maßnahme erregte große Unruhe im Land, denn man nahm an, daß das gleiche auch mit anderen Waren erfolgen könne. Die Bevölkerung reagierte sofort. Fast im ganzen Land hörte das Teetrinken auf.

Aufruhr in Amerika: Ein britischer Steuereinnehmer wird gelyncht
Nach einem zeitgenössischen Stich

Die Schiffe der Ostindischen Kompanie, die in Amerika Tee löschen wollten, wurden teilweise wieder zurückgeschickt. In Charlestown wurde der Tee zwar an Land gebracht, doch in Kellern eingeschlossen.

In Boston, wo die Erregung besonders heftig war, stürmte am 16. Dezember 1773 eine Gruppe von etwa fünfzig als Indianer verkleideten Männern, die von Sam Adams geführt wurde, die Teeschiffe, erbrach 350 Kisten mit Tee und schüttete den Inhalt, der einen Wert von mehr als 17000 Pfund Sterling hatte, ins Wasser. Diese Tat wurde in allen dreizehn Kolonien mit großem Beifall begrüßt.

Neue Gegenmaßnahmen der Briten waren die Folge. Der Hafen von Boston wurde gesperrt. Vier Regimenter englischer Truppen bezogen in der Stadt Quartier. Ihr Befehlshaber, General Gage, wurde zum Gouverneur der Kolonie Massachusetts ernannt.

Die Amerikaner aber ließen sich nicht einschüchtern. Die Nachrichtenkomitees traten in Aktion. Versammlungen wurden einberufen und Flugschriften im ganzen Land verbreitet. Der nächste Schritt war die Schaffung provinzialer Kongresse.

Der erste Staat, der auf die Nachrichten von den neuen Unterdrückungsgesetzen hin eine Versammlung der Vertreter des Volkes einberief, war Virginia. Es wurden Delegierte für einen Kontinentalen Kongreß gewählt. Die anderen Kolonien folgten dem Beispiel.

Am 5. September 1774 versammelte sich in Philadelphia der erste Kontinentalkongreß. Unter den fünfundfünfzig Delegierten aus dreizehn Kolonien befanden sich auch George Washington[6], Benjamin Franklin und John Adams.[7] Dieser Kongreß entwarf eine Erklärung über die Rechte der Bürger der Kolonien und forderte in einer direkten Adresse an den englischen König, unter bewußter Ausschaltung des britischen Parlaments, eine eigene Gesetzgebung. Der Kongreß billigte den Widerstand der Provinz Massachusetts gegen die britischen Gesetze und rief ganz Amerika auf, diesen Widerstand zu unterstützen. Die Delegierten beschlossen den Boykott aller englischen Waren. Um die Beschlüsse des Kongresses durchzusetzen, sollten in den einzelnen Kolonien Sicherheitsausschüsse[8] gebildet werden. Im Verlaufe des Unabhängigkeitskrieges spielten diese Sicherheitsausschüsse eine große Rolle. Sie organisierten den Terror gegen die Loyalisten, die die Politik der britischen Krone unterstützten.

Nun war der offene Kampf unvermeidlich geworden. Denn die britische Regierung mußte die von ihr erlassenen Gesetze für ungültig erklären oder militärische Mittel anwenden, um die Durchführung ihrer Anordnungen zu erzwingen.

Das britische Parlament bezeichnete Massachusetts als die Wiege der Rebellion und rief das ganze Imperium auf, Hilfsmittel zur Verfügung zu stellen, um den Aufstand zu unterdrücken.

Aber auch die Amerikaner waren nicht müßig. Im ganzen Land begann man Waffen zu sammeln, die militärische Ausbildung der Milizen zu vervollkommnen und den Widerstandsgeist gegen die britischen Unterdrücker zu schüren.

Als General Gage in Boston erfuhr, daß die Kolonisten in Concord Waffendepots angelegt hätten, beschloß er, diese zu beschlagnahmen, und setzte achthundert Mann Füsiliere nach dort in Marsch. Dieses Unternehmen löste den amerikanischen Unabhängigkeitskrieg aus.

Es war am Abend des 18. April 1775.

General Gage hatte die Vorbereitungen des militärischen Unternehmens, bei dem zugleich auch zwei Führer der Unabhängigkeitsbewegung, Adams und Hancock, verhaftet werden sollten, streng geheim halten lassen. Doch war das den Einwohnern der Stadt Boston nicht verborgen geblieben.

Dr. Joseph Warren, einer der führenden Vertreter der Unabhängigkeitsbewegung in Boston, hatte von dem Plan der Briten erfahren und traf Vorbereitungen, die gefährdeten Patrioten, die sich in Lexington aufhielten, zu warnen, und die Milizen des Landes zu alarmieren.

Noch bevor General Gage die Ausgänge der Stadt besetzen ließ, um zu verhindern, daß jemand die Stadt verlasse und die Bevölkerung alarmiere, waren bereits zwei Boten unterwegs, der Goldschmied Paul Revere und der Arbeiter Will Davis.

Die Nacht war mondhell und kühl. Davis ritt über Roxbury, während sich Revere über Charlestown nach Lexington auf den Weg machte. In Charlestown hielt er an, da er hier ein Zeichen seines Freundes Newman, des Küsters der Nordkirche von Boston, erwarten wollte.

Revere hatte mit Newmann verabredet, daß dieser im Turm seiner Kirche Laternen aufhängen sollte, sobald die britischen Truppen die Stadt verließen: Eine, wenn die Truppen den Landweg benutzten, zwei, wenn sie den Wasserweg wählten und nach Cambridge übersetzten.

Kaum sah Revere zwei Laternen in der Nordkirche, als er sich auch schon auf sein Pferd schwang und wie ein Feuerreiter davonjagte. Er alarmierte jedes Haus, an dem er vorbeikam, und brachte die ganze Gegend auf die Beine.

Kurz hinter Charlestown wurde Revere von zwei berittenen englischen Offizieren angehalten, aber er warf sein Pferd herum, bog in die Landstraße nach Medford ein und entkam ihnen.

In Lexington ritt er sofort zu dem Hause, in dem Adams und Hancock wohnten. Zum Schutze der beiden hatte der Provinzialkongreß eine Wache vor das Haus gestellt. Der diensttuende Sergeant der Miliz fuhr Revere an, er solle nicht solchen Lärm machen, die Familie sei zu Bett gegangen und wolle nicht gestört werden.

»Lärm?« brüllte Paul Revere zurück. »Lärm werdet ihr bald genug haben, denn die Regulären sind unterwegs nach hier.«

Er erhielt Einlaß und berichtete, was vor sich ging.

Inzwischen war auch Davis in Lexington eingetroffen, und beide ritten weiter nach Concord. Ihnen schloß sich noch ein dritter Reiter an, Dr. Samuel Prescott, einer der »Söhne der Freiheit«.

In dieser Nacht schliefen nur wenige in Lexington. Die Männer versahen die Schlösser ihrer Gewehre mit neuen Feuersteinen, prüften das Pulver und ergänzten ihren Kugelvorrat oder saßen in der Dorfkneipe und redeten von dem, was sie gehört hatten. Die Frauen legten ihren Männern die Ausrüstung zurecht, Kleidung und Mundvorrat, denn niemand wußte, was die nächsten Tage bringen würden. Alle waren sich darüber einig, daß man es den Briten nicht gestatten durfte, die Miliz zu entwaffnen, und daß der Willkür der britischen Krone Einhalt geboten werden mußte.

Aus vielen Staaten Europas, vor allem aber aus England, Irland, Deutschland und Frankreich, war die Bevölkerung gekommen, die dieses Land besiedelt hatte. Es war ihre Miliz gewesen, die weit mehr als die reguläre britische Armee, in zähem und erbittertem Kleinkrieg alle Überfälle der Franzosen abgewehrt hatte. Sie wollten dieses Land niemals wieder hergeben.

Als es dämmerte und der britische Major Pitcairn seine Infanterieabteilung, die die Nacht hindurch marschiert war, in das Dorf Lexington führte, sah er im Morgennebel eine Abteilung Miliz, die sich quer über den Dorfanger aufgestellt hatte. Von beiden Seiten erschollen Kommandos. Trommeln wurden gerührt. An der Kirche befahl der britische Major seinen Soldaten, die Gewehre zu laden und in Linie einzuschwenken. Im Sturmschritt näherte sich die Abteilung der Miliz.

Ein Dutzend Schritte vor der Linie der Amerikaner ließ der Major halten und brüllte die Bauern an: »Auseinandergehen, ihr verdammten Rebellen! Legt die Waffen nieder!«

Da standen sie nun einander gegenüber: die britischen Söldner in ihren knappsitzenden Uniformen, den roten Röcken mit blitzenden Messingknöpfen, gepuderten Perücken und hohen Tschakos und die Bauern aus Lexington in ihrer aus grobem Tuch oder Leder gefertigten schmucklosen Kleidung. Den Soldaten wie den Milizen stand der Schweiß auf der Stirn. Die Söldner, an solche Situationen gewöhnt, waren durch den anstrengenden Marsch erhitzt. Die Farmer aber schwitzten vor Aufregung, denn es war das erste Mal, daß sie die britischen Truppen, mit denen sie in den Kriegen gegen die Franzosen gemeinsam gefochten hatten und die eine Weltmacht verkörperten, so nahe kampfbereit vor sich sahen.

Die Männer der Miliz hatte der britische Major Rebellen genannt. Rebellen!

Das Wort war gefallen, und es hatte die Lage geklärt. Da waren sie auf ihrem eigenen Boden zur Wahrung ihrer Rechte angetreten, und ein britischer Offizier nannte sie Rebellen. Der Trotz bäumte sich in den Männern auf, und sie faßten ihre Gewehre fester. Es war ihr Land, auf dem sie standen. Sie wußten, wenn sie jetzt kampflos der Gewalt weichen würden, dann hatten sie das Recht verwirkt, sich freie Männer zu nennen. Die Waffen sollten sie niederlegen! Wie sollten sie ihren Frauen und Kindern jemals wieder in die Augen sehen, wenn sie ohne Waffen heimkämen und nicht gekämpft hätten?

Der Morgen war noch fahl. Aber am Horizont zeigte sich schon ein violetter Streifen, der in ein zartes Grün und dann in ein helles Rosa überging. Es war kurz vor Sonnenaufgang.

»Legt die Waffen nieder, ihr dreckigen Bauernlümmel!« schrie der Major wieder. »Und schert euch nach Hause, oder ich lasse schießen!«

Aber die Bauern legten ihre Waffen nicht nieder. Einer von ihnen schoß. Ein britischer Infanterist ließ sein Gewehr fallen und sank auf die Knie.

Der Major hob seine Pistole, und die Soldaten feuerten eine Salve. Einige der Milizleute schossen zurück, dann zerstreuten sie sich, denn sie wußten, daß sie dem Salvenfeuer der gut gedrillten britischen Söldner ohne Deckung auf freiem Platz nicht gewachsen waren.

Jonas Parker, der beste Ringer von Lexington, hatte sich geschworen, niemals vor britischen Truppen zu fliehen. Eine Kugel hatte ihn an der Wade verletzt, und er hatte sich auf ein Knie niedergelassen um sein Gewehr wieder zu laden. Er wurde von den Söldnern mit dem Bajonett erstochen. Ebenso starben Isaak Muzzey und der greise Robert Munroe. Jonathan Harrington verschied in den Armen seiner Frau, denn er kroch noch auf allen vieren blutüberströmt bis vor die Tür seines Hauses. Caleb Warrington wurde erschossen, als er die Kirche verließ, die er aufgesucht hatte, um Pulver zu holen. Samuel Hadley und John Brower blieben ebenfalls auf dem Kampfplatz.

Sieben Einwohner von Lexington waren getötet, neun verwundet worden. Eine Zeitlang hörte man nur das Schreien und Stöhnen der Verwundeten.

Der Feuerwechsel in Lexington
Zeitgenössische Darstellung

Major Pitcairn ließ seine Infanteristen auf dem Dorfanger noch eine Salve abfeuern und ein dreimaliges »Hurra« auf diesen ruhmlosen Sieg ausbringen. Dann setzten die Briten den Marsch auf Concord fort.

Der Sonnenball stand über dem Horizont. Die Vögel zwitscherten in den Bäumen, und der Tag versprach herrlich zu werden.

Auf dem Dorfanger von Lexington aber lagen die Toten und die Verwundeten. Die Kunde von dem Gemetzel verbreitete sich wie ein Lauffeuer durch das Land. Überall griffen die Männer zu den Waffen und eilten an ihre Sammelplätze.

Die Einwohner von Concord waren längst alarmiert worden und hatten die Vorräte, welche die Briten beschlagnahmen wollten, in Sicherheit gebracht. Auf dem Appellplatz vor der Kirche versammelte sich die Miliz. William Emerson, der Pfarrer des Ortes und Großvater des amerikanischen Philosophen Ralph Waldo Emerson, war einer der ersten, der mit dem Gewehr in der Hand auf dem

Sammelplatz erschien. Frauen und Kinder flüchteten vor den britischen Truppen in die Wälder.

Ein Trupp Zeitfreiwilliger, die auch Minutenmänner genannt wurden, weil sie sich zu jeder Minute bereit hielten, Heim und Herd zu verteidigen, machte sich unter der Führung des Pfarrers Emerson auf, die Lage auszukundschaften. Bald kehrten sie zurück und meldeten, daß die Söldner im Anmarsch und mindestens drei- bis viermal so stark wie die versammelten Milizleute seien.

Da ein Kampf mit den überlegenen britischen Truppen auf offenem Felde aussichtslos erschien, zog sich die Miliz auf eine in der Nähe des Ortes gelegene Anhöhe zurück.

Währenddessen marschierten die Rotröcke in Concord ein, wo sie an Kriegsmaterial aber nur noch einige alte Kanonen und Geschützlafetten fanden. Sie vernichteten daraufhin Lebensmittelvorräte, die sie aufgestöbert hatten, plünderten in den Häusern und setzten das Gerichtsgebäude in Brand.

Der Anblick des Feuers erbitterte die Amerikaner. Inzwischen waren auch Zeugen des Lexingtoner Blutbades eingetroffen.

Zwei Stunden befanden sich die britischen Truppen schon in Concord. Während dieser Zeit erhielten die Amerikaner aus der Umgegend Verstärkung, so daß ihre Abteilung auf vierhundertfünfzig Mann anwuchs. Sie war damit bereits halb so stark wie die der Briten.

Zur Sicherung ihres Rückzuges hatten die Engländer die beiden Brücken über den Fluß mit kampfstarken Infanterieabteilungen besetzt. Die Amerikaner beschlossen, die britischen Truppen an der Nordbrücke anzugreifen und zu vertreiben. Für diese Aufgabe wurde die Kompanie von Acton bestimmt.

Verwundert sahen die Rotröcke die amerikanischen Bauern gegen die Brücke anrücken und feuerten. Die Farmer schossen zurück, und einige der Rotröcke fielen. Dann stürmten die Amerikaner die Brücke und vertrieben die im Bajonettkampf erfahrenen Soldaten mit den Gewehrkolben. Die kriegsgeübten britischen Truppen flohen vor einer weitaus geringeren Anzahl Provinzialmiliz.

Als der die britische Hauptmacht kommandierende Oberstleutnant Smith den Gefechtslärm an der Brücke hörte, entsandte er eine Infanterieabteilung zur Verstärkung der dort stehenden Truppe. Aber sie geriet in den Strom der Flüchtenden, jede Ordnung war aufgelöst, und die Söldner, die nur im geschlossenen Verband zu kämpfen gelernt hatten, kehrten den sie verfolgenden Farmern den Rücken.

Um diese Stunde begann der Stern der britischen Macht in Amerika zu sinken. Der Widerhall der Schüsse an der Brücke von Concord wurde, wie man später sagte, in der ganzen Welt gehört.

Die Amerikaner verstanden ihren augenblicklichen militärischen Erfolg aber nicht zu nutzen. Als sie die Rotröcke aus der Umgebung der Brücke vertrieben hatten, ließen sie von der Verfolgung ab und sammelten die Toten und die Verwundeten. Doch der moralische Erfolg ihres Sieges war groß. Die kriegsgeübten Soldaten hatten vor den Männern im Arbeitsrock die Flucht ergriffen.

Inzwischen stießen immer neue Verstärkungen zu den Amerikanern. Ganz Middlesex hatte sich erhoben. Es kam die Miliz aus Carlisle, Weston, Chelmsford, aus Littleton und Reading, aus Woburn und East Sudburag, Männer aus jedem Dorf und von jeder Farm.

Gegen Mittag gab Oberstleutnant Smith seinen Truppen den Befehl, sich aus Concord zurückzuziehen und auf demselben Wege nach Boston zu marschieren, auf dem sie gekommen waren.

Es waren sechs Meilen von Concord bis Lexington. Für die Rotröcke waren es sechs Meilen des Todes. Da war kein Baum, kein Strauch und kein Hügel an ihrem Wege, der nicht Feuer spie. Aus jeder Hecke und jedem Haus, an dem sie vorbeikamen, blitzten Schüsse. Die Salven der Söldner waren wirkungslos, denn sie richteten sich gegen einen unsichtbaren Feind. Gegen eine derartige Kampftaktik waren die auf dem Paradeplatz gedrillten Truppen machtlos.

Die Farmer aber ließen nicht locker, und sie schossen gut mit ihren gezogenen Büchsen. Der Weg der Briten führte durch waldiges Gelände und durch Felder, die immer wieder von Steinmauern umgrenzt waren, hinter denen die Minutenmänner gedeckt saßen und ihre wohlgezielten Schüsse abgaben. Sogar Halbwüchsige kämpften mit und schlichen sich an den Feind, um ihm die tödliche Kugel zu schicken.

Sechs Meilen unter ständigem Feuer, ohne Ruhepause. Umsonst versuchten die Flankenabteilungen der Briten die Amerikaner zu vertreiben. Griffen sie an, ging ihr Stoß ins Leere, denn die Milizen wichen zurück. Zogen sich die Briten zurück, folgten die Amerikaner wieder nach.

Oberstleutnant Smith wurde verwundet. Major Pitcairn mußte sein Pferd im Stich lassen, das noch mit den Pistolen im Halfter von den Farmern eingefangen wurde. Der Rückzug verwandelte sich immer mehr in eine Flucht. Die Farmer trieben die britischen Rotröcke vor sich her wie Schafe. Vergebens bemühten sich die Offiziere, die fliehenden Soldaten aufzuhalten. Endlich tauchten vor den Gejagten die Häuser von Lexington auf. Dort fanden sie Deckung. Im Dorfe waren Frauen und Kinder, und die Amerikaner wagten nicht, den Kampf in die Ortschaft zu tragen. Die erschöpften Truppen erhielten hier auch Verstärkung aus Boston; Lord Percy war ihnen mit zwölfhundert Mann Füsilieren und Artillerie entgegengezogen. Die Amerikaner mußten von nun an fast gegen die gesamte bewaffnete Macht kämpfen, die England in Boston stationiert hatte.

Von allen Seiten strömten die Farmer auf Lexington zu. Lord Percy befahl den Rückzug nach Boston. Vorher plünderten die Söldner noch die Wohnungen, ermordeten Greise und Kranke und setzten einige Häuser und Scheunen in Brand.

Als die Truppen den Ort kaum verlassen hatten, griffen die Amerikaner schon wieder an. Die Milizen erhielten ständig Verstärkung. Es kamen die Männer von Worchester und Milton, von Marblehead und Salem. Alle brannten darauf die verhaßten Briten zu schlagen.

Noch am Morgen waren Lord Percys Truppen zu den Klängen des Yankee Doodle durch Roxbury marschiert, um die Amerikaner zu verspotten. Wie erstaunt waren die Engländer in Boston nun, als sie ihre für unbesiegbar gehaltenen Bataillone vor den Bauern auf der alten Cambridger Straße zur Landenge von Charlestown flüchten sahen.

Erst in Charlestown konnten sich die Truppen unter dem Schutz der Kanonen der britischen Kriegsschiffe sammeln. Von den achthundert Mann, mit denen Oberst Smith in der Nacht das Unternehmen begonnen hatte, waren fast dreihundert tot oder verwundet auf dem Kampfplatz geblieben. Die Amerikaner aber hatten bei dem Gefecht keine fünfzig Mann verloren .

General Gage war erschüttert. Wenige Tage zuvor hatte er in einem Brief an Freunde in England den Gedanken von sich gewiesen, daß die Amerikaner zu den Waffen greifen würden. Mit zwei Regimentern britischer Infanterie, so hatte er versichert, schlüge er alle Streitkräfte der Provinz Massachusetts in die Flucht. Jetzt war ihm eine andere Rechnung präsentiert worden.

Von allen Seiten zogen die Milizabteilungen nach Boston. Binnen einer Woche war es zu einer belagerten Stadt geworden.

Zwanzigtausend Siedler aus allen Teilen des Landes lagen vor Boston. Sie waren von der Arbeit und von den Feldern weggelaufen, hatten ihr Gewehr ergriffen und sich in Marsch gesetzt. In ihren Fellranzen trugen sie Speck, der im eigenen Hause zubereitet war, Brot und Schießpulver.

Noch hallte das Land wider von dem Massaker in Lexington und dem siegreichen Gefecht bei Concord. Innerhalb weniger Wochen waren sämtliche königliche Gouverneure im Lande gestürzt.

In Philadelphia aber versammelte sich am 10. Mai 1775 erneut der Kontinentale Kongreß. Er wählte den reichen Kaufmann John Hancock[9] aus Boston, den General Gage in Lexington verhaften lassen wollte, zu seinem Präsidenten. Die Lage drängte zu einer Entscheidung.

Unter den Delegierten befand sich auch Dr. Benjamin Franklin, der in London vergeblich versucht hatte, einen Kompromiß zwischen der britischen Regierung und den Kolonisten zu erreichen. Franklin war zu einem der eifrigsten Vertreter der Forderung nach nationaler Unabhängigkeit geworden, da er erkannt hatte, daß es keinen anderen Weg gab.

»Wenn ihr euch zu Schafen macht, werden die Wölfe euch zerreißen«, mahnte er die Schwankenden und appellierte an die Delegierten: »Gott hilft denen, die sich selbst helfen ... Wenn wir einig sind, so sind wir wohl imstande, Gewalt mit Gewalt zu vertreiben.«

Der Pflanzer George Washington saß in seiner alten Oberstenuniform der virginischen Miliz unter den Delegierten. Er war das einzige Mitglied des Kongresses, das militärische Kleidung trug. Damit wollte Washington, der nicht gern viele Worte machte, zu erkennen geben, daß er bereit sei, dem Rufe des Volkes zu folgen.

Die Debatten des Kongresses machten deutlich, daß sich die Atmosphäre grundlegend verändert hatte, und man war sich darüber im klaren, daß nun ein Weg beschritten werden mußte, auf dem es keine Umkehr mehr gab. Aber trotz allem gelang es dem gemäßigten Flügel noch einmal seine Meinung durchzusetzen und die Forderung der radikalen Gruppe, sofort die Unabhängigkeit zu proklamieren und den Krieg zu erklären, zurückzuweisen.

Es hieß in der von Thomas Jefferson und Dickinson verfaßten »Erklärung über die Gründe und Notwendigkeiten der Waffenergreifung«, die vom Kongreß angenommen und an den britischen König gesandt wurde: »Unsere Sache ist gerecht. Unsere Einheit ist vollkommen ... Die Waffen, die wir unter dem Zwang unserer Feinde ergreifen müssen, werden wir ... für die Bewahrung unserer Freiheit einsetzen, da wir einmütig entschlossen sind, lieber als freie Männer zu sterben, denn als Sklaven zu leben.«

Der Kongreß gab sich den Namen »Die Vereinigten Kolonien«. Die Milizarmee vor Boston bezeichnete er als »Kontinentalarmee«.

Amerikanischer Zeitfreiwilliger
Stich aus dem Jahre 1775

Aber während die Delegierten des Kongresses über diese und jene Fragen beratschlagten, hatte der amerikanische Milizmajor Ethan Allen mit seinen Green Mountain Boys das Fort Ticonderoga erobert und damit das Zeichen zum bewaffneten Aufstand im Norden der Kolonien gegeben.

Am 17. Juni fand am Bunker Hill vor Boston die erste große Schlacht des Unabhängigkeitskrieges statt. Des Nachts hatten sich die Amerikaner auf zwei Höhen in der Hügelkette vor Boston verschanzt.

General Gage erkannte, daß dadurch seine eigenen Stellungen auf das schwerste gefährdet waren, und das englische Kommando beschloß, die Amerikaner von diesen Höhen wieder zu vertreiben. Das geeignetste Mittel dazu schien ein frontaler Infanterieangriff zu sein.

Gegen drei Uhr nachmittags begannen die britischen Truppen anzugreifen. Die Bevölkerung von Boston war auf die Dächer der Häuser geklettert, um sich das kriegerische Schauspiel anzusehen.

Der Tag war sengendheiß. Unter dumpfem Trommelwirbel rückten die dichtgeschlossenen Linien der Rotröcke gegen die Stellungen der Amerikaner vor. Die britische Flotte und die Batterien am Stadtrand bombardierten die Höhen pausenlos.

Die Milizen wurden von William Prescott befehligt, der sich bereits im Kriege gegen die Franzosen ausgezeichnet hatte. Er befahl den Männern, nur auf sein Kommando zu feuern und ruhig zu zielen.

Vor allem aber sollten sie immer die schönsten Uniformen aussuchen.

In Linien formiert, stiegen die Engländer langsam die Hügel hinan und gaben dabei eine Salve nach der anderen auf die Verschanzungen ab, in denen die Amerikaner sie erwarteten. Die Soldaten schwitzten, denn sie trugen außer ihrer vollständigen Uniform noch den Tornister, eine Eiserne Drei-Tage-Ration, Munition und die Muskete mit sich, eine Last von etwa dreißig Kilogramm.

In den Stellungen rührte sich nichts. Die Amerikaner verhielten sich völlig ruhig. Sie blickten über den Lauf ihrer Büchsen und nahmen den Feind aufs Korn.

Als sich die Rotröcke bis auf dreißig Meter den Verschanzungen genähert hatten, kommandierte Prescott »Feuer!«.

Die Wirkung der Salve war verheerend. Ganze Reihen der Briten, darunter zahlreiche Offiziere, lagen tot oder verwundet auf dem Kampfplatz. Aber noch war die Ordnung der gutgeschulten Truppen nicht erschüttert. Sie stiegen über die Gefallenen hinweg und rückten unter dem Kommando der übriggebliebenen Offiziere weiter vor. Eine zweite Salve der Amerikaner riß abermals große Lükken in ihre Reihen. Doch erst die dritte wohlgezielte Salve, aus nächster Nähe abgefeuert, zerschmetterte die Linien der Angreifer. Aufgelöst fluteten sie den Hang hinunter.

Weithin bedeckten die scharlachroten Uniformen der Gefallenen das Schlachtfeld. Aber die der Hölle Entronnenen wurden neu aufgestellt und von General Howe, der den Angriff befehligte, ein zweites Mal in den Kampf geführt.

Wieder zerrissen die Salven der Miliz die Linien der Rotröcke. Fast der gesamte Stab des Generals fand bei dem Angriff den Tod. Erst als frische Truppen unter General Clinton herangeführt wurden, konnten die Briten in die Verschanzungen eindringen.

Die Milizen hatten unter dem Feuer der britischen Flotte gestanden, und ihre Munition ging zu Ende. Sie feuerten noch drei Salven auf den Feind, dann waren die Briten innerhalb der Verschanzungen, und ein blutiger Nahkampf begann. Den im Bajonettangriff geübten Soldaten konnten die Amerikaner, die sich mit dem Kolben verteidigten, nicht standhalten.

Die Amerikaner mußten die Hügel vor Boston wieder räumen, und der Union Jack wurde gehißt. Aber die Briten hatten fast dreimal soviel Verluste erlitten wie die Amerikaner. Mehr als ein Drittel der angreifenden Soldaten war gefallen. Die Verluste an Offizieren waren sehr hoch. Auch der Major Pitcairn, der die Siedler in Lexington hatte niederschießen lassen, war unter den Toten. General Howe hatte einen schweren Schock erlitten, den er sein Leben lang nicht überwand. Unter den Opfern auf amerikanischer Seite befand sich auch Joseph Warren, der seinerzeit durch Paul Revere und Will Davis die Bevölkerung vor dem Überfall der Briten hatte warnen lassen.

Die erste große Schlacht des Unabhängigkeitskrieges war geschlagen. Sie hatte bewiesen, daß sich die amerikanischen Farmer mit den regulären Truppen, die ihnen an Ausrüstung und Ausbildung weit überlegen waren, messen konnten, selbst wenn diese in starker Übermacht waren. Der Kampf am Bunker Hill gab den Amerikanern ein außerordentliches Selbstvertrauen.

Der Kongreß ernannte George Washington, einen der reichsten Pflanzer aus Virginia, zum Oberkommandierenden der Kontinentalarmee.

Mit Washington hatte der Kongreß eine vorzügliche Wahl getroffen. Der Virginier war energisch, dabei beherrscht und von unerschütterlicher Charakterstärke. Er war frei von persönlicher Eitelkeit und haßte Kleinlichkeit und Opportunismus. Nach seiner Wahl sagte er vor dem Kongreß, er fühle sich zu gering für die vorgesehene Aufgabe, werde aber seine Pflicht tun. Besoldung nehme er nicht an, man möge ihm nur seine Unkosten erstatten.

Als Washington am 23. Juni aus Philadelphia zur Armee abritt, kamen ihm Kuriere entgegen, die die Nachricht von der Schlacht am Bunker Hill überbrachten. Washington fragte sogleich, wie die Amerikaner gekämpft hätten. Nachdem er Näheres erfahren hatte, sagte er: »Die Freiheiten des Landes sind gesichert!«

Der Krieg, der sich über acht Jahre hinzog, hatte begonnen. Nichts vermochte die Entwicklung mehr aufzuhalten.

Am 4. Juli 1776 proklamierte der Kontinentalkongreß die Unabhängigkeit des Landes.

Thomas Jefferson hatte die Unabhängigkeitserklärung entworfen, die dem amerikanischen Volk und der Welt verkündet wurde. Sie enthielt jene Prinzipien, die die Aufklärer gelehrt hatten, die Grundprinzipien der bürgerlichen Revolution.

»Folgendes halten wir für selbstverständliche Wahrheiten: Alle Menschen sind von Geburt aus gleich, sie sind von ihrem Schöpfer mit gewissen, unveräußerlichen Rechten ausgestattet, zu denen Leben, Freiheit und das Streben nach Glück gehören. Zur Sicherstellung dieser Rechte werden unter den Menschen Regierungen eingesetzt, die ihre rechtmäßigen Machtbefugnisse von der Zustimmung der Regierten herleiten. Wenn je eine Regierungsform diesen Zielen sich als abträglich erweist, ist es das Recht des Volkes, sie zu ändern oder abzuschaffen und eine neue Regierung einzusetzen, die ihre Grundlagen auf solchen Prinzipien errichtet und ihre Macht in solchen Formen organisiert, die nach Ansicht des Volkes seine Sicherheit und sein Glück am ehesten gewährleisten.«

Damit war der entscheidende Schritt getan. Ein schwieriges Kapitel der Revolution war abgeschlossen, aber ein noch schwierigeres begann. Denn England hatte diesen Schritt bereits erwartet und begonnen, alle seine Hilfsquellen zu mobilisieren. England war damals die stärkste Macht der Erde und hatte alle seine Feinde – Frankreich, Spanien und Holland – besiegt und Portugal zu einem Satellitenstaat gemacht. Es beherrschte die Meere der Welt und hatte in allen Kontinenten reiche Besitzungen.

Großbritannien warb Truppen in verschiedenen Ländern an und sandte sie nach Amerika. Aber der Sieg war nicht so leicht zu erringen, wie es sich die englischen Tories gedacht hatten. Denn dieser Krieg war ein anderer Krieg, als die britischen Söldner ihn bisher zu führen gewohnt waren. Die amerikanischen Truppen waren der englischen Streitmacht an Zahl fast immer weit unterlegen, aber sie bestanden aus Männern, die für die Unabhängigkeit ihres Landes und Volkes, für ihre eigenen Interessen fochten.

Bereits im März 1776 war Boston, der bis dahin stärkste Stützpunkt der Briten auf dem Kontinent gefallen. General Howe hatte seine Truppen eingeschifft. Doch Großbritannien hatte 35000 Mann im Lande stehen. Howe zog sich nach Halifax zurück und verstärkte dort seine Armee. Ihm schloß sich sein Bruder, Admiral Howe, mit seiner Flotte an.

In der ersten Hälfte des Juli landeten die Brüder Howe auf Long Island 20000 Mann, darunter 9000 Mann hessische Truppen, die von ihrem Landesherrn wie Vieh, das Stück für 30 spanische Taler, an die britische Krone verkauft worden waren. Allein diese Armee war zahlenmäßig doppelt so stark wie die Truppen die Washington zu jener Zeit zur Verfügung standen. Die Brüder Howe hatten die Vollmacht, allen Rebellen, die die Waffen niederlegten, Pardon zu bieten.

Aber die Amerikaner dachten nicht daran. Der Krieg ging weiter. In ganz Europa hatten die mutigen Taten der amerikanischen Freiheitskämpfer die Völker aufhorchen lassen. Die Botschaft von den Menschenrechten, die in der Unabhängigkeitserklärung enthalten war, wurde vernommen, die Nachricht von den ersten militärischen Erfolgen der Rebellen gegen das mächtige England erregten im aufstrebenden Bürgertum Begeisterung. Freiwillige aus vielen Ländern eilten nach Amerika, um den Freiheitskampf zu unterstützen.

So hatte die amerikanische Revolution begonnen. Ganz Europa sah auf die Neue Welt, der Steuben nun entgegenfuhr.

Sechsundsechzig Tage dauerte die Überfahrt. Es war schon bitter kalt, denn der November neigte sich seinem Ende zu, als die Fregatte sich der Küste des nordamerikanischen Festlandes näherte. Am 1. Dezember ging das Schiff auf der Reede von Portsmouth in New Hampshire vor Anker.

Steuben schickte seinen Ordonnanzoffizier an Land, um dem Kommandanten der Stadt seine Ankunft ankündigen zu lassen. Duponceau wurde in seiner roten Uniform von den Amerikanern zuerst für einen feindlichen Engländer gehalten. Zwei Wachsoldaten richteten ihre Bajonette auf ihn und wollten ihn gefangennehmen.

Aber Duponceau, der englisch sprach, konnte den Irrtum sofort aufklären. Er verlangte einen Offizier zu sprechen.

Duponceau hatte noch während der Fahrt mit dem Adjutanten de Pontiere eine Wette abgeschlossen, daß er die erste Amerikanerin, die ihm entgegenkäme, küssen werde. Kaum war er aus der Wachbaracke getreten, um mit dem amerikanischen Offizier zum Kommandanten zu gehen, als ihm auch schon ein hübsches Mädchen mit kastanienbraunen Locken entgegenkam, das einen roten Umhang trug.

»Mademoiselle«, sagte Duponceau, der erst siebzehn Jahre alt war, »verzeihen Sie einem jungen Mann seine Kühnheit, und schenken sie ihm einen Augenblick Gehör.« Er erzählte ihr offen, was für eine Wette er abgeschlossen habe und wer er sei.

Die Schöne lachte und bot ihm ihre Lippen zum Kuß. So gewann Duponceau seine Wette.

Der Platzkommandant, General Langdon, holte Steuben und seine Offiziere in seiner Schaluppe von der Fregatte ab. Die Kanonen der Festung und der im Hafen liegenden Schiffe feuerten den Begrüßungssalut.

Die Einwohner der Stadt hatten sich nach der Ankunft des Schiffes zu Hunderten am Ufer versammelt, um die Fregatte zu sehen. Schnell hatte es sich herumgesprochen, wer mit diesem Schiff angekommen war.

Als Steuben und seine Begleiter zusammen mit de Francy, dem Beauftragten der Firma Hortalez & Co., und dem Kommandanten an Land gingen, wurden Hochrufe auf die Männer ausgebracht, die gekommen waren, um für die Freiheit des amerikanischen Volkes zu kämpfen.

Steuben war von dem Empfang gerührt, denn so viel Herzlichkeit und Anteilnahme der Bevölkerung hatte er nicht erwartet. In Europa gab es so etwas nicht. Dort nahm das Volk kaum Anteil an der Politik seiner Monarchen.

General Langdon lud Steuben und seine Begleiter in sein Haus ein und bewirtete sie mit einem festlichen Essen. Dabei berichtete er seinen Gästen, daß Mitte Oktober der britische General Burgoyne mit 9500 Mann und zahlreicher Artillerie von den amerikanischen Milizen bei Saratoga geschlagen worden sei. Wenige Tage nach seiner Niederlage habe sich Burgoyne mit dem Rest seiner Truppen dem amerikanischen General Horatio Gates[10] ergeben müssen. Das war der erste größere Sieg, den amerikanische Truppen errungen hatten.

Steuben erhob sein Glas und trank auf den Triumph der gerechten Sache, der Sache der Freiheit. Den Sieg bei Saratoga betrachtete er als ein glückliches Vorzeichen für den baldigen erfolgreichen Abschluß des Feldzuges. Insgeheim aber hegte er die Befürchtung, daß man nun vielleicht nicht mehr so sehr auf seine Dienste angewiesen sei und daß der Konflikt zu Ende gehe, ohne daß er seinen Teil zum Sieg beitragen könne.

In der Neuen Welt

Die Lage der Vereinigten Staaten war aber keineswegs so rosig, wie es im Augenblick nach der Freudenbotschaft vom Siege bei Saratoga den Anschein hatte.

Zwar hatte Washington mit kühnen Unternehmungen eine Reihe ermutigender Siege errungen, aber diese Gefechte waren nicht von entscheidender Bedeutung. Der Krieg zog sich nun schon über zwei Jahre hin. Viele waren des Kampfes müde geworden, sehnten sich nach friedlichen Zeiten und waren geneigt, sich den Briten wieder zu unterwerfen.

Die Armee selbst litt bitterste Not. Die Soldaten hungerten und waren oft nur dürftig bekleidet, so daß sie des Nachts und auf Posten froren und krank wurden. – Wenn der Winter kam, verließen viele die Armee, so daß Washingtons Heer sich mehrmals nahezu auflöste.

Der Kongreß half der Armee kaum. Es wurden nur zögernd und viel zuwenig Mittel zur Verfügung gestellt. Es gab keine energische Rekrutierungskampagne im Lande.

In dieser Zeit der Not war es wieder Tom Paine, der seine Stimme erhob und in einer Schriftenreihe mit dem Titel »Die Krise« das amerikanische Volk zum Durchhalten aufrief und den Soldaten neuen Mut machte.

Paine diente als Freiwilliger in der Armee. Der begabte junge General Greene, der Paine außerordentlich schätzte, hatte ihn zu einem seiner Adjutanten gemacht und ihm einen Offiziersrang angeboten. Paine gehörte dem Stabe Greenes an, aber den militärischen Rang lehnte er ab. Er sei Schriftsteller und kein Offizier, hatte er geantwortet. Er wollte nichts anderes sein als die vielen einfachen Angehörigen der Armee. Er marschierte und lebte mit ihnen.

Im Winter 1776/77 erlebte die amerikanische Armee ihre schwerste Krise. Eisiger Wind wehte über das Land. Die Amerikaner mußten sich vor den Briten zurückziehen. Viele Männer desertierten. Viele glaubten nicht mehr an den Sieg. Um die Sache der Freiheit schien es schlecht bestellt.

Da schrieb Paine seine neue Flugschrift »Die Krise«. Sie beginnt wie ein Fanfarenstoß: »These are the times that try men's souls!« – »Dies sind Zeiten, in denen sich die Seelen der Männer erweisen. Der Sommersoldat und der Sonnenscheinpatriot werden sich in dieser Krise vom Dienst am Vaterland drücken. Wer aber jetzt aushält, verdient die Liebe und den Dank aller Männer und Frauen. Ebenso wie die Hölle läßt sich Tyrannei nicht leicht besiegen. Aber unser Trost ist: Je härter der Kampf, um so glorreicher wird unser Triumph sein! Was wir zu billig bekommen, achten wir zu gering. Ein hoher Preis erst gibt den Dingen seinen Wert. Es wäre wirklich merkwürdig, wenn ein so göttliches Gut wie die Freiheit nicht hoch bezahlt werden müßte ...

Alle Schätze der Welt, davon bin ich überzeugt, könnten mich nicht dazu bringen, einen Angriffskrieg zu unterstützen, denn ich halte ihn für Mord. Aber wenn ein Dieb in mein Haus einbricht, mein Eigentum verbrennt oder zerstört und mordet oder mich und die, die in meinem Hause sind, zu töten droht, um mich zu zwingen, seinen absoluten Willen zu tun – soll ich das dulden? Was bedeutet es für mich, ob der, welcher es tut, ein König ist oder ein gemeiner Mann, mein Landsmann oder nicht mein Landsmann ...

Mögen sie mich einen Rebellen nennen, das macht mir nichts aus; aber ich würde mich höllischen Qualen überantworten, wenn ich meine Seele zur Hure machte und einem Manne, dessen Charakter uneinsichtig, dumm, wertlos, brutal und der ein Säufer ist, die Treue schwören wollte ...«

Die Flugschrift ging wie »Der gesunde Menschenverstand« von Hand zu Hand. Zwölf weitere folgten ihr in monatlichen Abständen. Alle zusammen ergaben ein Buch von etwa dreihundertsechzig Druckseiten.

In diesen Flugschriften prägte Paine auch den Begriff »Vereinigte Staaten von Amerika«, der seitdem in Gebrauch ist.

Paines Schriften gaben der revolutionären Bewegung einen mächtigen Auftrieb.

Als die erste Nummer der »Krise« am ersten Weihnachtstage des Jahres 1776 im Lager Washingtons eintraf, ließ der General seine Regimenter antreten und die Schrift verlesen. In der Nacht setzte er mit seinen halberfrorenen und ausgemergelten Truppen über den Delaware, auf dem die Eisschollen trieben, und ging zum Angriff auf Trenton vor, das von drei hessischen Regimentern besetzt war. Die Regimenter Rall, Loßberg und Knyphausen, die in der Stadt Weihnachten feierten, wurden über den Haufen gerannt, niedergemacht oder gefangengenommen.

Die Wintersnot der amerikanischen Armee
Nach einem Stich von Darley

Mit seiner kleinen, aber zuverlässigen, nur wenige tausend Mann starken Elitetruppe, die in Lumpen gekleidet ging, bedrängte Washington den ganzen Winter über die Briten so sehr, daß General Howe seine Garnisonen an die Küste zurückzog. Washingtons Armee war nur ein Drittel so stark wie die der Engländer, war schlecht ausgerüstet und bekam keinen Nachschub.

Im März 1777, als der Schnee schmolz, waren es keine viertausend Mann mehr, die bei ihrem Oberbefehlshaber geblieben waren.

Die Briten fuhren in ihrer grausamen Kriegführung fort. Sie plünderten und brandschatzten im Lande und drangsalierten die Bevölkerung auf jede erdenkliche Weise. Sie führten diesen Krieg nicht allein. Sie stachelten die Indianer gegen die Kolonisten auf, und verbündeten sich mit ihnen und bezahlten ihnen die erbeuteten Skalpe. Es war besonders der britische General Burgoyne, der sich dabei hervortat, bevor er bei Saratoga geschlagen wurde. Aber dieses widerwärtige Mordgeschäft traf auch die Engländer selbst, denn die Indianer wußten oft nicht zwischen »Rebellen« und Königstreuen zu unterscheiden. Die Briten organisierten nicht nur den Mord an friedlichen amerikanischen Ansiedlern, sondern versuchten auch durch die Bestechung amerikanischer Politiker zersetzend zu wirken. Sie bewaffneten ganze Armeen von Loyalisten für den Kampf gegen ihre Landsleute. Doch die amerikanische Revolution war nicht mehr niederzuringen.

Als der Sommer ins Land zog, schickte sich General Howe an, Philadelphia, den Sitz des amerikanischen Kongresses, anzugreifen. Er landete mit seinen Truppen am 25. August in der Chesapeake-Bucht, vierzig Meilen von Philadelphia entfernt.

Washington hatte die Aufgabe, diese Stadt vor dem Angriff der Engländer zu schützen, aber er war nicht in der Lage, mit seiner kleinen Armee der mehrfachen Übermacht der Briten erfolgversprechend zu widerstehen. Am 27. September 1777 nahm General Howe Philadelphia ein, wo er sein Winterquartier aufschlug. Washingtons tapferer Angriff auf Howes Armee bei Germantown schlug fehl und führte zu einer Niederlage.

Im Oktober 1777 schlug Gates, ein alter Routinesoldat, der aus der englischen Armee kam, den britischen General Burgoyne bei Saratoga. Allerdings war Burgoyne mehr durch die Umstände und den Hunger besiegt worden als durch General Gates. Der Herbstregen hatte schon begonnen, und Burgoynes deutsche Söldner desertierten in Massen.

Außerdem war die Armee von Gates viermal so stark wie die britische, der er gegenüberstand. Aber das änderte nichts an der Tatsache, daß sich Burgoynes Kapitulation bei Saratoga für die Vereinigten Staaten außerordentlich günstig auswirkte. Frankreich, das die amerikanischen Rebellen bisher nur im geheimen unterstützt hatte, schickte sich an, offen auf die Seite Amerikas zu treten. Horatio Gates war der gefeierte Held des Tages, und sein Ruhm überstrahlte den General Washingtons.

Währenddessen mußte Washington, da ein neuer Winter vor der Tür stand, in einem kleinen Dorf, zwanzig Meilen von Philadelphia entfernt, sein Quartier aufschlagen. Valley Forge war der Name dieses Fleckens. Hier errichtete seine Armee ihre Hütten und Zelte, um zu überwintern. Nur ein einziges Haus aus Stein war vorhanden, in dem das Hauptquartier Unterkunft fand.

In Valley Forge begann Washingtons schwerste Zeit. Immer wieder wandte sich der General an den Kongreß und beschwerte sich, daß die Zufuhren ausblieben. Die Armee litt bittere Not. Die Soldaten waren halb verhungert und froren, da sie weder ausreichende Kleidung noch Schuhe besaßen.

Viele Bewohner der Umgebung von Valley Forge sympathisierten mit den Engländern und weigerten sich, das amerikanische Papiergeld anzunehmen. Die Bevölkerung zog die englischen Goldmünzen vor, mit denen das britische Oberkommando sehr freigebig umging. Überall warb der britische Geheimdienst Agenten an und schüttete Bestechungsgelder aus. Schmähschriften gegen Washington kursierten unter der Bevölkerung. Die pazifistischen Quäker, von denen viele in dieser Gegend ansässig waren, verspotteten die Soldaten. Zahlreiche Angehörige der Kontinentalarmee liefen zum Feinde über.

Im Kongreß sprach man bereits von der Absetzung Washingtons. Seit Saratoga war Gates der erklärte Liebling des Kongresses, der ihn schließlich zum Präsidenten des Kriegsamtes und den irischen

Abenteurer Conway zum Generalinspekteur der Armee ernannte. Beide intrigierten von nun an in hinterhältiger Weise gegen den Oberkommandierenden.

Die Armee lag hungernd in ihren rasch errichteten Blockhäusern, durch die der Wind pfiff und die Nässe drang. Viele Soldaten mußten nachts um die Feuerstellen hocken, da sie keine Decken besaßen, um sich einzuhüllen. Bald deckte der Schnee das Lager zu. Mit verharschten Lumpen an den Füßen standen die Wachposten im Schnee. Die Hälfte der Truppen wurde durch Krankheit dienstuntauglich. In den Lazaretten starben die Männer reihenweise. Es schien, als ginge es mit der Revolution zu Ende, und viele prophezeiten, im Frühjahr würde es keine Armee mehr geben.

Das war die Lage, die Steuben vorfand, als er in Amerika eintraf.

Im Lande feierte man noch den Sieg von Saratoga, und Steuben ahnte nichts von den Schwierigkeiten, in denen sich der Oberkommandierende und die Kontinentalarmee befanden. Aber er merkte bald, daß die Lage nicht so hoffnungsvoll war, wie es im Augenblick seiner Ankunft den Anschein hatte.

In Portsmouth, wo sich Steuben elf Tage aufhielt und de Francy Pferde und Bagagewagen besorgte, schrieb er an den Kontinentalkongreß. Es war Steuben bekannt, daß die Forderungen, die viele der nach Amerika gekommenen ausländischen Offiziere gestellt hatten, bei den Kongreßmitgliedern keinen guten Eindruck gemacht hatten. Die Beförderung zahlreicher Ausländer zu Generalen und Obersten, wie die des Deutschen de Kalb, des Franzosen Lafayette, des Iren Conway und anderer, hatte auch viel Ärger und Kritik hervorgerufen. Franklin hatte ihm bereits in Paris geraten, dem Kongreß gegenüber bescheiden aufzutreten. Steuben brachte ausgezeichnete Zeugnisse von hervorragenden Persönlichkeiten mit. Wenn er, der einen hohen militärischen Rang und glänzende Empfehlungen besaß, dem Kongreß gegenüber nicht anmaßend war, so mußte das den besten Eindruck machen.

Steuben hatte sich innerlich bereits ganz der amerikanischen Sache verschworen. Der Kampf der Amerikaner gegen die Königs- und Adelsherrschaft fand mehr und mehr seine Anteilnahme. Es gab nichts, was ihn noch an Königs- oder Fürstenthrone band. In diesem Lande wurde der Mann geschätzt und nicht sein ererbter Titel. Hier war von nun an sein Platz.

Wenn Steuben sich für eine Sache entschied, dann tat er es ganz. Halbherzigkeit war niemals seine Sache. So schrieb er in einem Brief an den Kongreß:

»Portsmouth, den 6. Dezember 1777

Ehrenwerte Herren!

Die Ehre, einer würdigen Nation zu dienen, die sich anschickt, ihre Rechte und ihre Freiheit zu verteidigen, ist der einzige Beweggrund, der mich in diesen Weltteil führt. Ich suche weder Reichtum noch Titel. Ich bin aus dem fernsten Winkel Deutschlands hier hergekommen und habe dort meine Stellung aufgegeben. Ich habe Ihren Beauftragten in Frankreich keine Bedingungen gestellt und werde auch Ihnen keine stellen. Mein einziger Ehrgeiz ist, als Freiwilliger zu dienen, mir das Vertrauen Ihres Oberkommandierenden zu erwerben, und ihn bei seinen Unternehmungen zu begleiten, so wie ich während des Siebenjährigen Krieges dem König von Preußen gefolgt bin. Zweiundzwanzig Dienstjahre, die ich in einer solchen Schule verbracht habe, berechtigen mich wohl dazu, mich zu den erfahrenen Offizieren zu zählen. Wenn ich einige Fähigkeiten in der Kriegskunst besitze, so werden sie mir um so wertvoller sein, wenn ich sie im Dienste einer Republik verwenden dürfte. Ich bin entschlossen, mit meinem Blut die Ehre zu erkaufen, daß mein Name eines Tages zusammen mit denen Ihrer Freiheitskämpfer genannt wird. Wenn mein Anerbieten angenommen wird, bin ich zufrieden, und ich bitte um keine andere Gunst, als unter Ihre Offiziere aufgenommen zu werden. Ich gebe mich der Hoffnung hin, daß Sie meiner Bitte entsprechen werden und mir Ihre Befehle nach Boston senden werden, wo ich sie erwarte, um danach zu handeln.«

Auch an Washington richtete Steuben noch von Portsmouth aus ein Schreiben, das er zugleich. mit der Abschrift des Empfehlungsbriefes Franklins an den Oberkommandierenden absandte.

»Mein Herr!

Die beiliegende Abschrift eines Briefes, dessen Original ich Eurer Exzellenz persönlich zu überreichen die Ehre haben werde, wird Ihnen die Gründe mitteilen, die mich zur Reise hierher veranlaßt haben. Ich habe nur noch zu bemerken, daß es mein höchster Ehrgeiz ist, Ihrem Vaterlande jeden Dienst zu erweisen, zu dem ich imstande bin, und mir im Kampf um die Sache Ihrer Freiheit den Anspruch auf den Titel eines amerikanischen Bürgers zu verdienen. Wenn mein früherer Rang, den ich in Europa besaß, hinderlich sein sollte, so möchte ich lieber als Freiwilliger unter Eurer Exzellenz dienen, als den verdienten Offizieren, die sich unter Ihnen bereits ausgezeichnet haben, ein Gegenstand des Mißfallens zu sein.

Dies sind auch die Gefühle, die mich beseelen, und ich hoffe sehr, daß der ehrenwerte Kongreß der Vereinigten Staaten von Amerika meine Dienste annehmen wird. Wenn ich nicht fürchten müßte, Ihre Bescheidenheit zu verletzen, so könnte ich noch hinzufügen, daß ich unter dem Könige von Preußen die Kriegskunst erlernt habe und daß Eure Exzellenz der einzige Mensch sind, unter dem ich meinen Beruf nach langen Jahren wieder auszuüben wünsche.

Ich werde in wenigen Tagen nach Boston gehen, wo ich dem Mitglied des Kongresses, dem ehrenwerten Herrn John Hancock, meine Briefe überreichen werde. Dort werde ich die Befehle Eurer Exzellenz erwarten.«

Am 12. Dezember verließ Steuben Portsmouth und reiste nach Boston. Hier nahm sich der Gouverneur John Hancock seiner an.

Steuben wurde überaus gastfreundlich aufgenommen, und der Gouverneur gab ihm zu Ehren ein Essen, an dem alle hervorragenden Persönlichkeiten der Stadt teilnahmen. Hier lernte Steuben auch Samuel Adams kennen.

Der Baron war mit seinem Stabe in dem Hause der Witwe eines englischen Offiziers untergebracht, die zwei bildhübsche Töchter im Alter von neunzehn und sechzehn Jahren hatte. Inzwischen hatte der Kongreß das Schreiben Steubens erhalten und nahm bereits zwei Tage später, trotz der ablehnenden Haltung vieler seiner Mitglieder den ausländischen Offizieren gegenüber, eine Entschließung an, in der es hieß:

»Da der Baron Steuben, Generalleutnant in ausländischen Diensten, in höchst uneigennütziger und heroischer Weise den Staaten angeboten hat, als Freiwilliger zu dienen, wird beschlossen, daß der Präsident dem Baron Steuben im Namen der Vereinigten Staaten den Dank des Kongresses für seinen der Sache Amerikas gewidmeten Eifer und für das uneigennützige Angebot seiner militärischen Fähigkeiten, das er gemacht hat, aussprechen und ihm mitteilen soll, daß der Kongreß seine Dienste als Freiwilliger in der Armee der Staaten freudig annimmt und wünscht, er möge sich so bald wie möglich in das Hauptquartier des Generals Washington begeben.«

Der neue Präsident des Kongresses, Henry Laurens[11], sandte Steuben eine Abschrift der Entschließung des Kongresses und teilte ihm folgendes mit.

»Seine Exzellenz, General Washington, dessen Quartier sich in Valley Forge befindet, wird benachrichtigt, daß Ew. Exzellenz ihn aufsuchen werden. Ich bin überzeugt, daß es dem General ein großes Vergnügen bereiten wird, Ew. Exzellenz zu empfangen.«

Auch von Washington erhielt Steuben einen Brief, in dem dieser ihm schrieb, daß er ihn gern erwarten werde, sobald der Kongreß über seine militärische Verwendung entschieden habe.

In Boston legten Steuben und sein Stab die in Paris geschneiderten roten Uniformen ab und ließen sich in das Blau und Braungelb der Kontinentalarmee einkleiden.

Von dem Gouverneur John Hancock erhielten die Deutschen einen Reisekostenvorschuß von 1300 Dollar und außerdem 200 Dollar für den Ankauf eines Reitpferdes. Der Staat Connecticut stellte noch 800 Dollar zusätzlich bereit.

Hancock selbst kaufte die Ausrüstung für die Offiziere und versorgte sie mit allem, was für eine so weite und strapazenreiche Reise nötig war, die zum großen Teil durch unwegsame Gebiete führen sollte.

Das Land war in eine dichte Schnee- und Eisdecke gehüllt, als Steuben mit seinem Stabe am 14. Januar 1778 Boston verließ. Man hatte ihm geraten, bei seiner Reise keine der Straßen in der Nähe der Küste zu benutzen, damit er nicht in die Hände der Briten oder der auf ihrer Seite kämpfenden Loyalistentruppen falle, die dort häufig herumstreiften. Aus diesem Grunde mußte er einen Weg wählen, der weiter westwärts durch die Staaten Massachusetts, Connecticut, New York und Pennsylvania führte.

Als die Reisenden im Gasthaus von Worcester County in Massachusetts abstiegen, wurden sie von dem Wirt sehr unfreundlich empfangen.

Man hatte sie vorher gewarnt, denn es war im Lande bekannt, daß der Inhaber dieses Gasthauses ein Loyalist, ein königstreuer Mann war.

Aber weit und breit gab es kein anderes Gasthaus, und da gegen Abend ein heftiger Schneesturm eingesetzt hatte, sah sich Steuben mit seinen Männern gezwungen, dieses Haus aufzusuchen.

Der Wirt erklärte in barschem Tone, daß er niemand unterbringen könne. Er habe keine Betten und auch kein Brot oder Fleisch. Ja, es sei nicht einmal etwas zu trinken vorhanden, weder Bier noch Milch.

Duponceau versuchte vergeblich, den Wirt auf eine höfliche Art umzustimmen. Da verlor Steuben die Geduld und geriet in Zorn. Er zog seine Pistole und setzte sie dem erschrockenen Manne auf die Brust.

»Ich frage Sie, haben Sie Betten, Brot, Fleisch und Milch?« schrie Steuben in gebrochenem Englisch.

Der erschrockene Wirt nickte stumm, und in wenigen Minuten war alles Gewünschte vorhanden. Es fanden sich gute Betten und ein reichliches Abendessen. Für die Pferde standen Unterkunft und Futter bereit.

Am nächsten Morgen verabschiedeten sich die Offiziere höflich von dem Wirt und bezahlten ihre Rechnung in amerikanischen Dollars, die der Königstreue nun keineswegs zurückwies.

Manchmal übernachteten Steuben und seine Begleiter in den einfachen Blockhäusern amerikanischer Siedler, in denen es häufig keine Betten gab. Männer, Frauen und Kinder schliefen auf Fellen und auf dem Fußboden, nur mit Wolldecken zugedeckt. Aber gerade hier, bei Menschen, die nur wenig besaßen, wurden die Offiziere besonders gastfreundlich aufgenommen.

Steuben lernte auf dieser Reise Land und Leute kennen. Das war für ihn sehr nützlich. So sah er das Land, für das er kämpfen wollte, sah die Täler des Merrimack und des Connecticut in Eis und Schnee.

Am 28. Januar setzte er bei Fiskhill über den Hudson.

Wohin Steuben auch kam, überall wurde er mit Achtung und Herzlichkeit empfangen. Die Zeitungen berichteten über seine Reise, und die Vertreter der Gemeinden begrüßten ihn.

Am 5. Februar kam Steuben mit seinem Stabe in der Stadt York an, die seit dem Fall von Philadelphia die amerikanische Hauptstadt war.

Der Kongreß empfing ihn mit allen Zeichen der Achtung und Ehrerbietung, wie sie zuvor noch keinem Ausländer zuteil geworden waren.

General Gates lud Steuben ein, sein Gast zu sein. Aber der lehnte höflich ab. Er hatte durch John Hancock von den Intrigen gehört, die Gates mit Conway gegen den Oberkommandierenden der Armee spann. Steuben dachte nicht daran, sich mit Gates zu befreunden. Er bezog mit seinen Offizieren ein Haus, das früher Hancock bewohnt hatte, als er noch Präsident des Kongresses war.

Der Kongreß ernannte eine Kommission, die den General begrüßen sollte. Diese Kommission suchte Steuben bereits am Tage nach seiner Ankunft auf.

Da Steuben das Englische noch nicht beherrschte, sprach er französisch. Der Theologe Dr. John Witherspoon aus New Jersey, der Vorsitzende der Kommission, dolmetschte.

Nach der Begrüßung fragte Witherspoon, welche Bedingungen der Baron dem Kongreß stelle und ob er mit den Beauftragten in Frankreich irgendwelche Abmachungen getroffen habe.

»Ich habe mit niemand einen Vertrag geschlossen«, erwiderte Steuben. »Ich habe auch niemand Bedingungen genannt, unter denen ich der amerikanischen Nation dienen würde. Ich verlange weder einen Rang noch Bezahlung. Mein einziger Wunsch ist es, meine Herren, als Freiwilliger in die Armee einzutreten. General Washington mag mir dann einen Dienst zuweisen, für den er mich geeignet hält.«

»Dürfen wir fragen, General«, sagte Witherspoon, »ob Sie uns Vorschläge machen können, in welcher Form wir Ihre edelmütigen Dienste entlohnen dürfen?«

Steuben lächelte. »Ich mache Ihnen folgendes Angebot«, entgegnete er. »Wenn die Vereinigten Staaten aus diesem Kriege, wie ich hoffe, als Sieger hervorgehen sollten, erwarte ich, daß man mich für meine Opfer voll entschädigt, denn ich habe in Europa ein gutbezahltes Amt aufgegeben. Außerdem mag man mich dann nach meinen Verdiensten entlohnen, so wie es das Gerechtigkeitsgefühl den Vertretern der Vereinigten Staaten vorschreibt. Falls aber die Staaten diesen Kampf nicht bestehen sollten und meinen Diensten der Erfolg versagt bleibt, so mag das amerikanische Volk jeglicher Verpflichtung gegenüber meiner Person enthoben sein. Lediglich für die Offiziere, die mir gefolgt sind, verlange ich, daß sie ihren Fähigkeiten angemessene Dienststellungen erhalten, das bin ich ihnen schuldig. Für mich selbst kann ich nur darum bitten, daß der Kongreß für meinen Lebensunterhalt sorgen möge, solange ich Gast in Ihrem Lande bin, denn ich bin hier ohne mein Vermögen, das ich in Europa zurückgelassen habe.«

Die Kommissionsmitglieder waren von den Vorschlägen Steubens sehr eingenommen. Dieser Preuße zeigte guten Geschäftsgeist und schien von seiner Sache überzeugt. Das imponierte den Vertretern des Parlaments, das sich in seiner Mehrzahl aus Geschäftsleuten zusammensetzte.

»Wir danken Ihnen für Ihre wahrhaft edle Haltung, General«, sagte Dr. Witherspoon. »Ich werde dem Kongreß sofort darüber berichten. Sie haben Ihr Schicksal mit den Vereinigten Staaten verbunden, das werden wir Ihnen niemals vergessen!«

Die Kommission verabschiedete sich von Steuben, der noch einige Tage in der Stadt blieb.

Der Präsident des Kongresses gab Steuben zu Ehren ein Essen, bei dem alle hervorragenden Mitglieder des Parlaments anwesend waren.

Steuben hatte alles erreicht, was er sich gewünscht hatte. Da saß er nun inmitten der Repräsentanten der Vereinigten Staaten von Amerika und wurde mit höchsten Ehren gefeiert. Trinksprüche wurden ausgebracht, und man leerte die Gläser auf sein Wohl.

Gegen Schluß des Essens erhob sich der Präsident und sprach Herrn von Steuben im Namen des Kongresses seinen tiefempfundenen Dank für das edle Anerbieten aus, sein militärisches Talent der Nation zur Verfügung zu stellen. Die Vereinigten Staaten hätten seine Dienste mit Freude angenommen, und es sei der Wunsch des Kongresses, daß sich der General unverzüglich zur Armee begebe.

Steuben dankte und sagte, daß er seine ganze Kraft der Sache des amerikanischen Volkes widmen werde. Insbesondere wolle er seine Kenntnisse dazu benutzen, die Disziplin in der Armee zu heben, das scheine ihm das Nötigste zu sein, und helfen, sie zu einem schlagkräftigen Instrument auszubilden, damit die Briten sobald wie möglich aus dem Lande gejagt werden könnten.

Am 19. Februar verließ Steuben die Stadt York und reiste nach Valley Forge. Sein Adjutant und sein Ordonnanzoffizier hatten den Rang eines Hauptmanns erhalten.

Präsident Laurens gab dem scheidenden Steuben zwei Briefe mit – einen mit Empfehlungen an Washington und einen anderen an seinen Sohn, Oberstleutnant John Laurens, der Adjutant Washingtons war.

Auf dem Wege nach Valley Forge kamen Steuben und sein Stab durch Lancaster, das damals die größte Stadt des Binnenlandes war. Die Einwohner waren hier in der Mehrzahl Deutsche.

Als Steuben in dieser Stadt eintraf, wurde er von dem Platzkommandanten Oberst Gibson und einer Abordnung der Bürgerschaft empfangen. Dem General zu Ehren wurde noch am Abend desselben Tages von der Bürgerschaft ein großer Ball gegeben, zu dem die wohlhabenden Bürger, die Offiziere und jungen Damen nicht nur aus Lancaster, sondern aus der ganzen Gegend zusammenströmten, um den preußischen General zu sehen.

Steuben enttäuschte seine Bewunderer nicht. In seiner Offiziersuniform der amerikanischen Armee, den großen, brillantenblitzenden Ordensstern auf der Brust – es war der ihm vom Markgrafen von Baden verliehene Hausorden der Treue –, war Steuben stattlich anzusehen. Dabei bewegte er sich auf eine sichere und liebenswürdige Art.

Die Deutschen in Lancaster waren stolz auf ihren Landsmann, und immer wieder brachten sie Trinksprüche auf ihn aus.

Auch Steuben war froh, wieder einmal unter Landsleuten zu sein und sich in deutscher Sprache unterhalten zu können. Jetzt brauchte er keinen Dolmetscher, wenn er einem der jungen, hübschen Mädchen, von denen er umschwärmt wurde, ein Kompliment machen wollte.

Eine Kapelle spielte deutsche Weisen, und es gab kaum einen Tanz, den Steuben ausließ. Gegen ein Uhr ging der Ball zu Ende. Ihm folgte ein Essen, das sich bis in die frühen Morgenstunden ausdehnte.

Auf diesem Ball lernte Steuben auch den Hauptmann William North kennen, der später sein Adjutant und bester Freund wurde.

Früh am Morgen reiste Steuben weiter. Den ganzen Tag über ging es durch Wälder, die nur hin und wieder von Lichtungen mit kleinen Ansiedlungen unterbrochen wurden. Alles lag unter einer dichten Schneedecke.

Nachdem man am zweiten Tag nach Lancaster das Städtchen Schuykill passiert hatte, wo der Fluß gleichen Namens in den Susquehanna mündet, gelangte man auf einen Bergpfad, der den Schuykill-River entlang in die Albany-Berge führte. Hier gab es kaum noch Ansiedlungen, denn die Region des Urwaldes begann. Mächtige Baumriesen reckten sich in den Himmel, manchmal sperrten vom Sturm gefällte Bäume oder Felskegel den Weg der Reisenden. Im Schnee fand man die Fährte des Bären, Hirsche brachen durch das Holz, aber sonst war alles still, und nichts deutete darauf hin, daß hier noch Menschen in den Wäldern lebten. Und doch streiften und jagten Indianer in dieser Gegend.

Die Reise durch die gebirgige Landschaft war für Mensch und Tier gleich anstrengend, aber man war nicht mehr weit von dem Reiseziel entfernt und beeilte sich, es zu erreichen.

Am 23. Februar traf Steuben in Valley Forge ein, wo er von Washington empfangen wurde. Der Oberkommandierende, der auf das erste Schreiben Steubens in freundlicher, aber zurückhaltender Weise geantwortet und auf die Entscheidung des Kongresses verwiesen hatte, war über die Ankunft des Helfers erfreut, denn Steuben, davon hatte er sich inzwischen überzeugt, war der Mann, den er für die Ausbildung seiner Armee brauchte.

Die Niederlagen von Brandywine und Germantown, die Washington im Sommer erlitten hatte, waren auf die schlechte Ausbildung der Soldaten zurückzuführen. Die Armee war nicht in der Lage, der britischen in offener Feldschlacht entgegenzutreten, weil sie ihr in der Ausführung taktischer Manöver weit unterlegen war. Die Soldaten verstanden auch nicht, einen Bajonettangriff durchzuführen, da sie ihn niemals geübt hatten.

Solange diese Mängel nicht beseitigt waren, konnte die Kontinentalarmee die Briten nicht besiegen.

Washington wußte das und hatte sich auch mit seinen zahlreichen ausländischen Ratgebern darüber ausgesprochen. Aber jeder von diesen hatte eine andere Meinung und wollte ein anderes System anwenden. Washington selbst, der ein fähiger militärischer Führer in der Schlacht war, besaß als Milizoffizier in der Exerzierausbildung keine Erfahrung, und es gab auch noch kein Exerzierreglement in der amerikanischen Armee. Ein Berufssoldat wurde gebraucht, der die gesamte Technik der modernen militärischen Ausbildung beherrschte und in der Lage war, die Truppe gründlich zu schulen und zu disziplinieren.

Auf Grund seiner Beratungen mit den ausländischen und den amerikanischen Offizieren hatte Washington dem Kongreß vorgeschlagen, im Oberkommando der Armee die Stelle eines Generalinspekteurs einzurichten. Dieser Vorschlag war von allen Offizieren seines Hauptquartiers gebilligt und unterzeichnet worden. Unter den Unterzeichnern befanden sich auch drei Ausländer, der Generalmajor Lafayette und die Brigadegenerale Pulaski und Conway.

Im Kriegsausschuß des Kongresses jedoch intrigierten Gates und Conway gegen den Oberbefehlshaber, der sich in Valley Forge befand, und setzten durch, daß der Posten des Generalinspekteurs nicht dem Oberbefehlshaber, sondern dem Kriegsausschuß unterstellt wurde. Auf diese Weise wollten sie Washingtons Stellung untergraben. Dazu kam noch, daß Conway diesen Posten erhielt.

Als Conway in Valley Forge eintraf, wurde er vom Stabe des Oberkommandierenden mit eisiger Höflichkeit und kaum verhüllter Ablehnung empfangen. Jedermann schnitt den Intriganten, so daß er es vorzog, wieder nach York zurückzukehren und sich beim Kongreß über Washington zu beschweren.

Um so mehr war Washington jetzt erfreut, Steuben in Valley Forge begrüßen zu können. Er setzte den Kongreß wenige Tage später von der Ankunft Steubens in Kenntnis, indem er an den Präsidenten Henry Laurens schrieb: »Baron Steuben ist im Lager angekommen. Er scheint ein Edelmann im wahren Sinne des Wortes zu sein, und soweit ich Gelegenheit hatte ihn kennenzulernen, vereinigt er großes militärisches Wissen mit einer bedeutenden Weltkenntnis.«

Valley Forge

Washington übernahm es selbst, Steuben seinen Offizieren vorzustellen. Da waren seine beiden Adjutanten – John Laurens, ein vierundzwanzigjähriger Oberstleutnant, Sohn des Präsidenten des Kongresses, und der einundzwanzigjährige Alexander Hamilton[12], ebenfalls Oberstleutnant, ein ehemaliger Student des Columbia College.

Der Oberkommandierende schätzte junge, begeisterungsfähige Offiziere. Diese Eigenschaften schätzte Washington höher ein als die Erfahrungen alter Routinesoldaten, mit denen er manche Enttäuschung erlebt hatte.

Der junge General Nathanael Greene, ein ehemaliger Schmied und Sohn eines Schmiedes, kam aus einer Quäkerfamilie auf Rhode Island und zählte zu den begabtesten Offizieren Washingtons. Da waren der ebenfalls junge General Anthony Wayne, ein tollkühner Draufgänger, und Knox, der ehemalige Buchhändler, Befehlshaber der Artillerie, und die Generale Scott, Varnum und Lord Stirling.

Zahlreiche Ausländer befanden sich unter den Offizieren Washingtons. Viele von ihnen waren zu Beginn des Krieges vom Kongreß eingestellt worden, ohne daß sie vorher ihre Befähigung nachgewiesen hatten. Sie waren nur eine Belastung der Armee. Aber es gab rühmliche Ausnahmen unter ihnen wie den tapferen polnischen Grafen Pulaski, der auf eigene Kosten eine Kavallerietruppe aufgestellt hatte und später im Kampf fiel.

Da waren die irischen Generale Meade, Sullivan und Fitzgerald, die hier in Amerika gegen England kämpfen wollten, das ihr Volk unterdrückte. Es waren Franzosen im Lager wie der junge Marquis de la Rouérie und der Artillerist de Coudray.

Auch Deutsche gehörten zur Armee, unter ihnen Generalmajor de Kalb[13], der Brigadegeneral Mühlenberg, ein protestantischer

Pfarrer, und der ehemalige hannoversche Hauptmann Weedon, der in Amerika Gastwirt wurde. Er war einer der Milizführer.

Bald nach seiner Ankunft im Lager hatte Steuben eine Besprechung mit dem Oberkommandierenden. John Laurens dolmetschte. Steuben erklärte Washington, daß er mit dem Kongreß keinen Vertrag abgeschlossen habe. Es sei sein Wunsch, daß der Oberkommandierende ihn zuerst kennenlernen möge, um dann zu entscheiden, wie er ihn einsetzen könne. Sein Bestreben sei es, als Freiwilliger der amerikanischen Armee zu dienen, gleich, auf welchen Posten man ihn stelle.

Diese Erklärung kam Washingtons Plänen entgegen. Es hätte gewiß wieder Ärger mit den amerikanischen Offizieren gegeben, hätte er diesem Ausländer sofort eine wichtige Stellung anvertraut. Wenn Steuben hielt, was sich Washington von ihm versprach, dann war er der geeignete Mann, den Posten des Generalinspekteurs der Armee zu übernehmen.

Zunächst sollte Steuben als Freiwilliger das Amt eines stellvertretenden Generalinspekteurs im Lager ausüben. So konnte er die Armee, die Männer kennenlernen, mit denen er in den nächsten Wochen und Monaten zu tun haben würde. Er mußte ihre Eigenschaften, ihre Leistungsfähigkeit erproben. Das war keine Armee, wie man sie in Europa kannte. Sie bestand nicht aus mit dem Korporalstock gedrillten Söldnern, die aus Furcht vor ihren Vorgesetzten die Befehle ausführten, sondern aus Männern, die gewohnt waren, frei zu leben. Von ihren Farmen, aus den Städten, den Häfen und aus vielen Ländern waren sie herbeigeeilt, um für die Freiheit und eine neue Heimat zu kämpfen. Viele waren zerlumpt und krank. Der Winter hatte ihre Kräfte aufgezehrt. Disziplin war ihnen fremd.

»Ich möchte Ihnen die Armee zeigen, Baron«, sagte Washington. »In einigen Tagen sollen Sie mir sagen, was Sie denken und welche Vorschläge Sie mir machen können, unsere gegenwärtige Lage zu verbessern. Oberstleutnant Laurens wird Ihnen einige Zahlen nennen.«

»Die Armee, die im Spätsommer des vergangenen Jahres 17000 Mann zählte, war, als sie Anfang Dezember das Lager bezog, noch 11000 Mann stark«, berichtete Laurens. »Ein Teil der Männer, vor allem aus den Miliztruppen, hat im Herbst die Armee verlassen und ist nach Hause gegangen. Die meisten haben die Gewehre mitgenommen, die ihnen vom Kongreß geliefert worden sind. Im Laufe des Winters sind fast 1500 Mann zu den Briten übergelaufen, wo sie gutes Essen, reichlichen Sold und warme Quartiere bekommen. Viele haben den Winter nicht überstanden und sind an Krankheiten, Frost und Hunger zugrunde gegangen, so daß wir jetzt eine Effektivstärke von 5012 Mann haben. Von diesen sind aber 3989 nicht einsatzfähig, da sie krank oder zu schwach sind, oder es mangelt ihnen an Bekleidung. Das ist unsere Lage, Sir.«

»Sie werden die Armee sehen, Baron«, sagte Washington. »Morgen früh lasse ich die Brigaden und die Regimenter zum Appell antreten.«

In der nebligen Frühe des nächsten Tages erschollen die Hörner im Lager und riefen die Soldaten zum Appell. Die einzelnen Brigaden, Regimenter und Abteilungen traten vor ihren Hütten an und marschierten aus allen Teilen des weitverstreuten Lagers zum Appellplatz.

Es taute, und der Schnee war matschig.

Da kamen die Regimenter aus Massachusetts, aus Pennsylvania, aus Maryland, aus Virginia, Delaware und New Jersey. Abgerissen und halbverhungert, mit wilden Bärten und langen Haaren, bleich und dreckig, so zogen die Soldaten heran. Sie trugen Jagdhemden aus Wildleder, Leinen oder Homespun, manche hatten erbeutete englische oder grüne hessische Uniformstücke an. Hinterwäldler und Jäger waren dabei, die an Entbehrungen gewöhnt waren, Farmer und Städter. Mit ihnen marschierten Männer aus allen Teilen des alten Europa: Holländer und Iren, Franzosen und Deutsche, Schweden, Polen und Russen, Flüchtlinge aus aller Welt. Auch

Schwarze dienten in der Armee. Es waren entlaufene Sklaven, die hier als freie Männer für die Freiheit ihrer neuen Heimat kämpften.

Die wenigen Trommler und Pfeifer spielten altenglische Weisen und immer wieder den Yankee-Doodle:

»Yankee-Doodle, halt dich ran,

Yankee Doodle Dandy.«

Die Soldaten formierten sich regimentsweise zu einer Front, die Spielleute und die Offiziere traten vor.

Als Washington mit seinem Stabe erschien, wurden die Trommeln gerührt, und die Kommandeure der einzelnen Formationen meldeten dem Oberkommandierenden, der mit seinem Stabe die Front abritt, sobald er sich ihrer Abteilung näherte.

Im Winterlager von Valley Forge
Nach einem alten Stich

Washington hielt sich bei jeder Brigade und jedem Regiment auf und inspizierte gründlich. Ihm zur Seite ritt Steuben. Auf seine kraftvolle Gestalt mit dem energischen Gesicht, dem betreßten Dreispitz auf dem Kopf und dem blitzenden Ordensstern an der Brust blickten die Soldaten mit Neugierde.

Aufmerksam betrachtete Steuben die zerlumpten Soldaten. Einem schaute der nackte Hintern aus der Hose. Manche konnten sich kaum auf den Beinen halten. Sie sahen aus wie ein Zug von Bettlern und Krüppeln. Aber die Gesichter der Männer zeigten Trotz und Entschlossenheit. Hier stand die Elite der Armee, denn die anderen waren fortgelaufen.

Nicht einmal die Offiziere waren einheitlich uniformiert. Steuben sah Röcke von jeder Farbe und verschiedenem Schnitt.

Die angetretenen Regimenter waren nicht einheitlich formiert. Die einen standen in drei, andere in fünf, acht oder neun Gliedern. Das kanadische Regiment hatte sich sogar in einundzwanzig Gliedern aufgestellt.

Während sich Washington von den Kommandeuren Bericht erstatten ließ, war Steuben vom Pferd gesprungen und stapfte durch den Schneematsch auf die angetretenen Soldaten zu. Er nahm einem Manne die Muskete ab und betrachtete sie. Er riß dem nächsten das Gewehr aus der Hand und noch einem dritten. Erstaunt verfolgten die Soldaten sein Tun.

Steuben gab den Männern die Gewehre wieder und starrte sie verwundert an. Plötzlich brach er in ein wildes Lachen aus, das laut über den Paradeplatz schallte.

Washington wandte den Kopf. »Was haben Sie, Baron? Was stimmt Sie so heiter?«

»Ich bitte um Verzeihung, aber bei Gott, General, ich habe noch nie Gewehre in solch einem verdreckten Zustand gesehen!«

»Es wird Ihre Aufgabe sein, das zu ändern, Baron, wenn Sie es können«, sagte Washington kühl.

»Ich will es tun, das verspreche ich, General«, erwiderte Steuben.

Die Gewehre befanden sich in einem erschreckenden Zustand. Die meisten Soldaten besaßen auch keine Bajonette. Da sie mit dieser Waffe nichts anzufangen wußten, hatten viele sie weggeworfen oder benutzten sie als Bratspieße. Außerdem waren die einzelnen Regimenter und Kompanien mit ganz verschiedenen Gewehren ausgerüstet. In wildem Durcheinander konnte man Musketen, Karabiner, Jagdflinten und Büchsen mit gezogenem Lauf sehen.

Die Brigaden, Regimenter und Kompanien waren von unterschiedlicher Stärke. Es gab Regimenter, die mehr Soldaten als eine Brigade hatten, und andere, die kaum dreißig Mann zählten.

Man hatte Steuben in Europa von einer großen und sieggewohnten amerikanischen Armee erzählt. War dies noch eine Armee?

In den folgenden Tagen besuchte Steuben in Begleitung der Adjutanten des Generals die Truppen in ihren Quartieren. Er fand die Männer in halb eingefallenen Hütten auf dem nackten Boden, da sie kaum Stroh hatten. Nahezu die Hälfte der Hütten war leer.

Die Kompanieoffiziere berichteten Steuben von den Entbehrungen des Winters, von der mangelnden Verpflegung.

Er sah die rostigen Waffen der Soldaten, die überfüllten Lazarette, in denen die Schwerkranken reihenweise lagen, die Gräber derjenigen, die den Winter nicht überstanden hatten. Aber mit wem er auch sprach, immer wieder überraschten Steuben die Opferbereitschaft der Soldaten und ihr Vertrauen zum Oberkommandierenden Washington.

Er erkannte, daß diese undisziplinierten, zerlumpten Soldaten allen anderen überlegen sein mußten, weil sie von der Liebe zur Freiheit und vom Zorn gegen die Unterdrücker ihres Landes zusammengehalten wurden und weil sie von ihrer gerechten Sache überzeugt waren.

Als sich Steuben beim Oberkommandierenden meldete, um ihm über die Ergebnisse seiner Inspektion zu berichten, fragte Washington: »Nun, Baron, was halten Sie von der Armee?«

»Sie besteht aus den besten Soldaten, die ich jemals gesehen habe«, antwortete Steuben. »Keine andere Armee, die ich kenne, hätte unter solchen Verhältnissen, in solchen Quartieren, ohne Nahrung und Kleidung, den Winter durchgehalten.«

Die Luft war diesig, und ein leichter Regen fiel am Morgen des 19. März 1778, als Steuben zum Exerzieren antreten ließ. Er hatte aus allen Regimentern die besten Soldaten ausgewählt und eine Musterkompanie von einhundertzwanzig Mann zusammengestellt, mit der er die Übungen begann. Die Soldaten der Musterkompanie sollten das Gelernte unter seiner Anleitung auf die ganze Armee übertragen.

Offiziere und Mannschaften aus allen Regimentern hatten sich auf dem Platz eingefunden, um dem Exerzieren zuzusehen. Vor allem interessierten sich die Offiziere dafür, was dieser Preuße mit den Soldaten anfing. Die meisten amerikanischen Offiziere waren bisher der Ansicht gewesen, daß es die Aufgabe eines Kommandeurs sei, die Truppen in der Schlacht zu führen und sie zum Wachdienst einzuteilen. Das Exerzieren hatten sie meistens den Sergeanten überlassen, wie es in der britischen Armee üblich war. Da die amerikanische Armee im Gegensatz zur britischen aber keine ausgebildeten Sergeanten besaß, war aus dem Exerzieren nicht viel geworden. Obendrein hatte jeder Kommandeur für seine Abteilung ein eigenes Exerziersystem, je nachdem, von welchem ausländischen Offizier er beraten wurde. Einige richteten sich nach dem britischen, andere nach dem preußischen, wieder andere nach dem französischen Vorbild.

Steuben kam es darauf an, in der ganzen Armee ein einheitliches System einzuführen. Mit der Grundstellung wollte er anfangen. Er teilte die Kompanie in Sektionen ein und begann mit einer, während die anderen zusahen.

Steuben stellte sich vor die Front und nahm Haltung ein, um den Soldaten zu zeigen, wie sie stehen sollten und wie sie die Muskete zu halten hatten. Dann befahl er der Sektion, Haltung anzunehmen, und ging zu jedem einzelnen Soldaten und korrigierte ihn. Er ließ die Übung einige Male wiederholen und schließlich von der ganzen Kompanie ausführen.

Als nächstes folgten das Marschieren in der Kolonne, rechtsum, linksum, das Kehrtmachen, das Schwenken und das Aufmarschieren aus der Kolonne zur Linie. So konnte sich die geballte Kolonne durch eine einfache Wendung blitzschnell in eine feuerspeiende Gefechtsformation verwandeln.

Das Manövrieren der geschlossenen Abteilung war für Steuben das Wichtigste. Bisher hatte die amerikanische Armee nur den Reihenmarsch gekannt, wie ihn die Milizen von den Indianerkriegen her gewohnt waren. Dadurch wurden die Brigaden und die Regimenter lang auseinandergezogen und konnten sich, wenn der Feind überraschend auftauchte, nicht schnell genug zur Schlachtordnung formieren. Bei dieser Art zu marschieren gab es auch viele Nachzügler. Diesen gravierenden Mängeln mußte schleunigst abgeholfen werden.

In strömendem Regen stand Steuben auf dem aufgeweichten Platz und führte jede Übung wieder und wieder vor. Die durchnäßte Uniform klebte ihm am Körper, seine hellen Hosen waren schmutzbespritzt.

»Eins-zwei, eins-zwei«, kommandierte er pausenlos und marschierte mit der Truppe. »Rechtsum, linksum!« Er wurde nicht müde, den Soldaten zu zeigen, wie sie es machen sollten. Sie begriffen diesen Offizier, der ihre Sprache nicht beherrschte, schnell und lernten willig die befohlenen Übungen. Es machte großen Eindruck auf sie, daß er mit ihnen übte wie ein Sergeant.

Steuben wollte mit seinem Beispiel auch die jungen Offiziere anspornen. Wenn er, der preußische Generalleutnant, der ehemalige Adjutant des Königs, mit den Soldaten exerzierte und ihnen alle Übungen selbst beibrachte, wie konnte sich dann noch ein junger Offizier für zu fein halten, bei seinen Soldaten auf dem Exerzierplatz zu sein?

Bald hatte Steuben die Herzen der Soldaten gewonnen. Wenn einer der Männer ein Kommando falsch ausführte, in die falsche Richtung marschierte oder überhaupt nicht wußte, was er machen sollte, dann bestrafte ihn der General nicht, sondern lachte darüber. Sein dröhnendes Lachen, das oft laut über den Platz scholl, war bald in der ganzen Armee bekannt.

Aber er konnte auch fluchen und brüllen wie ein Korporal. Gleich bei den ersten Übungen gab es einen Zwischenfall. Er hatte den marschierenden Soldaten ein Kommando zugerufen, das nicht richtig verstanden wurde. Ein Teil der Soldaten machte rechtsum und marschierte weiter, der andere Teil linksum.

Steuben beherrschte zwar die Kommandos in englischer Sprache, aber um diese unvorhergesehene Lage zu korrigieren, reichten seine Englischkenntnisse nicht aus. Er nahm Zuflucht zum Französischen und steigerte dadurch nur noch die Verwirrung der Soldaten. Dann sprach er deutsch und brachte sie völlig durcheinander. Auch die Zeichensprache nützte ihm nichts.

Da begann er auf französisch und deutsch fürchterlich zu fluchen. Einige Male stieß er auch das englische »goddam!« hervor. Die Zuschauer und die Soldaten begannen zu lachen. Steuben starrte sie einen Augenblick verblüfft an und wurde selbst von der Heiterkeit überwältigt.

Ein junger Hauptmann trat aus den Reihen der Zuschauer und bot sich Steuben als Dolmetscher an. Die Situation war gerettet, und die Kompanie formierte sich neu. Der Hauptmann hieß Benjamin Walker und wurde wenige Wochen später Steubens Adjutant. Bis zum Tode des Generals waren beide in enger Freundschaft verbunden.

In wenigen Tagen war Steuben der populärste Mann in Valley Forge.

Täglich fanden sich mehr Zuschauer bei den Übungen ein. Das Exerzieren wurde zu einem öffentlichen Schauspiel für das ganze Lager. Je besser die Übungen klappten und je exakter die Soldaten die Befehle des Deutschen ausführten, desto interessierter wurden auch die amerikanischen Offiziere. Die Fortschritte, die Steuben erzielte, waren unverkennbar. Viele der jungen und begeisterungsfähigen Offiziere sahen bald in dem General ihr Vorbild. Nie hatten sie gedacht, daß man aus diesen abgerissenen und ungebärdigen Männern, die ihnen unterstanden, eine disziplinierte Truppe würde machen können.

Jeden Tag exerzierte Steuben zuerst mit den einzelnen Sektionen und dann mit der ganzen Kompanie. Als Grundlage der Ausbildung wählte er das preußische System, das er wesentlich vereinfachte. Alles, was nicht der gefechtsmäßigen Ausbildung der Soldaten diente, ließ er beiseite. Sein Ziel war, aus der Kontinentalarmee so schnell wie möglich eine schlagkräftige Truppe zu machen.

Steuben brachte der Musterkompanie nur wenige Übungen bei, aber er legte Wert darauf, daß sie mit großer Präzision ausgeführt wurden.

Die nächste Etappe der Ausbildung begann der General mit vereinfachten Gewehrübungen. Er zeigte den Soldaten, wie man eine Muskete auf dem Marsch trägt und wie man sie ladet. Er führte ihnen vor, wie man das Pulver abmißt, damit es einen sicheren Schuß gibt, und wie man den Feuerstein schärft, damit ein guter Funke entsteht. Und er zeigte den Soldaten, wie man das Bajonett handhabt.

Dem Bajonettangriff widmete Steuben besondere Aufmerksamkeit. Er ließ die Soldaten einen Kreis bilden, nahm eine Muskete und lief mit gefälltem Bajonett einige schnelle Schritte, stürzte sich auf einen eingebildeten Feind, machte einen tiefen Ausfall und stieß blitzschnell das Bajonett vor, drehte es herum und riß es wieder zurück.

»So müßt ihr es machen. Merkt es euch!« Er lehrte sie, mit dem Bajonett den Stoß des Gegeners zu parieren. »Merkt es euch!« mahnte er. »Euer Leben und unser Sieg hängen davon ab.«

Steuben war unermüdlich. Immer von neuem führte er vor und ließ die Soldaten wiederholen. Immer wieder befahl er der Kompanie, über den Platz hinweg mit dem Bajonett anzugreifen. Und wenn die Soldaten erschöpft waren, ergriff er selbst eine Muskete, zeigte ihnen die Übung abermals und führte die Formation noch einmal zum Angriff.

Nach dem Exerzieren ging Steuben in die Quartiere der Soldaten und sah sich die Waffen an. Er erklärte, wie man das Gewehr und das Bajonett reinigt und wie man die Waffe mit Talg einfettet, damit sie nicht rostet.

Über das Lager hinweg peitschte der Regen und brausten die Frühlingsstürme. Das Eis auf dem nahen Schuykill barst dröhnend, und die Bäume bekamen in den matten Strahlen der Märzsonne die ersten Knospen.

Am 24. März, als die Musterkompanie die ersten Übungen exakt auszuführen verstand, begann das Exerzieren mit der gesamten Armee. Der Oberkommandierende erließ dazu einen Tagesbefehl, in dem es hieß: »Pünktlich neun Uhr beginnen die Übungen bei allen Brigaden. Jedes Regiment übt auf seinem Appellplatz. Der Generalinspekteur wird dem Exerzieren beiwohnen.«

Das militärische Kontingent jedes einzelnen der dreizehn souveränen amerikanischen Staaten hatte bisher, wenn überhaupt, nach irgend einem ausländischen Reglement exerziert.

Steuben hatte also nicht nur die Truppen in Valley Forge praktisch anzuleiten, sondern mußte zugleich ein Exerzierreglement erarbeiten, das für die ganze Armee verbindlich war. Eine solche Dienstvorschrift in kürzester Zeit zu schreiben war nicht möglich. So kam Steuben der Gedanke, das Reglement abschnittsweise zu verfassen.

Während die Musterkompanie nach dem ersten Abschnitt exerzierte, schrieb Steuben den zweiten. Beherrschte die Kompanie die Übungen des ersten Teils, so konnte sie mit dem zweiten beginnen, und Steuben verfaßte unterdessen den dritten Teil.

Da er die englische Sprache noch nicht beherrschte, mußte er sich des Französischen bedienen. Duponceau übertrug den Text ins Englische, und John Laurens und Alexander Hamilton gaben ihm die endgültige sprachliche Fassung. Nun lernte Steuben die Kommandos in englischer Sprache auswendig.

Im Lager gab es keine Druckerpresse oder etwas Ähnliches. So mußte das Manuskript handschriftlich vervielfältigt werden, denn jeder Offizier der Armee sollte ein Exemplar erhalten.

Die auf Steubens Vorschlag neu eingesetzten Brigadeinspekteure schrieben das Original ab. Von diesen Exemplaren fertigten sich jeder Offizier und jeder Exerziermeister eine Abschrift an.

Da Steuben tagsüber auf dem Exerzierplatz war, konnte er nur des Nachts an den Dienstanweisungen arbeiten. Die Methode bewährte sich, trotzdem traten viele Schwierigkeiten auf. In der Armee gab es kein ausgebildetes Unterführerkorps, und die Offiziere hatten von der militärischen Ausbildung nur wenig Ahnung.

Aus diesem Grunde mußte Steuben die Ausbildung ständig überwachen und beispielgebend wirken. Seine Musterkompanie, die zugleich Leibwache Washingtons war, wurde das Vorbild der Kontinentalarmee.

Steuben bei der Gefechtsausbildung in Valley Forge
Fresko von A. E. Abbey

Bald nachdem Steuben mit dem Exerzieren begonnen hatte, befahl Washington, der mit den Fortschritten der Musterkompanie sehr zufrieden war, die neuen Übungsvorschriften in der ganzen Armee anzuwenden. Dieser Befehl war die erste öffentliche Anerkennung Steubens und stärkte seine Autorität im Offizierskorps.

In diesen Tagen ließ der Oberkommandierende den Namen »Steuben« als Parole für die Armee ausgeben.

Auf Vorschlag Steubens wurde eine Neueinteilung der Armee vorgenommen, um die einzelnen Brigaden und Regimenter auf eine annähernd gleiche Stärke zu bringen. Jeder der neugebildeten Abteilungen wurde die gleiche Anzahl von Offizieren und Unteroffizieren zugewiesen.

Nachdem am 24. März die ganze Armee zu exerzieren begonnen hatte, gab Washington einen Tagesbefehl heraus, in dem er von allen Offizieren forderte, daß dem »Baron Steuben, Generalleutnant in fremden Diensten, einem Mann von großer Kriegserfahrung, der aus Gefälligkeit das Amt des Generalinspekteurs in unserer Armee übernommen hat«, alle seinem Amte zukommende Achtung erwiesen werden solle. Die Offiziere aller Rangstufen hätten ihn bei der Ausübung seiner Tätigkeit nach besten Kräften zu unterstützen. Es liege klar auf der Hand, schrieb Washington, welche Bedeutung die Einführung eines einheitlichen Systems brauchbarer Übungen und einer ordentlichen Disziplin für die Armee habe, an denen es bisher gefehlt habe. Nur durch den äußersten Pflichteifer aller Offiziere sei es möglich, die neuen Maßnahmen durchzusetzen, die für den Erfolg des kommenden Feldzuges entscheidend seien.

Die Oberstleutnants Davies Brooks, Barber und Tenant wurden von Washington im selben Befehl als Unterinspekteure eingesetzt.

Es war nicht leicht, Neuerungen in dieser Armee durchzusetzen. Wohl waren die Männer, aus denen das Heer bestand, von Freiheitswillen beseelt und brannten darauf, die Briten zu schlagen und aus dem Lande zu vertreiben. Aber ihr Freiheitswille und ihr Unabhängigkeitsdrang waren zugleich auch ein Hindernis auf dem Wege zu einer militärischen Disziplin. Diese Männer, die es gewohnt waren, frei zu leben, fügten sich nur ungern einer bestimmten Ordnung. Viele von ihnen waren der Meinung, daß Draufgängertum und Opfermut genügten, um den Feind zu besiegen. Waren nicht des öfteren reguläre britische Truppen von den Milizen besiegt worden? Jedes Kind wußte das!

Aber der erfahrene Soldat wußte auch, daß diese undisziplinierte Freiwilligenarmee das britische Heer in offener Feldschlacht nicht besiegen konnte und daß gerade dieser Mangel der Grund für die Niederlagen im vergangenen Sommer war.

Die Soldaten der Kontinentalarmee waren keine Söldner, die Befehle mechanisch ausführten. Sie mußten die Notwendigkeit der militärischen Disziplin selbst erkennen. Mit seiner Art, wie er die ihm gestellte Aufgabe anging, verstand es Steuben sie zu überzeugen.

Da stand dieser General und übte die Soldaten ein wie ein Sergeant. Er benahm sich, als sei er einer der ihren. Er war niemals hochmütig und bemühte sich, immer gerecht zu sein. Er gönnte sich keine Ruhe und arbeitete mehr als der einfache Soldat. Er glaubte an die Tüchtigkeit der Männer und war vom Sieg ihrer gemeinsamen Sache überzeugt. Die Soldaten spürten dies jeden Tag aufs neue, und sie vertrauten ihm.

Steuben selbst hatte sehr schnell die Denkweise dieser Soldaten begriffen. Das waren keine Knechte, sondern Männer die Achtung verdienten. Von Tag zu Tag verstand er sich besser mit ihnen.

Er schrieb in einem Brief an einen alten Freund in Preußen, Friedrich Wilhelm von Gaudy[14]: »Vor allen Dingen läßt sich der Geist dieser Nation nicht im geringsten mit dem der Preußen, Österreicher oder Franzosen vergleichen. Sie sagen dort einfach zu ihren Soldaten: ›Tut dies und das!‹, und es wird ausgeführt. Ich bin dagegen gezwungen zu erklären: ›Dies muß aus dem und dem Grunde getan werden!‹, und dann erst wird es gemacht.«

Den ganzen April über exerzierte die Armee. Abschnitt für Abschnitt des neuen Dienstreglements wurde eingeübt. Von Tag zu Tag verbesserte sich der Zustand der Truppe.

Neue Mannschaften kamen ins Lager. Neugierig standen die Milizmänner herum, die sich auf einige Monate zum Kriegsdienst verpflichtet hatten, und sahen zu, wie die regulären Brigaden der Armee exerzierten.

Proviant, Pulver und Waffen, neue Ausrüstungsgegenstände trafen im Lager ein. Von den Milizen meldete sich mancher freiwillig zur regulären Truppe.

Die Bäume wurden grün, und der Boden der Wälder um Valley Forge bedeckte sich mit einem weißen und gelben Teppich von Frühlingsblumen. Die Stimmung im Lager wurde besser. Die Truppen beobachteten selbst die Fortschritte, die sie in der Ausbildung machten, und dies spornte sie wiederum an, es noch besser zu machen. Die Soldaten bekamen wieder Vertrauen zu sich selbst und fühlten sich stärker als jemals zuvor. Sie waren stolz auf das, was sie gelernt hatten. Es war, als sei die Armee von einem neuen Geist beseelt.

Auch Washington und sein Stab waren von den Fortschritten der Armee erfreut. Steuben stieg immer mehr in der Achtung des Oberkommandierenden, bei dessen Familie er oft zu Gast war.

Washington hatte während des Winters, um der Einsamkeit und irgendwelchen Verzweiflungsanwandlungen vorzubeugen, den Offizieren gestattet, ihre Frauen ins Lager kommen zu lassen. Auch seine eigene Frau Martha war gekommen.

In der Familie des Generals Nathanael Greene verbrachte Steuben ebenfalls viele Abende. Er war ein gern gesehener Gast, der es immer verstand, ein interessantes Gespräch zu führen und fröhliche Stimmung zu verbreiten.

Aber auch Steuben selbst war Gastgeber. Eines Tages ließ er durch seine Adjutanten eine Anzahl junger Offiziere zum Essen einladen. Er stellte dabei die Bedingung, daß niemand an seiner Tafel zugelassen würde, der nicht mit zerrissenen Hosen erschiene.

Die Offiziere kamen. Jeder erschien in abgewetzter, schäbiger Kleidung. Es waren meist junge Offiziere, und was sie auf dem Leibe trugen, war ihre Felduniform. Eine andere besaßen sie nicht. Aber sie spotteten darüber. Sie wußten, es kam nicht auf die glänzende Uniform an, sondern auf den Geist der Armee.

So saßen sie um Steuben versammelt, aßen die zähen Beefsteaks, die ihnen vorgesetzt wurden, und kauten Nüsse zum Nachtisch. Es gab Rum, den sie im Becher anbrannten und dann mit der Flamme austranken.

Steuben parlierte in mehreren Sprachen, indem er sein mangelhaftes Englisch ständig mit französischen und deutschen Wörtern und Sätzen mischte. Aber er verstand es seine Zuhörer zu fesseln. Die Offiziere spürten, welch eine starke Persönlichkeit dieser Mann war, und sie liebten ihn.

Sie scherzten, lachten und sangen. Niemals zuvor hatte man in Valley Forge solch eine ausgelassene Stimmung erlebt. Das Elend des Winters war vorüber. Nun würde alles anders werden.

Am 28. April wurde der bisherige Generalinspekteur Conway vom Kongreß verabschiedet und aus der Armee entlassen. Steubens Erfolge waren im Kongreß bekannt geworden und hatten das Parlament von der Unfähigkeit des bisherigen Generalinspekteurs überzeugt. Nun war dieser Posten frei geworden.

Noch am selben Tage, als Washington die Nachricht von der Verabschiedung Conways erhielt, richtete er einen Brief an den Kongreß, in dem er schrieb, daß er nicht länger über die Verdienste des Barons schweigen könne, wenn er nicht eine Ungerechtigkeit begehen wolle. Steuben sei ein großer Gewinn für die Armee, und aus diesem Grunde wolle er ihn der Aufmerksamkeit des Kongresses empfehlen. Den Erfolg, den Steuben bisher mit seinen Methoden errungen habe, sei groß. Er bürge für die Errichtung eines guten Ausbildungssystems, dessen Einführung sich bisher große Hindernisse entgegengestellt hätten. Man solle den General deshalb in seinem Amte bestätigen.

Auch General Gates wurde von seinem Posten als Leiter des Kriegsausschusses abberufen und auf ein unbedeutendes Festungskommando versetzt. Damit war das Komplott gegen Washington geplatzt.

Am 1. Mai, als man in Valley Forge fröhlich »Saint Tammany«, einen sagenhaften Indianerhäuptling feierte, traf eine andere gute Nachricht ein. Frankreich hatte einen Bündnisvertrag mit den Vereinigten Staaten unterzeichnet und würde nun an der Seite der Amerikaner gegen Großbritannien kämpfen.

Washington beschloß, dieses freudige Ereignis mit einem Festakt und einer großen Truppenschau zu feiern. Er besprach sich mit Steuben, der ihm erklärte, daß die Armee bereits in der Lage sei, eine öffentliche Parade durchzuführen.

Steuben arbeitete den Plan der Parade aus und erließ die Befehle an die Brigadeinspekteure. Als am 5. Mai dann die offizielle Bestätigung der Nachricht vom Bündnisvertrag eintraf, wurde die Truppenschau auf den 6. Mai festgesetzt.

Es war ein herrlicher Tag mit strahlender Sonne und wolkenlosem Himmel. Jeder Mann hatte zur Feier des Tages einen ganzen Becher Rum erhalten.

Am Rande des Feldes standen die Frauen der Offiziere in bunten Sommerkleidern und die Frauen, die sich beim Troß befanden. Auch vom Kongreß befanden sich einige Abgeordnete im Lager, die nun mit ansahen, welche Fortschritte die Truppen gemacht hatten.

Die Stimmung der Soldaten war glänzend. Die Trommler und die Pfeifer spielten den Yankee-Doodle, als die Brigaden über den grünen Rasen des Platzes heranmarschierten:

> »Vater und ich zogen ins Lager hinab,
> zusammen mit Hauptmann Goodwin,
> dort sahen wir Männer und Burschen so dicht
> wie um einen süßen Pudding.«

Den Anweisungen Steubens entsprechend, marschierten die in Kolonne heranrückenden Brigaden nach einem Kanonenschußsignal in Gefechtslinie auf. Den rechten Flügel der ersten Linie kommandierte Lord Stirling, den linken der Marquis de Lafayette. Die zweite Linie führte der Baron de Kalb. Alle Bewegungen der Truppen wurden rasch und mit großer Genauigkeit ausgeführt.

Die Artillerie schoß Salut, und die Truppen feuerten drei Rollsalven. Dann führten die Soldaten einen Bajonettangriff vor. Alles klappte ausgezeichnet, und Steuben war stolz auf die Männer.

Während der Parade wurde dem Adjutanten Washingtons, John Laurens, gemeldet, daß sich im Gebüsch jenseits des Platzes ein Fremder verberge und die Truppen beobachte. Es könne sich nur um einen englischen Spion handeln.

»Lassen Sie den Mann, wo er ist«, sagte Laurens. »Er soll sich die Truppen ruhig ansehen. Sein Bericht über unsere Armee wird seinen Auftraggebern mehr Kummer bereiten, als wenn wir ihn selbst ergreifen und aufhängen.«

Die Parade hinterließ bei allen, die an ihr teilgenommen hatten, einen starken Eindruck.

Am Abend gab der Oberkommandierende seinen Offizieren und deren Damen ein Essen. Nachdem Washington einen Trinkspruch auf das verbündete Frankreich und seinen Monarchen ausgebracht hatte, erhob er abermals sein Glas.

»Meine Damen und Herren! Ich habe nun die besondere Ehre und Freude, Ihnen allen den Mann vorzustellen, der die Armee zu dem gemacht hat, was sie heute ist, den Generalmajor Baron von Steuben, Generalinspekteur der Armee der Vereinigten Staaten von Amerika.«

Steuben hob überrascht den Kopf. Washington hatte ihn nicht mehr als »Generalleutnant in fremden Diensten« bezeichnet, sondern als General der amerikanischen Armee. Seine Ernennung war also endlich doch eingetroffen.

»Ich möchte dem Generalmajor und den Männern, die ihn bei seiner schwierigen Aufgabe unterstützten, meinen tiefempfundenen Dank aussprechen. Baron von Steuben hat mit seiner hier in Valley Forge geleisteten Arbeit etwas vollbracht, was man noch vor sechs Wochen, als die Armee mit den Übungen begann, für schier unmöglich gehalten hätte. Er hat unsere Armee neu geschaffen. Die Truppen aller unserer Staaten werden nach dem gleichen System einheitlich ausgebildet, und sie fühlen, daß sie zusammengehören und Söhne eines Landes sind, der Vereinigten Staaten von Amerika. In Valley Forge hat sich ein neuer Gemeinschaftsgeist gezeigt, hat sich die Geburt unserer Nation vollzogen. Ich erhebe mein Glas auf das Wohl unseres Generalinspekteurs, Baron von Steuben, Generalmajor der amerikanischen Armee!«

Intrigen

Im Mai wurde es warm, als sei der Sommer schon auf seinem Höhepunkt. Auf die unbarmherzige Kälte des vergangenen Winters folgte eine anhaltende Periode schönen Wetters. Wild streifte durch die grünen Wälder. In den Flüssen tummelten sich Biber und Forellen.

Die Armee in Valley Forge wurde immer stärker. Tausende von Milizen waren eingetroffen, und es ging das Gerücht um, daß die Briten Philadelphia räumen würden.

Steuben exerzierte unermüdlich mit den Truppen. Er bildete die Soldaten im Gelände aus, lehrte sie, ein Schützengefecht zu führen und übte mit ihnen taktische Märsche.

Es fanden neue Truppenschauen und Besichtigungen auf dem Paradeplatz statt. Das Aufziehen der Wache wurde im Lager zu einem militärischen Schauspiel. Die Armee hatte außerordentliche Fortschritte gemacht.

Aber mit Steubens Erfolg und dessen Anerkennung durch den Oberkommandierenden und den Kongreß fanden sich auch Neider unter den in Valley Forge anwesenden Generalen. Sie, die bisher nicht fähig gewesen waren, ihre Männer zu kriegstüchtigen Soldaten zu erziehen, begannen jetzt gegen den Preußen zu intrigieren. Sie beschwerten sich darüber, daß er eine zu große Befehlsgewalt bekommen habe, und daß er über ihre Soldaten verfüge, wie er wolle.

Steuben hatte Washington unter anderem darauf hingewiesen, daß die halbe Armee aus Bedienten bestehe, da jeder Offizier nicht nur einen, sondern oftmals mehrere Soldaten als Burschen für seine persönlichen Zwecke abkommandiere. Sie wurden dadurch vom Dienst ferngehalten und konnten nicht an der Ausbildung teilnehmen.

Es paßte vielen Offizieren nicht, daß dieser Preuße ihnen ihre Burschen wegnehmen wollte. General Varnum schrieb an Washington, daß er seit einiger Zeit »die ständig zunehmenden Eingriffe einer neumodischen Befehlsgewalt beobachte, die sich verderblich für die Armee erweisen« würden. Es habe ihn mit Bestürzung erfüllt, daß Steuben seinen Brigadeinspekteuren befohlen habe, sich von den Einheiten die Zahl der dienstfähigen Mannschaften melden zu lassen. Er müsse gegen diese Maßnahme des Generalinspekteurs schärfste Klage erheben, denn sie widerspreche jeglichem militärischem Geist. So etwas sei bisher in der Armee nie üblich gewesen. Aus diesen Stärkemeldungen könne auch der Feind den größten Nutzen ziehen, denn man wisse ja nie, in wessen Hände solche Meldungen gerieten. Steuben maße sich an, wie der Oberkommandierende selbst zu handeln, und man könne sich des Eindrucks nicht erwehren, daß es zwei Oberkommandierende im Lager gäbe.

Auch andere Generale versuchten, Washington einzureden, daß Steuben die Absicht verfolge, ihn als Oberkommandierenden zu verdrängen.

Washington befand sich in einer schwierigen Lage. Einerseits wollte er seinen Generalinspekteur decken, mit dem er sehr zufrieden war, andererseits mußte er die protestierenden Generale beschwichtigen, um sich unter den höheren Offizieren keine Gegner zu schaffen.

Am 8. Mai fand eine Stabsbesprechung in Valley Forge statt, an der Steuben zum ersten Mal als amerikanischer Offizier teilnahm. Auf der Tagesordnung stand die Frage, welche Maßnahmen man als erstes gegen den Feind unternehmen solle.

Washington gab einen Bericht über die militärische Lage, wobei er nicht vergaß, Steuben zu loben. Dieser habe die Armee in die Lage versetzt, bei der ersten sich bietenden Gelegenheit zum kraftvollen Angriff auf die Truppen des englischen Königs vorzugehen.

Washington fragte seine Generale, was sie davon hielten, die britische Armee in Philadelphia oder New York anzugreifen.

»Schlagen wir los, Exzellenz«, rief General Wayne. »Die Männer brennen darauf, sich mit den Rotröcken zu messen. Sie haben wieder Vertrauen zu sich bekommen, und sie sagen, daß sie jetzt mehr können als die Söldner des Königs. Sie sind des Herumliegens müde. Das ist nichts für sie.«

»Ich zweifle daran, ob es richtig ist, die Briten in Philadelphia oder New York anzugreifen«, sagte Nathanael Greene. »Sie haben sich in den Städten verschanzt, und ein Angriff würde uns unnötig hohe Verluste kosten. Er könnte auch fehlschlagen, und das wäre nur schwer wiedergutzumachen.«

Steuben meldete sich zu Wort. »Ich bin der Ansicht des Generals Greene, Exzellenz. In den Städten können wir die Briten nicht schlagen, deshalb denke ich, daß wir uns zunächst defensiv verhalten sollten. Die Zeit arbeitet doch für uns und nicht für die Briten. Wir können zunächst die Ausbildung unserer Truppen weitertreiben und dabei zugleich den Angriff vorbereiten. Die Briten werden bald gezwungen sein, Philadelphia zu verlassen, da sie dort in Gefahr sind, abgeschnitten zu werden. Ist dies geschehen, so werden wir sie angreifen. Diese Offensive muß gründlich vorbereitet werden, denn sie muß mit einem Schlage der britischen Armee den Todesstoß versetzen. Ist die britische Armee auf dem Marsch, dann werden wir den Ort auswählen, wo wir sie zum Kampfe stellen und vernichten wollen. Deshalb bin ich der Meinung, daß wir unsere Stunde abwarten sollten.«

»Auch mich drängt es wie General Wayne, dem Feind entgegenzutreten, aber doch denke ich, daß Baron Steuben recht hat, denn seine Stimme ist die Stimme der kühlen Vernunft«, sagte der Marquis de Lafayette.

Greene, Knox und andere Generale pflichteten seinen Worten bei.

So beschloß der Kriegsrat in Valley Forge, zu warten, bis sich die Gelegenheit bieten würde, die Briten empfindlich zu treffen.

Inzwischen war Lord Howe als Oberbefehlshaber der britischen Truppen abgelöst und durch General Clinton ersetzt worden. Clinton galt als ein strenger alter Routinesoldat, der wohl treu seine Pflicht tat, von dem aber kaum besondere Überraschungen zu erwarten waren.

Durch den Eintritt Frankreichs in den Krieg sah sich England in der Neuen Welt ernsthaft bedroht. Täglich wurde das Eintreffen der französischen Flotte vor der amerikanischen Küste erwartet. Man glaubte daher im amerikanischen Hauptquartier, daß Clinton Philadelphia bald räumen würde, um die britischen Truppen in New York zu konzentrieren.

Aus diesem Grunde hatte Marquis de Lafayette[15] den Befehl erhalten, sich mit 2200 Soldaten der Kontinentalarmee und 600 Milizen in Marsch zu setzen, um eine Stellung in der Nähe von Philadelphia zu beziehen, von wo aus man den Abzug der britischen Armee und ihre Bewegungen beobachten konnte. Alle Wahrnehmungen sollten sofort dem amerikanischen Hauptquartier gemeldet werden. Ferner hatte er den Auftrag, mit seiner Truppe den abziehenden Briten zu folgen und Übergriffe und Plünderungen einzelner Abteilungen zu verhindern.

Am 18. Mai erhielt General Clinton, während er mit seinen Offizieren gerade ein Abschiedsfest für den scheidenden Lord Howe gab, die Meldung, daß General de Lafayette mit zwei- bis dreitausend Mann amerikanischer Truppen den Schuykill überschritten und bei Barren Hill, etwa elf Meilen von Philadelphia entfernt, Stellung bezogen habe.

»Das ist eine freudige Nachricht, meine Herren«, rief General Clinton aus. »Diesen Knaben werden wir uns fangen. Er sitzt dort bei Barren Hill wie eine Maus in der Falle und hat den Fluß in seinem Rücken. Ich möchte tausend zu eins wetten, daß der Jüngling morgen abend in Philadelphia unser Gast beim Essen sein wird. Frisch auf, meine Herren, das gibt eine fröhliche Fuchsjagd.«

General Clinton entsandte fünftausend Mann unter General Grant, die in der Nacht über White Marsh marschieren und Lafayette in den Rücken fallen sollten. Eine andere Abteilung unter General Gray sollte das westliche Ufer unterhalb von Barren Hill besetzen, während er selbst mit dem Gros der Truppen dem Marquis von Philadelphia aus direkt entgegenmarschieren wollte.

Clinton war der Meinung, daß Lafayette niemals in der Lage sein würde, sich der Umklammerung durch die britischen Truppen zu entziehen, die im Laufe der Nacht vor sich gehen sollte. Die Amerikaner waren für ihre taktische Unbeholfenheit bekannt. Man wußte, wie schlecht die Amerikaner ausgebildet waren und welches Durcheinander es immer in kritischen Situationen gegeben hatte. Die lange Kolonne der amerikanischen Truppen würde in ihrer Schwerfälligkeit nicht vor den Briten die Furt am Flusse erreichen können. Lafayettes Schicksal schien besiegelt.

Dieser hatte gerade eine Unterredung mit einem jungen Mädchen, das unter dem Vorwand, Verwandte besuchen zu wollen, nach Philadelphia gehen und die Stärke der britischen Truppen erkunden sollte, als ihm gemeldet wurde, daß man im Walde in der Nähe von White Marsh Rotröcke gesichtet habe.

Lafayette schenkte der Meldung zunächst wenig Glauben, denn er erwartete aus jener Richtung einen Trupp amerikanischer Dragoner, welche ebenfalls rote Uniformen trugen. Außerdem waren in jener Richtung Postenketten von pennsylvanischen Milizen vorgeschoben, die im Falle einer Gefahr bereits längst Alarm gegeben haben müßten. Trotzdem aber sandte er sofort einen Offizier aus, die Lage zu erkunden und festzustellen, was es mit der Meldung auf sich habe.

Bald darauf kam der Offizier schweiß- und staubbedeckt zurückgaloppiert und berichtete, daß eine starke feindliche Kolonne von White Marsh hervorrücke. Sie sei nur noch eine Meile vom Lager entfernt und blockiere bereits den Weg, der nach Valley Forge führe.

Die neueingezogenen, undisziplinierten pennsylvanischen Milizen hatten in der Nacht ihre Beobachtungsposten verlassen. So war den Briten die Überraschung gelungen.

Ferner erhielt Lafayette die Meldung, daß eine zweite britische Abteilung auf dem Wege von Philadelphia heranrücke.

Der junge Franzose erkannte sofort die Gefahr, in der er sich befand, und gab augenblicklich den Rückzugsbefehl. Gegen General Grant schickte er einige kleinere Truppenabteilungen vor, die diesen zum Halten bringen sollten, was auch gelang. Grant war der Meinung, daß Lafayette einen Angriff auf ihn beabsichtige, und befahl sofort, den Vormarsch abzubrechen, um sich zum Gefecht vorzubereiten.

Währenddessen marschierte Lafayette mit der Hauptmacht im Eiltempo nach Matsons Furt. Dank der Ausbildung durch Steuben waren die Truppen in der Lage den Rückzug schnell und ohne Verzögerungen auszuführen. Das taktische Manöver gelang, und Lafayette konnte sich unangefochten über den Schuykill zurückziehen.

Als Lafayette die Gefahr erkannt hatte, in der er sich mit seiner Abteilung befand, hatte er mit seinen Kanonen Alarmschüsse abgeben lassen, durch die Washington über die Lage informiert wurde.

In Valley Forge wurde sofort Alarm gegeben, und binnen fünfzehn Minuten stand die ganze Armee unter Waffen, abmarschbereit, um der Abteilung Lafayette zu Hilfe zu eilen.

Washington ritt mit Steuben und seinem Stab an der Spitze der Armee, den gefährdeten Truppen des Marquis de Lafayette entgegen. Aber bald erreichte ihn die Nachricht, daß die Abteilung des Franzosen bereits den Schuykill überschritten habe und auf dem diesseitigen Ufer in Stellung gehe.

Die britischen Truppen unter Grant kamen gerade noch zur rechten Zeit, um zu beobachten, wie die Artillerie mit den letzten Abteilungen, welche den Scheinangriff durchgeführt hatten, die Furt überschritt.

Als General Clinton erkannte, daß sich die Amerikaner durch ein geschicktes taktisches Manöver seiner Umklammerung entzogen hatten, war er außer Fassung. Er war nicht in der Lage, sich zu erklären, was geschehen war, und sah auch von jeder weiteren Verfolgung ab, als man ihm berichtete, daß die Yankees auf dem jenseitigen Ufer des Flusses starke Stellungen bezogen hätten. Enttäuscht ließ er seine Soldaten nach Philadelphia zurückmarschieren.

Lafayette aber wurde in Valley Forge freudig begrüßt. Die Amerikaner hatten bewiesen, daß sie marschieren und taktische Manöver ausführen konnten, so, wie sie es von Steuben gelernt hatten.

Die Intrigen gegen Steuben gingen weiter. Am 20. Mai, einen Tag nach Barren Hill, kam der Generalmajor Charles Lee nach Valley Forge. Er hatte sich längere Zeit in britischer Kriegsgefangenschaft befunden und war auf Grund persönlicher Bemühungen Washingtons ausgetauscht worden.

Lee besaß in der amerikanischen Armee ein großes Ansehen. Er war lange Zeit Offizier in der britischen Armee gewesen, war dann nach Rußland gegangen, hatte in der Türkei und in Polen gekämpft und war schließlich Generalmajor des russischen Heeres geworden. Die amerikanischen Offiziere hielten Lee, der von einem flackrigen und unberechenbaren Temperament war, für einen bedeutenden und erfahrenen Soldaten. Selbst Washington war dieser Meinung.

Aber Lee war ein sehr labiler Charakter, ein Mann, der mit allerlei gelehrt klingenden Reden zu bluffen verstand, ein stets neiderfüllter, eifersüchtiger Kritikaster und Schwadroneur. Er war außerdem ein Verräter, aber das wußte zu dieser Zeit noch niemand im amerikanischen Hauptquartier.

Lee begann sofort, die in der Armee durchgeführten Reformen zu kritisieren, und behauptete, daß während seiner Abwesenheit die Armee vor die Hunde gegangen sei. Der Grund für seine abfälligen Äußerungen war offensichtlich. Lee sah in Steuben seinen größten Nebenbuhler.

Außerdem hatte es Lee von vornherein darauf angelegt, Zwietracht in der Kontinentalarmee zu säen, um sie in ihrer Aktionsfähigkeit zu behindern.

Selbst gegen Washington, der seine Freilassung erwirkt und ihn bei seiner Rückkehr mit allen Ehren empfangen hatte, äußerte Lee die gehässigsten Bemerkungen. Bereits kurz nach seiner Begrüßung im Lager sagte er, daß er die Armee in einer viel schlechteren Verfassung gefunden hätte, als er erwartet habe, und daß Washington es nicht wert sei, Sergeantendienste zu tun.

Natürlich hatte Lee erkannt, daß es Steuben gelungen war, aus der Kontinentalarmee eine brauchbare kriegstüchtige Truppe zu machen, die sich durchaus mit der britischen Armee messen konnte. Unter allen Umständen war Lee bemüht, die weitere Ausbildung der Amerikaner durch Steuben zu unterbinden, um zu verhindern, daß die britische Armee, in deren geheimen Diensten er stand, von den Amerikanern geschlagen würde.

In der englischen Gefangenschaft hatte Lee wieder sein Herz für die britische Armee und den König entdeckt. Er hatte für das Oberkommando des Feindes einen Feldzugsplan ausgearbeitet, in dem er auf Grund seiner Erfahrungen in der amerikanischen Armee genaue Angaben gemacht hatte, wie man die Amerikaner am besten besiegen könnte. Sein Plan war darauf begründet, daß die Armee Washingtons schlecht ausgebildet sei, keine taktischen Manöver durchzuführen verstände und auch in der offenen Feldschlacht den britischen Truppen nicht standhalten könnte.

Nun war Lees Plan von Steuben durchkreuzt worden. Die Angaben des Überläufers stimmten nicht mehr. Das britische Oberkommando würde eine Enttäuschung erleben.

Charles Lee hatte bald die Unzufriedenheit bemerkt, mit der eine Reihe führender amerikanischer Offiziere auf die beinahe unbeschränkten Vollmachten sah, mit denen Washington den Generalinspekteur ausgerüstet hatte. Lee begann die Opposition gegen Steuben zu organisieren. Er verbreitete überall das Gerücht, daß Steuben, wenn er die Armee vollständig ausgebildet habe, den Oberbefehl beanspruchen würde. Die Behauptungen Lees fanden bei vielen Offizieren offene Ohren.

Die Eifersüchteleien und die Intriganz der Generale verbitterten Steuben sehr, aber er ließ es sich nicht anmerken und tat weiterhin seine Pflicht.

Um dem Streit ein Ende zu machen und um die Opposition unter den Generalen zu dämpfen, die sich auch gegen Washington selbst zu richten begann, der seinen Generalinspekteur mit so großen Vollmachten ausgerüstet hatte, erließ der Oberkommandierende einen Befehl, in dem er den Geschäftsbereich des Generalinspekteurs festlegte, der dem Kongreß zur endgültigen Bestätigung überreicht wurde.

Bisher hatte Steuben in allem, was die Ausbildung der Armee betraf, unbeschränkte Vollmachten besessen. Nun wurde sein Amt darauf reduziert, daß er die einheitliche Ausbildung, die jetzt von den Brigadekommandeuren selbst in die Hand genommen werden sollte, zu überwachen hatte. Er hatte weiterhin Dienstanweisungen auszuarbeiten, und den Brigadekommandeuren wurde befohlen, diese Anweisungen durchzuführen.

Damit hatte Washington seine verärgerten Generäle beruhigt. Steuben war die unmittelbare Befehlsgewalt über die Truppen genommen, aber seinem Ausbildungssystem war mit diesem Befehl eine feste Grundlage in der Armee gegeben worden.

Steuben nahm den Befehl des Oberkommandierenden ohne Widerspruch hin und fuhr in seinen Bemühungen um die gründliche Ausbildung der Armee fort. Seine Handlungsweise war die eines pflichtbewußten Soldaten und stand in krassem Gegensatz zu dem kleinlichen und gehässigen Benehmen der gegen ihn opponierenden Generäle. Für persönliche Eitelkeit hatte er weder Zeit noch Verständnis.

In einem Brief an Washington schrieb Steuben nicht ohne Ironie: »Ich habe mit großer Genugtuung gesehen, daß Eure Exzellenz in meinem Dienstbereich eine so kluge Maßregel ergriffen und die Generäle und Stabsoffiziere angewiesen haben, bei unseren täglichen Übungen selbst das Kommando über die Truppen zu führen. Nichts hätte in der augenblicklichen Situation heilsamer sein können. Schon seit einiger Zeit war es mein Wunsch, daß diese Anordnung getroffen werden möchte. Inzwischen bemühte ich mich mit meinen Unterinspekteuren, die Offiziere und Soldaten noch ein wenig zu vervollkommnen, damit die Generäle sofort zu den Übungen größeren Stils übergehen könnten, um ihnen die Mühe zu ersparen, sich mit den mühevollen und unangenehmen Einzelheiten abzugeben, denen wir uns im Interesse des Dienstes von Anfang an so freudig unterzogen haben.«

Die Unterinspekteure wurden jetzt den Brigadekommandeuren zugeteilt, um die Truppenteile auszubilden. Auch im Gefecht und in anderen schwierigen militärischen Situationen wurden die Brigadegenerale von ihren Unterinspekteuren mit Rat und Tat unterstützt. Mancher Erfolg, der einem der Generäle zugeschrieben wird, ist mit Hilfe der von Steuben ausgebildeten Unterinspekteuren errungen worden.

Die Bewährung

Anfang Juni hatte General Clinton den Befehl erhalten, Philadelphia zu räumen und sich nach New York zurückzuziehen. Die gesamte britische Hauptmacht sollte in New York und Rhode Island konzentriert werden, mit der Aufgabe, die Grenzen der dreizehn amerikanischen Staaten im Nordosten gegen Kanada zu blockieren. Im Süden sollte die Kriegsflotte Virginia überfallen und verwüsten, die amerikanischen Häfen angreifen und Schiffe, Werften, Lagerhäuser und andere Anlagen zerstören.

Zugleich hatten die britischen Agenten die Indianer längs der gesamten West- und Südgrenze aufgehetzt und ihnen Waffen und Branntwein geliefert. Sie sollten durch ständige Überfälle die Siedlerbevölkerung in Furcht und Schrecken versetzen.

In der Nacht zum 18. Juni begann General Clinton mit dem Rückzug. Den Königstreuen und allen, die es in Philadelphia mit den Briten gehalten hatten, erschien der Rückzug wie ein Verrat. Große Scharen von Flüchtlingen schlossen sich den britischen Truppen an. Auch Hunderte von leichten Mädchen, die ihr Brot nicht verlieren wollten, zogen mit den englischen und den deutschen Söldnerregimentern.

Die Nacht war sternenklar und warm, als die über zwölf Meilen lange Kolonne der Soldaten und der Flüchtlinge aus der Stadt aufbrach und den Delaware überschritt.

In Washingtons Hauptquartier hatte man rechtzeitig von den Rückzugsvorbereitungen der Briten erfahren. Am 17. Juni fand unter dem Vorsitz des Oberkommandierenden eine Beratung statt, auf der die Frage, was bei einem Rückzug der britischen Armee zu tun sei, diskutiert wurde.

Sollte man den Feind angreifen, wenn er durch New Jersey marschierte, oder sollte man ihn seinen Rückzug ungestört vollziehen lassen und nur Land und Bevölkerung vor seinen Übergriffen schützen? Washington war der Meinung, daß man die britische Armee bei einem Rückzug durch New Jersey an einem geeigneten Orte zum Kampfe stellen und schlagen müßte. Wenn man die Briten während des Marsches mit einem kühnen und entschlossenen Flankenstoß angriff, mußte man einen entscheidenden Sieg erringen können.

Washington skizzierte seinen Generalen und Stabsoffizieren die Situation und seine Pläne und bat um ihre Meinung zu diesem Unternehmen.

Wayne und Lafayette sprachen sich für den Angriff und den sofortigen Abmarsch der Armee aus Valley Forge aus, aber Lee riß die Führung des Gespräches an sich und riet mit großer Beredsamkeit, die britische Armee ungestört aus Philadelphia abziehen zu lassen. Außerdem war er mit Washingtons Ansicht, daß die britische Armee nach New York marschieren würde, nicht einverstanden.

»Woher wollen Sie denn wissen, Exzellenz, daß Sir Henry Clinton mit seinen Truppen durch New Jersey nach New York marschiert? Wenn wir jetzt mit unseren Truppen nach New Jersey marschieren, um der Armee Sir Henrys den Weg zu verlegen, dann marschieren wir höchstwahrscheinlich ins Blaue. Ich kann es Ihnen hier im Augenblick nicht beweisen, meine Herren, daß Sir Henry gar nicht nach New York marschieren wird. Aber mir sind Nachrichten zu Ohren gekommen, daß sich die britischen Truppen, wenn sie Philadelphia verlassen, nicht nach Nordosten, sondern nach Süden wenden werden, um in das von unseren Truppen entblößte Virginia einzufallen. Dort könnten sie zusammen mit der königlichen Flotte operieren. Wir würden gewiß eine Fehlentscheidung treffen, wenn wir die britische Armee in New Jersey erwarteten.«

Lee hatte nämlich, als er für seine englischen Freunde den verräterischen Feldzugsplan entwarf, vorgeschlagen, daß die britische Armee eine Entscheidungsschlacht in der Nähe der Chesapeake-

Bucht suchen sollte, wo sie von der Flotte unterstützt werden könnte und wo das Terrain für die britischen Truppen günstig war. Lee glaubte, daß Clinton seinen Plan befolgen würde. Wenn schon eine Schlacht geschlagen wurde, so sollte sie dort stattfinden, wo Lee den Platz dafür ausgesucht hatte. Dann würde ihm der Ruhm des britischen Sieges zufallen. Auf jeden Fall wollte er aber die Briten vor einem unerwarteten Angriff der Amerikaner schützen.

Steuben meldete sich zu Wort. »Ich weiß nicht, aus welchem Grunde General Lee der Ansicht ist, daß Clinton nicht nach New York, sondern nach Virginia marschieren wird. Aber ich möchte hier die Meinung äußern, daß er gar nicht in der Lage ist, sich dorthin zu wenden. Selbst wenn die britische Flotte an der Küste operiert, würde es ihm an dem nötigen Nachschub fehlen, denn für eine ordentliche Versorgung braucht man Häfen. Seine Armee kann sich nicht allein aus dem Lande versorgen, denn das würde die Disziplin zerstören und die Bevölkerung noch mehr gegen die britische Krone aufbringen. Außerdem wären die britischen Soldaten mit ihrer schweren Ausrüstung gar nicht fähig, einen solchen weiten Gewaltmarsch bei dieser Hitze durchzuführen. Sie würden ebenso wie die dieses Klima völlig ungewohnten hessischen Truppen dabei auf der Strecke bleiben. Ich glaube nicht, daß Clinton sich nach Süden wenden wird.«

»Aber was sollten wir tun, Baron?« fragte Washington.

»Die Briten in der Flanke angreifen, wenn sie durch New Jersey marschieren«, sagte Steuben ohne Zögern. »Aber wir dürfen auf keinen Fall übereilt handeln, denn noch ist die Lage ungeklärt. Es ist möglich, daß Clinton uns täuschen will, damit wir unsere jetzige Position verlassen. Ich möchte daher vorschlagen, daß die Armee so lange in Valley Forge bleibt, bis wir Gewißheit haben, daß Clinton mit seiner Hauptmacht Philadelphia geräumt hat. Um alle Bewegungen des Feindes zu überwachen, müßte eine starke Abteilung die Furten des Delaware überwachen. Diese Abteilung kann zugleich die Vorhut unserer Armee bilden und den Fluß sofort überschreiten, sobald Clinton aus Philadelphia abrückt. Unterdessen setzt sich unsere Hauptarmee in Marsch und trifft den Feind an einem Orte, der uns dafür geeignet erscheint.«

Auch die Generale Greene und Cadwalader sprachen sich für den Angriff aus, aber die Mehrzahl stimmte den Ansichten Lees zu, der für einen bedeutenden militärischen Fachmann gehalten wurde. Sie waren der Ansicht, daß Lees Meinung die Stimme der kühl berechnenden Vernunft sei.

Als Washington sah, daß außer Wayne, Lafayette, Greene, Cadwalader und Steuben sich niemand mit seinem Plan befreunden wollte, sondern die Mehrzahl sich hinter die wortreichen Ausführungen Lees stellte, tat er das Klügste, was er in dieser Lage tun konnte. Er brach die Besprechung ab, mit dem Hinweis, daß sie zu einem späteren Zeitpunkt fortgesetzt würde, wenn genauere Informationen über die Absichten Clintons vorlägen.

Aber dazu kam es nicht mehr. Am nächsten Tag traf die Nachricht ein, daß Clinton Philadelphia geräumt habe. Washington entschloß sich sofort zu handeln, und befahl den Abmarsch.

Es war ein sengendheißer Tag, als die Armee Valley Forge verließ, um die Briten zum Kampf zu stellen. General Maxwell war von Washington mit einer starken Abteilung vorausgesandt worden, um zusammen mit General Dickinson und der Miliz von New Jersey den Feind während seines Marsches zu beunruhigen und die Straßen und Brücken zu zerstören, die er benutzen wollte. General Arnold sollte Philadelphia besetzen.

Die Hauptarmee aber zog unter Washington am nördlichen Ufer des Delaware entlang, bis sie etwa sechzehn Meilen oberhalb von Trenton eintraf, wo sie am 24. Juni bei Coryells Ferry den Fluß überschritt und auf Hopewell marschierte.

Steuben war, wenige Stunden bevor die Botschaft von der Räumung Philadelphias eintraf, aus Valley Forge fortgeritten, um mit seinem Adjutanten nach York zu reisen, wofür er sich einige Tage Urlaub vom Oberkommandierenden erbeten hatte. Auf seinem Wege erhielt er die Nachricht, daß der Feldzug begonnen habe. Er kehrte sofort um und folgte der Armee, die er wenige Tage später wieder erreichte. Er kam gerade zurecht, um in Hopewell abermals an einem Kriegsrat teilzunehmen.

»Am Montag, dem 22. Juni, hat sich die mehrere Meilen lange Kolonne des Feindes mit ihrer Spitze in der Nähe von Crosswicks befunden, etwa siebzehn Meilen südlich von dem Punkt, an dem wir jetzt stehen«, erklärte Washington den Offizieren. »Demnach hat Clinton mit seiner Armee in fast sechs Tagen nur dreißig Meilen marschieren können. Es ist offensichtlich, daß er durch den umfangreichen Train mit seinen vielen Bagagewagen und durch die zahllosen Flüchtlinge, die sich ihm angeschlossen haben, in seinen Bewegungen stark behindert ist. Dazu kommt die große Hitze, die zur Zeit herrscht, und außerdem sind Brücken und Straßen von unserer Miliz zerstört worden. Noch liegen keine Anzeichen dafür vor, ob er den Weg nach South Anboy wählen oder den über Monmouth nach Sandy Hook einschlagen wird. Auf jeden Fall bedroht unsere Armee ständig seine linke Flanke, und wir werden, denke ich, bald die Gelegenheit haben, ihn zu treffen. Ich bin der Meinung, daß unsere Vorhut in einem überraschenden Angriff in die schwerfällige Kolonne des Gegners hineinstoßen sollte. Clinton wäre dadurch gezwungen, sich zum Kampf zu stellen, und wir könnten mit der Hauptarmee bald heran sein, um die Entscheidung herbeizuführen.«

Der Plan Washingtons war gut. Wurde er so durchgeführt, wie es von ihm beabsichtigt war, dann mußte er gelingen und konnte den Krieg in Nordamerika mit einem Schlag beenden. Der Fehler Washingtons war lediglich, daß er in diesem Augenblick, da er die Chance hatte, alles zu gewinnen, nicht kurz entschlossen als Feldherr handelte, sondern seine Generale zu einer Art von parlamentarischem Rat zusammenrief.

Ein Teil der Anwesenden war seiner Meinung, aber wieder war es Charles Lee, der seine Bedenken anmeldete.

»Ich bin der Ansicht, Sir«, sagte er, zu Washington gewandt, »daß Sie Sir Henry Clinton lieber eine Brücke bauen sollten, als ihn anzugreifen. Seine Armee ist, wie sie anfangs selbst bemerkt haben, der Ihren an Stärke gleich, aber was Disziplin und Kriegstüchtigkeit anbetrifft, sind die britischen Truppen den amerikanischen weit überlegen. Es hat niemals bessere und diszipliniertere Soldaten gegeben als die Regimenter Sir Henry Clintons.«

»Sie wissen nicht, was Sie sprechen, Sir«, mischte sich Steuben ein. »Wenn Sie unsere Männer auch nur ein wenig kennen würden, wenn Sie auch nur einen Hauch des Geistes verspürt hätten, von dem unsere Soldaten beseelt sind, dann könnten Sie so etwas nicht sagen. Ich möchte mich in keiner anderen Armee wissen als in der unseren.«

»Wenn Sie noch einmal meine Männer beleidigen, General Lee«, sagte Wayne scharf, »werde ich Sie vor meine Pistole fordern. Warum sind Sie nicht bei den Söldnern des britischen Königs geblieben, wenn Sie von ihnen so begeistert sind?«

»Auch ich muß Sie auffordern, Lee, derartige Reden künftig zu unterlassen«, sagte Washington kühl. »Sie gehören sich nicht für einen Offizier der amerikanischen Armee.«

»Ich hatte meine Ausführungen noch nicht beendet«, sagte Lee unbeirrt, nachdem er sich den Tadel des Oberkommandierenden angehört hatte, »darf ich fortfahren?«

Washington machte eine Handbewegung.

»Meine Ausführungen sollten dazu dienen«, redete Lee weiter, »um Ihnen allen die Aussichtslosigkeit eines Angriffes und jedes größeren militärischen Unternehmens überhaupt von unserer Seite darzustellen. Es dürfte doch wohl jedem der Anwesenden klar sein, daß ein Mißerfolg – und einen Mißerfolg würden wir ohne Zweifel erleiden, wenn wir die überlegene britische Macht zum Kampf stellen wollten – unsere neugeschlossene Allianz mit Frankreich auf das ernsteste gefährden würde. Das dürfen wir nicht aufs Spiel setzen.«

»Damit hat General Lee ohne Zweifel recht«, pflichtete Lord Stirling bei. »Wir sollten vorsichtig sein, ein fehlgeschlagenes Unternehmen kann vieles verderben.«

Lee spürte, daß seine Worte bei vielen Offizieren Zustimmung fanden. Seine Meinung hatte ein großes Gewicht im Kriegsrat, und niemand zweifelte an der Redlichkeit seiner Ratschläge.

»Ich bin daher der Ansicht«, fuhr Lee fort, als er merkte, daß seine Argumente bei manchem General auf fruchtbaren Boden fielen, »daß wir uns darauf beschränken sollten, der Armee des Königs zu folgen, sonst aber ihren Marsch nicht zu behindern.«

»Ich denke ganz anders«, sagte der Marquis de Lafayette temperamentvoll. »Ich glaube, daß es eine Schande für uns alle ist, wenn wir die Rotröcke ungestört nach New Jersey ziehen lassen wollten. Jetzt haben wir die Gelegenheit, Clinton einen empfindlichen Schlag zu versetzen, und diese Gelegenheit sollten wir nicht ungenutzt vorübergehen lassen.«

»General Lee hat recht«, äußerte General Varnum, »von einem übereilten Angriff auf Sir Henrys Truppen ist dringend abzuraten. Wir könnten dadurch nur verlieren, aber nichts gewinnen.«

»Ich weiß nicht, was in Sie gefahren ist, meine Herren«, sagte empört General Greene, »daß Sie dem Zaudern und der Tatenlosigkeit Ihre Zustimmung schenken. Wenn wir jetzt nicht schnell und entschlossen handeln, dann wird es zu spät sein. Wir müssen Clinton angreifen und schlagen, und wir können es. Unsere Armee ist noch nie in einer so guten Verfassung gewesen. Die Männer haben viel gelernt in den letzten Monaten und brauchten eine Begegnung mit den Rotröcken nicht zu scheuen. Die Stimmung im Heer ist glänzend. Wenn wir jetzt nicht angreifen, werden wir das Vertrauen unserer Männer verlieren. Sie würden es nie verstehen, wenn wir die Briten ungeschoren entkommen ließen. Wir müssen das Gesetz des Handelns in unsere Hände nehmen und einen entscheidenden Schlag wagen. Eine kühne Tat, und der Krieg kann gewonnen sein.«

Die Hälfte der anwesenden Generale war für den Angriffsplan Washingtons, und die andere Hälfte stand auf der Seite des Generals Lee.

Es kam zu keiner klaren Entscheidung. Washington ordnete an, daß zunächst ein Detachement von 1500 Mann unter dem Brigadegeneral Scott abgeschickt wurde, das die anderen Truppen, die bereits mit dem Feinde in Fühlung waren, verstärken sollte. Die Hauptarmee aber sollte zunächst noch eine abwartende Haltung bewahren.

Dies war ein Ergebnis des Kriegsrates, das, wie Alexander Hamilton in einem Brief an Elias Boudinot schrieb, »einer ehrenwerten Gesellschaft von Hebammen, aber nur dieser, Ehre gemacht haben würde«.

General Wayne weigerte sich, das Protokoll der Besprechung zu unterzeichnen, und rief: »Zum Teufel noch mal! Setzen wir doch den Rotröcken nach, Sir! Das ist der Wunsch eines jeden Mannes der Armee! Schlagen wir Clinton, und jagen wir das britische Räuberpack aus dem Lande.«

Waynes Worte waren wohl nach dem Herzen Washingtons, aber er beendete die Besprechung und bat die Anwesenden, ihre Meinung schriftlich darzulegen, damit er ein klares Bild gewinne.

Greene schlug Washington vor, die Vorhut um mindestens 2500 Mann zu verstärken, damit sie eine größere Kampfkraft bekomme, und bat den Oberkommandierenden, mit dem Angriff auf Clinton nicht zu zögern. Auch Lafayette schrieb am selben Tage an Washington, daß er unverzüglich den Angriffsbefehl geben möge. Die Generale Steuben, Greene, Wayne, du Portail und Patterson seien mit ihm einer Meinung. »In erster Linie haben mich Baron de Steuben und Portail gebeten, Ihnen bei einer weiteren Erörterung der Angelegenheit auf Englisch zu erklären, wie leid es ihnen tut, ja wie es sie betrübt, daß wir dabei sind, uns eine Chance entgehen zu lassen, die für eine der besten angesehen werden kann, die sich jemals geboten hat.«

Washington war sich inzwischen selbst klar geworden und hatte die Zweifel abgeschüttelt, die ihm bei dem Zögern seiner Generale gekommen waren. Er entschloß sich nun, den entscheidenden Schritt zu wagen, und befahl sofort eine weitere Verstärkung der Vorhut, die damit auf insgesamt 4000 Mann anwuchs.

Heftige Gewitter mit starken Regengüssen entluden sich, denen wiederum schwüle Sommerhitze folgte. In den Wäldern fielen die Moskitos in Schwärmen über die Soldaten her, die von Schweiß und Staub bedeckt waren.

Die Armee folgte in Eilmärschen den Briten. Die Soldaten wußten, daß es nun bald zum Kampf kommen würde, und brannten darauf, die britische Armee anzugreifen. Abends, wenn zwischen den hohen Kiefernstämmen die Lagerfeuer aufflammten, sprachen sie darüber, wie sie die Rotröcke jagen wollten.

Washington hatte seinem rangältesten Offizier, dem Generalmajor Lee, das Kommando über die Vorhut angeboten, aber Lee hatte abgelehnt. So bekam Lafayette die Aufgabe, dieses Kommando zu übernehmen.

Steuben ritt mit dem Stabe Washingtons. Da sich die Lage immer noch nicht geklärt hatte und man nicht wußte, ob Clinton den Weg nach South Anboy oder den über Freehold nach Sandy Hook einschlagen würde, entschloß sich Washington, einen Kundschafter auszusenden, der die Lage zu beurteilen wußte und an Hand seiner Beobachtungen auch gleich Ratschläge für geeignete Maßnahmen erteilen konnte.

Washington fragte Steuben, ob er diese Aufgabe übernehmen würde, und Steuben erklärte sofort seine Bereitwilligkeit. Er wußte, wie viel davon abhing, daß Washington genaue Auskünfte über die Lage erhielt.

In Begleitung seiner Adjutanten Walker und Duponceau sowie einiger Ordonnanzen ritt Steuben in Richtung Allentown.

Es war unerträglich heiß. Die Luft flimmerte über dem Land.

Bald sahen die Reiter die ersten Spuren der Briten. Die Leiche eines englischen Füsiliers lag am Wege. Sein roter Rock mit den goldenen Aufschlägen leuchtete weit in dem grünen Gras. Er war an Hitzschlag gestorben, und sein Gesicht war von Moskitostichen gedunsen. Seine Muskete lag neben ihm. Nicht einmal die Waffe hatte man ihm in der Eile des Rückzugs abgenommen, als er zusammenbrach.

Immer wieder trafen die Reiter auf Leichen von Soldaten, die der Hitze erlegen waren. Die meisten Toten trugen die grüne Uniform der hessischen Jäger. Die von ihrem Landesfürsten verkauften deutschen Bauern- und Handwerkersöhne hatten hier ein unrühmliches und qualvolles Ende gefunden.

Steuben schmerzte es zu sehen, wie hier junge Männer aus seiner Heimat sinnlos für eine schlechte Sache gestorben waren.

Ein Bagagewagen, dessen Hinterachse gebrochen war, stand an der Rückzugsstraße. Flüchtlinge aus Philadelphia, die den Strapazen des Marsches nicht gewachsen gewesen waren, saßen am Wegesrand. Sie hatten es aufgegeben weiterzufliehen.

Auch sie konnten keine Auskunft darüber geben, wohin sich die Briten wenden würden, aber sie vermuteten, daß sie über Sandy Hook marschieren würden.

In der Nacht sahen die Reiter in der Ferne die Lagerfeuer der Briten und ritten im Schutze der Dunkelheit daran vorüber, denn sie wollten die Spitze der Kolonne erreichen, um zu beobachten, wohin Clinton am Morgen marschieren würde.

Die Nacht war trocken und staubig wie der Tag, aber gegen Morgen ging ein Gewitter nieder. In der Dämmerung hörten Steuben und seine Begleiter die Hornsignale, die die britischen Soldaten und die Hessen zum Aufbruch trieben. Die Landschaft war hügelig und sandig und von Kiefernwald bedeckt, der immer wieder von weiten Lichtungen unterbrochen wurde.

Die Kundschafter konnten im Schutze des Waldes reiten und die Bewegungen der britischen Truppen beobachten. Es war kein Zweifel, Clinton marschierte über Monmouth.

Sofort schrieb Steuben eine Meldung und sandte sie durch eine Ordonnanz an Washington. Auf diese Nachricht hin gab Washington seiner Hauptarmee den Befehl, sofort von Hopewell nach Kingston zu marschieren, das nur sieben Meilen von Monmouth Court House entfernt lag.

Auch den Befehlshabern der nächsten Abteilungen der Vorhut, so dem in der Nähe operierenden General Scott, ließ Steuben sofort seine Beobachtungen übermitteln. Er schlug Scott vor, mit seiner Abteilung unverzüglich nach Monmouth Court House zu marschieren.

Der Tag wurde wieder ungewöhnlich heiß, und die Luft im Walde war feucht durch den heftigen Regenguß, der in den Morgenstunden niedergegangen war. Die Reiter hatten sehr unter den Moskitos zu leiden. Steuben fluchte und rauchte seine Pfeife, um die lästigen Insekten zu vertreiben.

Aber noch mehr als die Kundschafter wurden die marschierenden feindlichen Soldaten von den Moskitos gepeinigt. Ihre dichten Kolonnen wurden von riesigen Schwärmen überfallen. Von den Insektenstichen fast zur Raserei gebracht, unter der unbarmherzigen Glut der Sonne, mit mehr als sechzig Pfund Ausrüstung behängt, schleppten sich die Söldner dahin. Immer wieder taumelten Soldaten aus der Reihe und sanken am Wege nieder.

An der Spitze der viele Meilen langen Kolonne zogen die grünen Regimenter der Hessen unter General Knyphausen. Ihnen folgten die langen Wagenkolonnen des Trains, die von britischen Füsilieren begleitet wurden.

Den ganzen Tag über beobachteten Steuben und seine Begleiter die Marschbewegungen der britischen Armee. Am Abend erreichten die Kundschafter Englishtown, wo sie Unterstützung durch eine amerikanische Kavallerieabteilung erhielten, mit deren Hilfe Steuben seine Erkundungen bis tief in die Nacht fortsetzte. Er übersandte Washington Meldungen mit genauen Angaben, wo die britischen Truppen ihre Nachtlager aufgeschlagen hatten.

Der nächste Tag war ein Freitag. Wieder folgte Steuben den in den frühen Morgenstunden aufbrechenden Truppen Clintons.

Inzwischen hatte im amerikanischen Hauptquartier Washington eine Auseinandersetzung mit General Lee. Dieser hatte einige Tage zuvor das Kommando über die Vorhut abgelehnt, weil es unter seiner Würde gewesen wäre, eine so kleine Truppe zu kommandieren. Der Grund für diese Handlungsweise waren aber seine Gegnerschaft zum Plan Washingtons und seine damit verbundene Haltung.

Die Vorhut, die nun unter dem Kommando Lafayettes stand, der energisch dem flüchtenden Gegner folgte, war inzwischen auf 5000 Mann verstärkt worden. Sie operierte gegen den linken Flügel und die Nachhut Clintons. Lafayette stand mit seinen Truppen zwischen den Briten und der amerikanischen Hauptarmee, die jetzt nur noch 8000 Mann stark war.

Im Hauptquartier war es jedermann klargeworden, daß die Schlacht unmittelbar bevorstand. Lafayette würde mit seiner Vorhut den ersten Stoß gegen die britischen Truppen zu führen haben. Der Marquis war ein wagemutiger und ehrgeiziger Offizier, und niemand zweifelte daran, daß er seine ganze Kraft in das Gelingen des Angriffs setzen würde.

In diesem Augenblick trat Lee auf und forderte von Washington das Kommando über die Vorhut. Lee erklärte, es sei gegen seine Ehre, daß ein so junger Offizier dieses Kommando habe, das ihm als Rangältesten zustehe.

Um sich Lee, dessen Einfluß auf die höheren Offiziere Washington kannte, nicht zum Feind zu machen, gab er der Forderung nach und überließ diesem das Kommando. Allerdings forderte Washington, daß Lee nach Lafayettes Plan handeln sollte und sich für den Angriff auf Clinton entscheiden müßte.

Durch den Wechsel der Führung bei der Vorhut entstanden Verwirrung und Verzögerung. Erst am Abend erfuhr Lafayette, daß er von Lee abgelöst wurde. Aber die britischen Truppen verließen nicht die Stellungen, die sie bei Monmouth Court House bezogen hatten. Clinton schien sich zum Kampf stellen zu wollen, ehe seine Truppen völlig erschöpft waren.

Nahezu die Hälfte der Truppen Clintons rekrutierte sich aus deutschen Söldnern. Sie waren von ihren Landesherren für klingende Münze an England verkauft worden. Eine Reihe deutscher Duodezfürsten hatte Truppenkontingente zur Bekämpfung der Rebellen nach Amerika geliefert, so die Fürsten von Braunschweig, von Ansbach-Bayreuth, von Anhalt-Zerbst, von Hessen-Nassau, von Waldeck und von Hessen-Kassel. Insgesamt wurden fast 30000 Söldner, genau 29867 Mann, verkauft. Außer diesen diente aber noch eine große Anzahl Deutscher, die von britischen Werbebüros am Rhein angeworben worden war, in den britischen Regimentern[16].

Die Fürsten, die ihre Landeskinder verkauften, hatten zumeist ihr kleines Staatswesen durch ihren aufwendigen Lebenswandel, ihre Mätressenwirtschaft und ihre Luxussucht so heruntergewirtschaftet, daß ihnen dieser Menschenhandel sehr gelegen kam, ihre leeren Kassen wieder zu füllen.

Die Verträge, die sie mit Großbritannien geschlossen hatten, sahen vor, daß die Fürsten für jeden Mann 7 Pfund, 4 Schilling und 4 1/2 Pence Werbegeld bekamen und ferner jährlich eine Summe von 11 1/2 Pfund. Der Landgraf von Hessen-Kassel[17], der mit 17000 verkauften Söldnern den Briten das größte Kontingent geliefert hatte, kassierte sogar fast das Zweifache dieser Summe. Zwei Jahre nach der Rückkehr der Truppen sollte noch das Doppelte der vereinbarten Subsidien gezahlt werden.

Für jeden Gefallenen, also für jeden Mann, der nicht zurückkehrt, erhielten die Fürsten eine besondere Summe ausgezahlt und durften einen Ersatzmann stellen, für den sie neues Geld einkassieren konnten. Drei Verwundete sollten laut Vertrag wie ein Gefallener honoriert werden. Für jeden Deserteur und für jeden an Krankheit Verstorbenen mußten die Fürsten ohne weitere Gegenleistung einen Ersatzmann liefern.

Dieser widerliche Menschenhandel empörte die gesamte zivilisierte Welt. Viele hervorragende Männer dieser Zeit, darunter die Dichter Klopstock, Schiller und Schubart haben dagegen ihre Stimme erhoben.

Friedrich der Große äußerte sich wiederholt verächtlich über den Soldatenverkauf verschiedener deutscher Fürsten. So schrieb er in einem Brief an Voltaire vom 18. Juni 1776 über den Landgrafen von Hessen-Kassel: »Wäre der Landgraf aus meiner Schule hervorgegangen, so würde er nicht seine Untertanen an die Engländer verkauft haben, wie man Vieh verkauft, um es zur Schlachtbank zu führen. Dies ist kein schöner Zug in dem Charakter eines Fürsten, der sich rühmt, der Lehrmeister von Regenten zu sein. Ein solches Handeln ist durch nichts anderes als durch schmutzigen Eigennutz hervorgerufen. Ich bedaure die armen Hessen, die ihr Leben unglücklich und nutzlos in Amerika enden.«

Auch der Schriftsteller Johann Gottfried Seume, der in Leipzig Theologie studiert hatte und auf einer Wanderung nach Paris durch Hessen-Kassel kam, wurde vom Landgrafen zwangsrekrutiert und als Söldner in die Neue Welt verkauft. Er hat später seine Erlebnisse in seiner Selbstbiographie »Mein Leben« beschrieben.

Die Strafen, die demjenigen drohten, der desertierte, waren grausam. Der wieder Eingefangene wurde dazu verurteilt, mehrmals durch die Spießrutengasse von 200 Mann zu laufen, eine Prozedur die mancher nicht überlebte. Die Gemeinde, aus der der Deserteur stammte, war gezwungen, einen Ersatzmann zu stellen. Die Bevölkerung sympathisierte zwar mit den Deserteuren, aber wer einem solchen half, der wurde zu Zwangsarbeit verurteilt, wurde ausgepeitscht und verlor die Bürgerrechte. Jeder Landeseinwohner war gezwungen, bei der Ergreifung eines Deserteurs behilflich zu sein, und Gemeinden, die einen entkommen ließen, mußten für ihn bezahlen.

In Amerika wurden noch strengere Mittel angewandt. Die Armee des britischen Generals Burgoyne, die mit einem großen Kontingent deutscher Truppen bei Saratoga kapituliert hatte, war von 500 Indianern begleitet worden, die sowohl als Kundschafter wie auch als Menschenjäger eingesetzt wurden. Burgoyne hatte einen Befehl erlassen, daß jeder Deserteur seiner Armee, der von den Indianern wieder gefangen wurde, skalpiert werden sollte. Diese Barbarei ging so weit, daß die Indianer sogar ein Mädchen, Jane McCrea, töteten und skalpierten, die zwei Deserteure bei sich beherbergt hatte.

Die von den Briten gekauften deutschen Truppen wurden an den Brennpunkten des Kampfes eingesetzt und hatten hohe Verluste. In den Schlachten von Long Island bei New York, von Trenton und Morristown, bei Ticonderoga, Stillwater und Saratoga wurden viele von ihnen getötet oder gefangengenommen. Fast die Hälfte der nach Amerika gebrachten deutschen Söldner, mehr als 12500 Mann, sind nie wieder in ihre Heimat zurückgekehrt.

Auch nach der Räumung Philadelphias waren die Verluste der Hessen ungewöhnlich hoch. Sie waren das heiße Klima nicht gewöhnt, und ein jeder von ihnen schleppte mehr als sechzig Pfund an persönlicher Ausrüstung auf dem Rückzug mit.

Die Brücken und Straßen waren von den amerikanischen Milizen zerstört worden, die die marschierenden Hessen und Briten auch durch Überfälle beunruhigten und ihnen Verluste beibrachten. Aus dem Dunkel des Waldes prasselten Schüsse, Marschierende brachen zusammen. Aber ehe sich die Truppen zum Gegenschlag formieren konnten, waren die Feinde, die man niemals zu Gesicht bekam, längst außer Reichweite. Eine Verfolgung war aussichtslos.

Die Stiche der Myriaden von Moskitos peinigten die Soldaten. Hitze und Durst waren schier unerträglich. Wenn vor den Soldaten ein Bach auftauchte, löste sich jede Disziplin auf und die Durstenden liefen zum Wasser, um zu trinken und ihre geschwollenen Gesichter, Hände und Füße zu kühlen. Fast ein drittel der hessischen Truppen starb auf dem Rückzug. Viele Soldaten desertierten zu den Amerikanern.

Nun hatte General Clinton bei Monmouth Court House Stellung bezogen. Englische und hessische Söldner standen bereit, sich mit den von Steuben ausgebildeten regulären amerikanischen Truppen im Kampfe zu messen.

Am Sonntag früh im Morgengrauen ritt Steuben in Begleitung von Benjamin Walker und Washingtons Adjutanten John Laurens so weit an die britischen und die hessischen Stellungen heran, daß er sie von einem Hügel aus überschauen konnte. Er sah durch sein Fernrohr die zahlreichen Zelte, die die Soldaten aufgeschlagen hatten, und die Feuer, an denen gekocht oder gebraten wurde. Die Mannschaften bewegten sich im Lager, und die Pferde weideten ruhig. Nichts deutete auf einen plötzlichen Aufbruch hin. Steuben schrieb eine Meldung an Washington, in der er seine Beobachtungen mitteilte.

Aber bald änderte sich das Bild. Im englischen Lager erklangen Hornsignale, die Zelte wurden abgebrochen, die Truppen formierten sich zu Marschkolonnen und verließen die Stellung, die sie bisher eingenommen hatten. Sie marschierten hinab ins Tal in Richtung Middletown.

Sofort berichtete Steuben wieder an Washington.

General Lee, der die Vorhut kommandierte, hatte die Aufgabe erhalten, Clinton am Entkommen zu hindern, bis die Hauptarmee heran war und in den Kampf eingriff.

Aber Lee hatte während des ganzen Sonnabends, als die britischen Truppen bei Monmouth Court House lagerten, keinerlei Vorbereitungen für einen Angriff getroffen. Er hatte weder das Gelände zwischen sich und dem Feinde besetzt, noch hatte er Abteilungen ausgesandt, den Gegner zu umgehen und ihm den Rückzug zu verlegen. Er hatte nicht einmal Spähtrupps ausgesandt den Feind ständig zu beobachten.

Am Sonnabend mittag war Lee ins Hauptquartier gerufen worden, wo ihm der Oberkommandierende mitteilte, daß er entschlossen sei anzugreifen, sobald General Clinton seine Stellung bei Monmouth Court House verlasse. Das Lager selbst anzugreifen war nicht ratsam, da es von Morast umgeben war und ein Angriff auf die gut vorbereitet wartenden Briten keinen Erfolg versprach. Washington gab Lee den Befehl, mit seinen Offizieren den Angriffsplan auszuarbeiten.

Bei dieser Besprechung waren die Generale Lafayette, Wayne, Scott und Maxwell anwesend. Lee erklärte Washington, daß er am Nachmittag um fünf Uhr seine Offiziere zusammenrufen werde, um ihnen seinen Plan mitzuteilen.

Lee kehrte nach Englishtown zurück, aber er unternahm nichts. Als sich Lafayette, Wayne und Maxwell um fünf Uhr bei ihm meldeten, weigerte er sich, mit ihnen einen Plan zu machen, sondern bestellte sie aufs neue für den nächsten Morgen.

Als Washington am Sonntag früh durch Steuben und ebenso durch General Dickinson die Nachricht erhielt, daß Clinton das Lager räume, gab er Lee den Befehl, unverzüglich anzugreifen.

Lee setzte seine Truppen nun gegen Clinton in Marsch, aber für einen erfolgversprechenden Angriff war es bereits zu spät. Die Soldaten mußten weit marschieren, ehe sie mit den Engländern in Berührung kamen, deren Train inzwischen unbehelligt aus dem Lager abgezogen war und damit die Kampftruppen entlastet hatte. Zur gleichen Zeit, als die Vorhut abmarschierte, hatte Washington die Hauptarmee ausrücken lassen, um Lee zu Hilfe zu eilen. Die Soldaten hatten ihre Decken und ihr gesamtes Gepäck im Lager lassen müssen, um schneller marschieren zu können.

Die Brigaden der Vorhut zogen stundenlang durch Kiefern- und Laubwälder, ehe sie auf die Deckungstruppen Clintons stießen, die schnell zurückgeworfen wurden. Ohne nach einem einheitlichen Plan zu handeln, griffen Wayne und die anderen Kommandeure mit ihren Brigaden an.

Lafayette, der dabei war, die linke Flanke der Nachhut Clintons anzugreifen, erhielt von Lee einen Gegenbefehl. Als er sich dagegen aussprach antwortete Lee: »Sie kennen die britischen Soldaten nicht. Wir können ihnen nicht standhalten.«

Lafayette sandte daraufhin eine Meldung an Washington, daß seine Anwesenheit bei der kämpfenden Truppe unbedingt erforderlich sei.

Auch General Wayne erhielt von Lee den Befehl, nur einen Scheinangriff auf die britischen Truppen zu unternehmen, aber

Wayne kümmerte sich nicht mehr um Lees Befehle, denn er hatte ihn durchschaut.

Als Clinton sah, daß seine Deckungstruppen zurückgeworfen wurden, erkannte er, daß die Nachhut in Gefahr war, eingekreist und abgeschnitten zu werden. Er ließ seine Garden, Grenadiere und Hochländer samt zwei Regimentern Kavallerie kehrtmachen und befahl, daß sie zusammen mit seiner Nachhut, die aus zwei Brigaden leichter Infanterie und einem hessischen Dragonerregiment bestand, General Lee angreifen sollten.

Die roten Uniformen der britischen Garden leuchteten weithin, als sie in langgezogenen Linien, das Bajonett gefällt, gegen die pennsylvanische Brigade Waynes und die Truppen Lafayettes und Maxwells anrückten. Die Trommeln dröhnten über das Land. Sie schlugen den Takt zu dem Gleichschritt, in dem die Söldner marschierten.

Bald konnten die Amerikaner die Stimmen der englischen Offiziere vernehmen, die ihre Befehle gaben und mit gezogenem Degen voran oder an den Flügeln der zur Linie aufmarschierten Abteilungen gingen.

Die Amerikaner feuerten einige Salven. Viele Rotröcke fielen. Aber immer wieder schlossen sich ihre Reihen, und unbeirrt marschierten sie weiter im Rhythmus ihrer Trommeln. Die ersten weit auseinandergezogenen Linien der Amerikaner wurden zersprengt. Ohne Ordnung fluteten die Soldaten zurück.

Als Lee sah, daß die Briten angriffen, erteilte er seinen Kommandeuren sofort den Rückzugsbefehl, anstatt seine Truppen aufzuhalten, zu sammeln und zum Gegenangriff vorzugehen.

Steuben hielt mit Walker und einem anderen seiner Adjutanten auf einer am Wald gelegenen Höhe, von der er die Ebene überblicken konnte, in der sich das Gefecht abspielte. Er sah, wie die roten Linien der Briten vorrückten, wie die vorderen Linien der Amerikaner zurückgeworfen wurden und wie Clinton, nachdem er bemerkte, daß die Amerikaner zurückgingen, die Verfolgung aufnahm.

»Wir müssen sofort zum Oberkommandierenden«, rief Steuben, »dieser Lee ist ein Narr oder ein Verräter.«

In diesem Augenblick hörten Steuben und seine Begleiter Hufschlag und das Brechen von Ästen und sahen, wie aus einem nahen Gehölz einige hessische Dragoner auf sie zu galoppierten.

Steuben, der ebenso wie seine beiden Adjutanten völlig überrascht war, riß seine Pistolen heraus und feuerte auf die Reiter, die es offenbar auf ihn abgesehen hatten.

Zum Laden der Pistolen war keine Zeit, und sich mit einem Offiziersdegen auf einen Säbelkampf mit mehreren Feinden einzulassen, war aussichtslos. Kurz entschlossen riß Steuben sein Pferd herum und jagte davon. Ein Graben sperrte seinen Weg, er setzte darüber hinweg und verlor dabei seinen Hut.

Da Steuben ein guter Reiter war und ein ausgezeichnetes Pferd hatte, war es für ihn nicht schwer, die Verfolger abzuschütteln. Er ritt Washington, der mit der Hauptmacht durch tiefen Sand und Morast vormarschierte, entgegen, um über den Verlauf des Kampfes zu berichten.

Bald nach ihm trafen Walker und andere Offiziere, die mit ihm gewesen waren, bei der Hauptarmee ein.

»Ich glaubte schon, Sie seien gefangen worden, meine Herren«, sagte Steuben.

»Nein, man ließ uns links liegen, Baron«, antwortete Walker, »man hatte es offenbar auf einen höheren Fang abgesehen.«

»Haben Sie meinen Hut nicht mitgebracht?« fragte Steuben.

»Nein, Baron«, erwiderte Walker lachend, »dazu hatten wir keine Zeit.«

Washington, der seit dem Morgen bei der Hauptarmee war, um in den Kampf einzugreifen, hatte bis zu diesem Augenblick geglaubt, dem Siege entgegenzumarschieren. Am frühen Vormittag hatte er, nachdem die ersten Deckungstruppen der Briten zurückgeworfen waren, eine optimistische Meldung von Lee zugesandt bekommen. Es war die einzige Meldung, die er von Lee an diesem Tag erhielt.

Nun hörte er den Bericht Steubens, und bald darauf sah er die ersten Fliehenden. Er hatte nicht an einen Rückzug glauben können, er erschien ihm nahezu unvorstellbar. Aber jetzt sah er mit eigenen Augen, wie die Truppen in Unordnung zurückwichen. Graysons und Pattons Regimenter fluteten ihm aufgelöst entgegen. Er hielt einen Offizier an und fragte, was los sei.

Der Offizier zuckte mit den Achseln und sagte, daß sich die ganze Vorhut zurückziehe.

Washington erkannte Oberst Shreve an der Spitze seines Regiments und ließ ihn rufen.

»Was ist los Oberst? Wie kommen Sie dazu sich zurückzuziehen?«

»Ich weiß es nicht, Exzellenz, ich habe den Befehl dazu bekommen«, antwortete der Oberst verlegen.

»Haben Sie gekämpft?«

»Nein, Exzellenz! Wir haben nur gesehen, daß die Virginier und Pennsylvanier von den Briten angegriffen worden sind. Sie wurden überrannt und gingen zurück. Danach bekamen wir den Befehl zum Rückzug. Wir hatten keine Gelegenheit anzugreifen.«

Es war nun klar, die ganze Vorhut zog sich zurück, und zwar auf Befehl Lees. General Lee hatte den Angriffsplan sabotiert.

Auch andere Offiziere, die mit ihren Truppen zurückgingen, gaben Washington die gleiche Auskunft.

Der Oberkommandierende gab Oberst Shreve und den anderen Offizieren, die er antraf, den Befehl, sofort ihre Truppen zu sammeln und neu zu ordnen, bis sie weitere Befehle erhielten. Dann ritt er weiter.

Der sonst so ruhige Washington war in Zorn geraten und konnte seine Erregung kaum beherrschen. Er hatte geglaubt und erwartet, an diesem Orte der britischen Armee eine Niederlage bereiten zu können, die dem Kriege eine Wendung gab. Aber Lee hatte seinen Plan zunichte gemacht.

Als Washington mit seinem Stabe auf einem Hügel hielt, sah er Lee, der in Begleitung einiger Offiziere ebenfalls flüchtete. Er ließ ihn sofort zu sich heranrufen.

»Was hat das alles zu bedeuten?« rief Washington dem Heranreitenden mit zorngerötetem Gesicht entgegen.

Lee zögerte mit seiner Antwort und sagte nichts.

»Ich habe Sie gefragt, was diese Unordnung, was dieser Rückzug zu bedeuten hat?« schrie Washington abermals in höchster Erbitterung.

Lee tat sehr beleidigt. »Ich habe Ihnen doch gleich gesagt, Exzellenz, daß diese Truppen der britischen Armee nicht standhalten können!«

»Sie lügen«, erwiderte Washington scharf. »Sie selbst haben den Befehl zum Rückzug gegeben.«

»Sie wissen, Exzellenz, daß dieser Angriff gegen meinen Rat und meine Überzeugung war.«

»Sie hätten den Befehl über die Truppen nicht übernehmen dürfen, wenn Sie nicht beabsichtigten, den Angriffsbefehl durchzuführen.«

»Ich habe mein Bestes versucht«, verteidigte sich Lee heuchlerisch. »Aber die Kommandeure der Brigaden haben meine Befehle nicht ausgeführt. Jeder hat getan, was er für richtig hielt. Die Soldaten selbst hielten keine Ordnung. Wie soll ich denn mit einer solchen Truppe der ganzen britischen Armee widerstehen?«

»Sie hatten es nur mit einem Teil der Truppen Clintons zu tun, und Sie haben ja auch gar nicht versucht zu kämpfen.«

»Auf jeden Fall waren die Truppen, die mich angriffen, stärker als meine, und ich hielt es nicht für richtig, mich der Gefahr einer Niederlage auszusetzen.«

»Es tut mir leid, daß ich Ihnen das Kommando gegeben habe, als Sie mich darum baten«, sagte Washington verächtlich. »Sie haben nie mit dem Feind fechten wollen.«

»Ich hielt es nicht für klug, in meiner Lage zu kämpfen«, antwortete Lee und versuchte, sich erneut zu verteidigen.

»Ihre Meinung interessiert mich nicht«, sagte Washington kalt. »Sie haben meinen Befehl nicht ausgeführt. Halten Sie sich zu meiner Verfügung.«

Mit einem Ausdruck der Verachtung im Gesicht wandte sich Washington ab und rief Steuben zu sich.

»Übernehmen Sie die Reorganisierung der Truppen, Baron. Die Soldaten kennen Sie, und Ihnen werden sie folgen. Nehmen Sie sich einige Offiziere, die Sie unterstützen können.«

Es gab niemand in der Armee, der für diese Aufgabe besser geeignet war als Steuben. Er hatte die Soldaten ausgebildet. Die Männer kannten den General und vertrauten ihm.

Mit Hilfe seiner Adjutanten, die noch durch einige Truppenoffiziere unterstützt wurden, formierte Steuben die in Unordnung geratenen Bataillone neu. In der Ferne sah man bereits die roten Uniformen der verfolgenden Briten auftauchen.

Washington ließ einige Batterien auffahren, die den anrückenden Feind unter Feuer nahmen.

Dann ritt der Oberkommandierende auf seinem Schimmel selbst nach vorn. Er traf auf zwei Regimenter von Waynes Brigade unter den Obersten Stewart und Ramsay, die als letzte am Feind geblieben waren. Er befahl ihnen, den Briten so lange standzuhalten, bis seine anderen Truppen eingriffen.

Währenddessen war Steuben mit seinen Offizieren rastlos tätig. In kurzer Zeit hatte er alle Regimenter, die er antraf, neu formiert und wartete auf den Befehl zum erneuten Angriff. Immer wieder ermahnte Steuben die Soldaten, nichts von dem zu vergessen, was sie bei ihm gelernt hatten.

»Hat ein jeder die Muskete geladen?« fragte er, während er die Reihen entlangritt. »Schärft noch einmal die Feuersteine! Und denkt an die Bajonette!«

Die Soldaten, die mehr durch die Hitze und den Marsch erschöpft waren als durch den englischen Angriff, hatten schnell wieder Mut gefaßt. Steubens ruhige Sicherheit gab ihnen Kraft und Vertrauen.

Steuben richtete sich in den Steigbügeln auf, daß er die Linien der Regimenter überschauen konnte. »Wenn uns Washington ruft, meine Jungens, dann gehen wir zusammen nach vorn und schlagen den Feind«, rief er den Angetretenen zu.

Steuben brauchte nicht lange auf den Befehl zu warten. Oberst Gemat kam und richtete ihm vom Oberkommandierenden aus, daß er die Truppen nach vorn führen solle. Sofort rückte Steuben mit den Brigaden ab. In mustergültiger Ordnung marschierten die Soldaten, so, wie sie es gelernt hatten.

Alexander Hamilton, der diese Vorgänge mit ansah, äußerte später zu William North, daß er an diesem Tage zum erstenmal den Wert der militärischen Disziplin in seiner vollen Bedeutung begriffen habe.

Vor einem Bauernhause, an dem Soldaten vorbeizogen, hielt Charles Lee mit seinen Adjutanten. Als er Steuben erblickte, rief er ihm zu, was er denn mit seinen Truppen mache.

»Ich habe Ihre Regimenter neu formiert und führe sie jetzt dem Oberbefehlshaber zu.«

»Ich danke Ihnen Baron, daß Sie so freundlich waren und diese Aufgabe übernommen haben«, sagte Lee bedrückt. »Ich selbst bin leider sehr erschöpft. Aber in diese Richtung können Sie nicht weiter marschieren, Baron. Sie laufen den Engländern geradewegs in die Arme.«

»Das ist auch meine Absicht, Sir«, antwortete Steuben ironisch. »Damit Sie sich nicht beunruhigen, kann ich Ihnen mitteilen, daß der Feind zum Stehen gebracht ist und bereits beginnt sich zurückzuziehen.«

»Das kann nicht sein«, entgegnete Lee. »Da muß ein Mißverständnis vorliegen!«

Es erschien diesem Mann unglaublich, daß es dem Oberkommandierenden gelungen sein sollte, nachdem schon ein Drittel seiner Armee auf der Flucht war, die Ordnung wiederherzustellen und dem Feind standzuhalten. Das war auch in der Tat eine bewundernswerte militärische und taktische Leistung.

Steuben wandte sich an Oberst Gemat und bat ihn, dem General Lee die Befehle des Oberkommandierenden mitzuteilen. Dann ritt er weiter, ohne Lee auch nur eines Blickes zu würdigen.

Die von Washington aufgestellten Batterien hatten dem Feind schwere Verluste zugefügt, und General Waynes Brigaden fingen den Hauptstoß der Briten auf. Inzwischen hatte Washington die Hauptarmee herangeführt, und die Batterien Lord Stirlings auf dem linken Flügel und die Artillerie unter Knox auf dem rechten Flügel, der von General Greene kommandiert wurde, griffen in den Kampf ein.

Washingtons feste Haltung und seine durch nichts zu brechende Tatkraft hatten gesiegt. Die Lage hatte sich stabilisiert, aber noch waren die Briten nicht geschlagen. Noch einmal versuchte Clinton, der Disziplin und der Feuerkraft seiner bisher ungeschlagenen besten Regimenter vertrauend, in direktem Frontalangriff das Zentrum der Amerikaner zu überrennen und so die Schlacht zu seinen Gunsten zu entscheiden.

Den ganzen Tag über hatten die Truppen General Waynes im Kampf gestanden. Die Sonne brannte so heiß, daß viele der Soldaten einen Teil ihrer Kleidung abgeworfen hatten und mit nacktem Oberkörper fochten. Nun griffen abermals Elitetruppen der britischen Armee, die Königlichen Grenadiere, die abgekämpften Männer an.

Die britischen Grenadiere gingen vor, als seien sie auf dem Exerzierplatz. Ihre Gewehre trugen sie senkrecht wie beim Präsentierangriff. Ihnen voran die Offiziere mit gezogenem Degen. Die goldrot funkelnden Trommeln dröhnten monoton im Takt. Über den roten Uniformen sah man die blassen Gesichter der Grenadiere mit ihren hohen goldbeschlagenen Kappen. Bald konnte man das Weiße in ihren Augen erkennen. Die Bajonette blitzten in der Sonne.

General Wayne hielt auf seinem Pferde dicht bei den Linien seiner Soldaten, die hinter den Hecken und Mauern einer Obstplantage in Deckung standen. Er mahnte die Soldaten zur Ruhe und feuerte ihren Mut an.

Auf das Kommando ihrer Offiziere fällten die Briten das Bajonett. Mit größter Exaktheit führten sie alle Befehle aus. Im Eilschritt rückten sie heran. Es schien, als könne nichts diese Soldaten aufhalten. Als sie nur noch zwanzig Schritt entfernt waren, brüllte Wayne: »Feuer!«

Die Wirkung der Salve war verheerend. Als sich der Rauch hob, sah man die Reihen der Briten gelichtet und in Unordnung geraten. Tote lagen im Gras, Verwundete schrien oder versuchten mit letzter Kraft aus dem Feuer zu kriechen.

»Laden! Fertig zur Salve«, ertönte Waynes Stimme. Er war die Ruhe selbst.

Blutjunge britische Offiziere liefen vor die Front und versuchten, die Linien ihrer Grenadiere zu ordnen.

»Feuer!«

Die zweite Salve riß abermals große Lücken in die roten Reihen. Die Trommeln schwiegen, denn die Trommler waren gefallen.

»Vorwärts, Grenadiere!« rief ein höchstens siebzehnjähriger Leutnant und lief mit gezogenem Degen auf die Pennsylvanier zu. Ein Schuß ließ ihn straucheln und schweigen.

Die Reste der britischen Grenadiere waren ins Wanken geraten. Einzelne verließen die Reihen und flüchteten. Die meisten der Offiziere waren tot.

»Jetzt das Bajonett, Jungens«, rief Wayne, setzte mit seinem Pferd über die Hecke und ritt seinen Soldaten voran, die sich mit gefälltem Bajonett auf die englischen Truppen stürzten, so, wie es ihnen Steuben gezeigt hatte.

Da war es mit dem Mut der Königlichen Grenadiere vorbei. Sie flüchteten vor den angreifenden Amerikanern, die durch die Strapazen des Kampftages zu erschöpft waren, um ihnen weit folgen zu können.

Aber bald rückten die Linien der Königlichen Grenadiere wieder zum Angriff auf die Brigade Waynes vor. Diesmal führte Oberst

Monckton selbst die Attacke. Er wollte es diesen Bauernlümmeln schon zeigen, daß die britische Armee nicht zu schlagen war. Seine Offiziere hatten versagt, aber er würde diesen Yankeehaufen mit den blitzenden Bajonettreihen seiner Königlichen Grenadiere hinwegfegen.

Doch die Amerikaner waren nicht mehr zu schlagen. Oberst Monckton fiel an der Spitze seiner Truppen, die auch dieses Mal vor den Pennsylvaniern die Flucht ergreifen mußten.

Die von Steuben herangeführten Brigaden hatten auf dem linken Flügel in den Kampf eingegriffen und die Briten zurückgeworfen. Steuben blieb mit den Soldaten hart am Feind, bis die Dunkelheit kam und dem Kampf ein Ende machte.

Clinton zog seine Truppen durch das Tal zurück, das er am Morgen passiert hatte, und ließ sie eine Stellung beziehen, die an den Flanken durch Moräste und dichtes Gehölz geschützt war. Hier war er während der Nacht vor weiteren Angriffen der Amerikaner sicher.

Die Verluste der Briten waren doppelt so hoch wie die der Amerikaner. Die Truppen beider Parteien waren erschöpft. Der Tag war so heiß gewesen, daß viele Soldaten einem Hitzschlag erlegen waren.

Washington legte am Abend den Angriffsplan für den nächsten Tag fest und ließ seine Truppen in der Nacht ihre Ausgangsstellungen beziehen. Sobald es dämmerte, sollte der Kampf wiederaufgenommen werden.

Steuben, Washington und Lafayette schliefen, in ihre Mäntel gehüllt, einige Stunden auf dem Erdboden unter einem Baum.

Bei Tagesanbruch weckten Hörner und Trommeln die Soldaten, die mit ihren Waffen im Arm geruht hatten und sich nun zu neuem Kampf bereit machten.

Aber der Feind war verschwunden. Clinton war mit seinen Regimentern im Schutze der Nacht und in aller Stille abgezogen.

Die vormarschierenden Amerikaner fanden nur noch das verlassene Lager, in dem der britische Oberbefehlshaber alle Verwundeten, sogar seine verwundeten Offiziere zurückgelassen hatte, um sich schnell genug davonmachen zu können.

Über hundert Soldaten der britischen Armee waren am Gefechtstag von den Amerikanern gefangengenommen worden. Als einige hessische Reiter im Hauptquartier vorgeführt wurden, sprach einer von ihnen Steuben an.

»Ich glaube, ich hatte schon gestern die Ehre, Sie zu sehen, Herr General, und ich hatte auf eine bessere Beute gehofft als ihren Hut!«

»Wie kam es, daß Sie es gerade auf mich abgesehen hatten, und warum haben Sie nicht geschossen?« fragte Steuben.

»General Clinton hatte Sie auf dem Hügel gesehen und gefragt, wer der feindliche Offizier mit dem blitzenden Ordensstern sei. General Knyphausen erkannte Sie. Unser Befehl lautete, Sie lebend in unsere Hände zu bekommen.«

Clinton zog sich in aller Eile über die sandigen Hügel von Middletown zurück und erreichte Sandy Hook, eine Landzunge am Eingang der Bucht von New York, von wo aus er seine Truppen unter dem Schutz der Flotte nach New York brachte.

Die Schlacht von Monmouth hatte bewiesen, daß die amerikanische Armee eine große Wandlung durchgemacht hatte. Steubens Ausbildung hatte der Truppe Kampfkraft und Disziplin gegeben. Brigade für Brigade hatte sich den besten britischen Elitetruppen gewachsen gezeigt. Wäre Washingtons Plan von Anfang an befolgt worden, dann hätten die Amerikaner eine entscheidende Schlacht gewonnen.

Zum erstenmal waren bei Monmouth die gefürchteten Bajonettangriffe der Briten in offener Feldschlacht abgewiesen worden, und die Amerikaner hatten selbst mit dem Bajonett angegriffen und den Feind geworfen. Trotz der anfänglichen Verwirrung infolge der quertreiberischen Tätigkeit Lees und des Rückzugs war durch die gute Ausbildung der Soldaten die Ordnung schnell wiederhergestellt und der sie bereits verfolgende und schon siegesgewisse Gegner abgewiesen worden.

Es gab keinen besseren Beweis für die Leistungsfähigkeit der amerikanischen Armee. Sie war jetzt ein Instrument, das zuverlässig funktionierte und keinen Gegner mehr zu fürchten brauchte. Dies war das Hauptverdienst Steubens. Seine selbstlose Arbeit der vergangenen Monate hatte ihre Bewährungsprobe bestanden.

Das Blaue Buch

Mitte Juli wurde Charles Lee vor das Kriegsgericht gestellt und des Ungehorsams, der Feigheit vor dem Feinde und der Mißachtung des Oberkommandierenden für schuldig befunden. Das Gericht behandelte ihn mit großer Nachsicht und verurteilte ihn nur zu einer zwölfmonatigen Suspendierung vom Dienste. Der Grund für dieses viel zu milde Urteil war, daß man nichts von seiner verräterischen Rolle wußte und immer noch glaubte, in Lee einen Ehrenmann und ausgezeichneten Soldaten zu haben, der lediglich dieses eine Mal versagt hätte.

Lee aber fuhr fort, den Gekränkten zu spielen, dem man ein Unrecht angetan habe. Er beschimpfte das Gericht, das ihn so ungewöhnlich nachsichtig behandelte, als Inquisitionsgericht und verleumdete in der Presse weiterhin Washington und die Armee.

Steuben war vom Kriegsgericht als Zeuge geladen und machte seine Aussage. Der gallige, unbeherrschte Lee ließ sich vor dem Gericht zu beleidigenden Bemerkungen gegen verschiedene Zeugen hinreißen, darunter auch gegen Steuben.

Bald darauf erhielt Lee von Steuben eine Duellforderung übersandt, die Benjamin Walker überbrachte.

»Es ist mir mitgeteilt worden, mein Herr«, schreibt Steuben an Lee, »daß Sie sich in Ihrer Verteidigung unziemliche Bemerkungen über mich erlaubt haben. Ich bin hierauf nach Philadelphia geeilt, um der Sache weiter auf den Grund zu gehen, und finde in dem Protokoll des Kriegsgerichtes, welches ich vor einer Stunde eingesehen habe, jene Mitteilung bestätigt, und zwar in dem Satze, der anfängt: ›von allen in sehr weiter Ferne stehenden Zuschauern‹ etc.

Wäre ich jetzt in meinem Vaterland wo mein guter Ruf fest begründet ist, so würde ich mich über Ihre Bemerkung hinweggesetzt und Sie verachtet haben. Aber hier bin ich ein Fremder und fordere deshalb von Ihnen Genugtuung für die mir angetane Beleidigung.

Sie werden Ort, Zeit und Waffen bestimmen; aber da ich nicht gern ein fernstehender oder träger Zuschauer bin, so wünsche ich Sie so nahe und so schnell wie möglich zu sehen.«

Lee solle dem Überbringer des Schreibens, Hauptmann Walker, alles Weitere mitteilen, um die Angelegenheit so rasch wie möglich zu erledigen, schrieb Steuben.

Lee antwortete sofort und erklärte, daß es sich hier um ein Mißverständnis handeln müsse. »Höchstwahrscheinlich ist Ihnen der Ausdruck ›sehr entfernter Zuschauer‹ als eine Bezweiflung Ihres Mutes erschienen; wenn dieses der Fall ist, so versichere ich Sie, daß ich daran nicht im entferntesten gedacht habe. Ich bin bereit, dieses gegen sämtliche Herren Ihrer Bekanntschaft und, wenn Sie wollen, vor der ganzen Welt zu erklären. Ich wiederhole, daß ich nicht die geringste Absicht hatte, Ihren Mut in Zweifel zu ziehen.«

Steuben war mit dieser Erklärung Lees zufrieden. Aber in einem anderen Fall hatte Lee nicht das gleiche Glück.

Oberst John Laurens, der Adjutant Washingtons, war durch Lee vor dem Kriegsgericht so schwer diffamiert worden, daß es sich nicht mehr mit einer Erklärung wiedergutmachen ließ. Lee mußte sich dem Beleidigten stellen und wurde durch Laurens im Duell verwundet.

Lee zog sich auf seine Besitzungen in Virginia zurück, wo er, wie er mit einem Hinweis auf Washington zynisch bemerkte, »den Tabakanbau erlernen wolle, welcher die beste Schule sei, um einen vollendeten General zu bilden.«

Erst ein Jahr später wurde seine verräterische Tätigkeit aufgedeckt, als man erfuhr, daß er während seiner Gefangenschaft in New York den Briten einen Kriegsplan entworfen und von englischen Offizieren dafür Geld empfangen hatte. Der Kongreß entließ ihn daraufhin ganz aus dem Dienste, und Lee lebte von nun an voller Groll auf seinem Landgut, nur von seinen Pferden und Hunden umgeben. Auch von hier aus versuchte er noch, Gift und Galle auf

Washington zu speien. Er erklärte nun sogar ganz offen, daß er eine Rückkehr Amerikas unter die Herrschaft der britischen Krone wünsche. Für die nächsten Jahre sagte er eine völlige Anarchie voraus, der eine totale Tyrannei folgen würde.

1782 wurde er in einer Kneipe in Philadelphia, als er seine Besitzung verkaufen wollte, von einem Fieber befallen und starb.

Der ausführliche Plan, den Lee in New York für die Briten zur Unterwerfung der Vereinigten Staaten ausgearbeitet und Lord Howe übersandt hatte, fiel erst nach dem Kriege in die Hände der Amerikaner. Dieser Plan bewies endgültig, daß Lee während seiner ganzen Zeit in der Kontinentalarmee von 1776 bis 1778 ein Verräter gewesen war.

Steuben hatte, nachdem Lee vom Dienst abgelöst und vor das Kriegsgericht gestellt worden war, das Kommando über dessen Division erhalten. Er war über diese neue Aufgabe erfreut, denn er hatte das ewige Einerlei des Ausbildungsdienstes satt und wünschte, sich auch auf einem Truppenkommando auszuzeichnen.

Die Armee marschierte auf New York, wo vor der Küste inzwischen eine französische Flotte von zwölf Linienschiffen und vier Fregatten unter Admiral d'Estaing eingetroffen war. Washington plante einen kombinierten Angriff vom Lande und von der See her auf diesen britischen Stützpunkt.

Die Kontinentalarmee marschierte über Brunswick nach dem westlichen Ufer des Hudson, den sie südlich von Stony Point bei Kings Ferry überschritt. Den linken Flügel der Armee befehligte General de Kalb, den rechten Steuben.

Als die Truppen am 20. Juli in White Plains eintrafen, wo Washington sein Hauptquartier aufschlug, enthielt der Tagesbefehl des Oberkommandierenden die Anordnung, daß nach Ankunft der Truppen im Lager der Generalmajor Baron von Steuben sein Amt als Generalinspekteur wieder zu übernehmen habe und seine entsprechenden Dispositionen treffen solle. Zugleich drückte Washington in diesem Befehl dem Generalinspekteur seinen Dank für die besonderen Dienste aus, die er mit der Führung des rechten Flügels der Armee von Brunswick bis zum gegenwärtigen Standort und mit der Betreuung der Truppen während des Marsches geleistet hätte.

Steuben las den Befehl und ärgerte sich. Er begab sich sofort zu Washington und protestierte. Er verlange vom Oberkommandierenden, so erklärte er, ein Truppenkommando oder wolle um seine Entlassung bitten.

»Es tut mir leid, lieber Baron« entgegnete Washington ruhig, »aber ich kann nicht anders handeln, selbst bei aller Rücksichtnahme auf Ihre persönlichen Wünsche und Gründe.«

»Ich habe immer, ohne zu murren, meine Pflicht erfüllt, Exzellenz, und der Dienst war niemals leicht. Ich weiß, daß eine Reihe Ihrer Offiziere dagegen ist, daß ich als Ausländer ein Truppenkommando übernehme, aber ich bitte Sie, zu berücksichtigen, daß auch andere ausländische Offiziere solche Kommandos innehaben.«

»Aber das ist es ja gerade, Baron. Auf dem Marsche durch New Jersey wurde unsere Armee von de Kalb, Lafayette und Steuben befehligt. Alle drei sind Ausländer. Acht meiner Brigadegenerale haben mir inzwischen schriftlich erklärt, daß sie ihren Dienst niederlegen wollen, wenn dieser Zustand nicht augenblicklich geändert wird. Ihre persönlichen Wünsche sind mir durchaus verständlich, und ich achte sie. Aber wie die Sache steht, muß ich so verfahren, wenn mir nicht die Armee zerfallen soll. Baron, gerade von Ihnen erwarte ich, daß Sie meine Gründe verstehen und meine Offiziere begreifen. Keiner dieser Männer denkt schlecht von Ihnen, sie haben im Gegenteil alle ihre Hochachtung vor Ihrer militärischen Tätigkeit zum Ausdruck gebracht, aber es ist ein neuer Nationalstolz in der Armee entstanden, und das ist gut so. Man soll einmal nicht sagen können, unsere Siege wären von Ausländern erfochten worden.«

»Ich verstehe Sie, Exzellenz, und erkenne Ihre Handlungsweise an. Aber es ist mir unmöglich, die Stellung eines Generalinspekteurs

George Washington
Nach einem Stich aus dem Jahre 1778

wieder zu übernehmen, solange die Befugnisse dieser Dienststellung vom Kongreß nicht gesetzlich geregelt sind. Ich habe keinerlei Mittel in der Hand, um die Anordnungen, die ich treffe, auch in der ganzen Armee durchzusetzen. So hat jetzt zum Beispiel der Generalinspekteur der Armee des Generals Gates erklärt, daß er diesen Posten vom Kongreß erhalten habe und keinerlei Befehle von mir durchzuführen brauche und auch nicht meiner Kontrolle unterworfen sei. Sie werden verstehen, Exzellenz, daß ich unter solchen Umständen den Dienst nicht zu meiner Befriedigung und zum Nutzen der Armee ausüben kann.«

Washington nickte. »Niemand bedauert solche Vorkommnisse mehr als ich. Es kann nur einen Generalinspekteur in der Armee geben, darin haben Sie meine volle Unterstützung.«

»Schon einmal wollte ich dem Kongreß unterbreiten«, fuhr Steuben fort, »daß meine Stellung als Generalinspekteur eine klare Regelung braucht, in der meine Pflichten und Befugnisse festgelegt sind. Aber aus meiner Reise nach York wurde damals nichts, da die Armee ihren Feldzug gegen Clinton begann und ich auf halbem Wege umkehrte. Ich möchte Sie deshalb bitten, Exzellenz, mich so lange vom Amte des Generalinspekteurs zu entbinden, bis diese Stellung vom Kongreß endgültig gesetzlich geregelt worden ist. Ich bitte um die Erlaubnis, aus diesem Grunde nach Philadelphia reisen zu dürfen.«

Wenige Tage darauf machte sich Steuben, mit einem Begleitschreiben Washingtons an den Präsidenten Laurens versehen, auf den Weg. Washington stellte Steuben darin ein hervorragendes Zeugnis aus und erklärte gleichzeitig die Gründe, die den Generalmajor veranlaßten, diese Reise zu unternehmen. Es wäre außerordentlich zu bedauern, wenn Steuben die Armee verließe.

Auf seinem Ritt nach Philadelphia hatte Steuben die Angelegenheit noch einmal gründlich durchdacht. Er hatte eingesehen, daß Washington ihm unter den gegebenen Umständen kein Truppenkommando überlassen konnte. Die Rücktrittsgedanken hatte er sich aus dem Kopf geschlagen. Walker, Hamilton und andere Freunde hatten ihn noch vor seiner Abreise bestürmt, die Armee nicht zu verlassen. Und was sollte er auch in Europa? Niemand erwartete ihn, und er wußte nicht einmal, ob er eine neue Tätigkeit finden würde. Nein, zurück nach Europa kam nicht in Frage. Er hatte sich für Amerika entschieden, und er war nicht der Mann, der seine Entschlüsse leichtfertig umwarf. Aber die Frage der Kompetenzen des Generalinspekteurs mußte entschieden werden, und dabei fand er die wärmste Unterstützung des Oberkommandierenden. »Es darf nur ein Haupt sein!« hatte Washington in seinem Brief an Präsident Laurens geschrieben.

In Washington hatte er einen wirklichen Freund, das wußte Steuben. Er wollte mit ihm noch enger als bisher zusammenarbeiten zum Wohle der Armee und des Landes, das ihn aufgenommen hatte und ihm eine neue Heimat bot.

In Philadelphia angekommen, entwarf Steuben einen ausführlichen Plan über das Inspektionswesen in der Armee. Er bemühe sich, keinerlei persönliche Gesichtspunkte gelten zu lassen, und fasse alles so ab, daß es sowohl für den Oberkommandierenden als auch für alle anderen Offiziere der Armee annehmbar sein werde, schrieb er in einem Brief an Washington.

Dem Plan fügte Steuben noch eine Denkschrift bei und überreichte beides der Kommission, die der Kongreß zur Neuregelung des Inspektionswesens in der Armee eingesetzt hatte. Die Kommission bestand aus dem General Reed und den Kongreßabgeordneten Boudinot und Chase.

Steuben erklärte in seiner Denkschrift, daß es in allen europäischen Armeen feststehende Dienstvorschriften gebe und daß auf Grund dieser Vorschriften der Generalinspekteur entscheiden könne, ob bei einer Truppe Ordnung herrsche und sie ihren Dienst pflichtgemäß erfülle oder nicht. Eine solche Dienstvorschrift sei aber in der amerikanischen Armee noch nicht vorhanden. Die Gleichmäßigkeit im Felddienst und in der Ausbildung der Truppen sowie die militärische Disziplin und Ordnung seien unerläßliche Dinge. Ein schlechtes Regiment könne im entscheidenden Augenblick eine ganze Armee in Unordnung bringen. Die Pflicht des Generalinspekteurs sei es, eine solche Vorschrift zu entwerfen, die vom Oberkommandierenden genehmigt und vom Kongreß gesetzlich erlassen werden müßte.

In Preußen sei der Generalinspekteur dem König, in Frankreich dem Kriegsminister unterstellt. Etwas Derartiges gäbe es in den Vereinigten Staaten nicht. Deshalb hielte er es für das Beste, wenn hier der Generalinspekteur dem Kriegsausschuß des Kongresses direkt unterstellt sei und dem Oberkommandierenden in der gleichen Weise wie die anderen Generale verpflichtet sei. Aber innerhalb der Armee habe außer dem Oberkommandierenden niemand das Recht, dem Generalinspekteur bezüglich seines Dienstes Befehle zu erteilen. Ähnliches müsse auch für die Unterinspekteure gelten, denn auch sie seien Repräsentanten der Staaten. Kein Oberst dürfe, wenn sein Regiment inspiziert werde, einem Unterinspekteur Vorschriften machen, selbst wenn dieser nur den Rang eines Majors oder Hauptmanns habe. In der Ausübung seiner Pflicht als Inspekteur müsse jeder ohne Rücksicht auf seinen Rang in der Armee geachtet werden.

Auch die Ausstattung der Truppen und die Pflege ihrer Ausrüstung, Bekleidung, Waffen und Munition müßten die Angelegenheit des Generalinspekteurs sein. Dies seien seiner Ansicht nach die wichtigsten Punkte des Inspektionswesens in der Armee, schrieb Steuben.

Die Kommission des Kongresses war mit den Vorschlägen Steubens im wesentlichen einverstanden und faßte verschiedene Entschließungen zur Durchführung des Planes. Am 20. August wurde der Entwurf Washington zugesandt, der ihn Anfang September, mit seinen Anmerkungen versehen zurücksandte. Washington stimmte im großen und ganzen Steubens Plan zu, hatte jedoch hinsichtlich der Befehlsgewalt des Generalinspekteurs noch einige Einwände.

Aber noch ehe Steubens Plan samt Washingtons Bemerkungen dem Kongreß vorgelegt werden konnten, trafen beunruhigende Nachrichten ein. Die Flotte des französischen Admirals d'Estaing hatte mit ihrem Angriff auf Newport einen Mißerfolg erlitten, und der die Briten vom Lande her angreifende General Sullivan war infolgedessen in eine kritische Lage geraten.

Noch am selben Abend, als diese Nachricht in Philadelphia eintraf, beschloß der Kongreß, den Baron Steuben zu ersuchen, sich unverzüglich nach Rhode Island zu begeben und General Sullivan und die unter seinem Kommando stehende Armee mit Rat und Tat zu unterstützen.

Steuben antwortete dem Präsidenten Laurens, daß ihn nichts daran hindern werde, sofort aufzubrechen.

In scharfem Ritt gelangte Steuben bereits am dritten Tage nach seiner Abreise nach White Plains. Hier erfuhr er von Washington, daß Sullivan seinen Rückzug bereits durchgeführt habe und in Providence in Sicherheit sei. Washington wies Steuben an, nicht weiter zu reisen, sondern seinen Dienst als Generalinspekteur wiederaufzunehmen.

»Ihre Anwesenheit, Baron, ist notwendiger denn je«, erklärte ihm Washington. »Die Schulung der Armee ist seit Valley Forge vernachlässigt worden. Es schmerzt mich zu sehen, daß wieder laxe Gewohnheiten bei manchen Truppenteilen Eingang gefunden haben. Es gibt heute wohl niemand mehr in der Armee, der nicht eingesehen hat, daß es ohne systematische Schulung der Truppe nicht mehr geht.«

»Exzellenz, ich stehe immer zu Ihrer Verfügung«, antwortete Steuben, »zumal ich jetzt gewiß bin, daß der Kongreß bald eine gesetzliche Regelung meines Dienstbereiches verfügen wird.«

»Ich danke Ihnen, Baron. Obwohl ich nicht daran gezweifelt habe, daß Sie meiner Bitte zustimmen werden, möchte ich Ihnen doch sagen, daß Ihre Person für unsere Armee unersetzbar ist. Wir haben wohl manchen tüchtigen Truppenführer, aber wir haben keinen

Offizier, der Sie in Ihrem Tätigkeitsfeld vertreten könnte. Wir brauchen Sie, Baron.«

Steuben nahm seine Arbeit als Generalinspekteur wieder auf. Die systematische Ausbildung der Truppen begann von neuem. Er beseitigte die Mängel in der Verwaltung und in der Versorgung der Truppe. Sein Wissen und sein Rat auf jedem Gebiet des Kriegswesens und der militärischen Praxis wurden in der ganzen Armee anerkannt. Dabei entwickelte er eine besondere Fähigkeit, sich den amerikanischen Verhältnissen anzupassen, und gewann immer mehr das Vertrauen und die Achtung der anderen Offiziere.

Steuben hatte den Ehrgeiz, sich auf dem Schlachtfeld durch besondere Leistungen auszuzeichnen und Feldherrenruhm zu erwerben, aufgegeben. Mit höchster Selbstverleugnung verrichtete er seinen Dienst als Generalinspekteur, und gerade damit bekam seine Arbeit ihre einzigartige Bedeutung. Steuben wurde die rechte Hand Washingtons. Wie Washington als Oberkommandierender, so war Steuben in seinem Bereich von keinem anderen zu ersetzen.

Als die Armee Ende September einen Tagesmarsch von Westpoint entfernt bei Fredericksburg stand, begann Steuben an dem Entwurf seines Dienstreglements für die Infanterie zu schreiben.

Steuben stand täglich zwischen drei und vier Uhr morgens auf. Während sein Diener ihn frisierte, trank er eine Tasse starken Kaffee und rauchte seine Pfeife. Noch bevor die Übungen der Truppe anfingen, die er zu überwachen hatte, begann er an dem Reglement für die Armee zu schreiben. Am Abend setzte er diese Arbeit fort.

Steuben schrieb den Text in Deutsch nieder. Nachdem er ihn noch einmal durchgelesen hatte, übersetzte er das Geschriebene ins Französische und gab es an Oberstleutnant Fleury weiter, der den Text in ein gutes Französisch brachte. Duponceau übertrug das Ganze ins Englische. Und Hauptmann Walker gab dem englischen Text den letzten Schliff. Hauptmann de L'Enfant entwarf die einfachen Zeichnungen, mit denen das Reglement illustriert werden sollte.

Am 23. November verließ Steuben mit seinen Mitarbeitern das Hauptquartier und reiste nach Philadelphia, wo er das Buch zu Ende schreiben und danach die Drucklegung des Manuskriptes überwachen wollte. Außerdem konnte er in Philadelphia beim Kongreß darauf drängen, daß sein Plan über das Inspektionswesen in der Kontinentalarmee endlich verabschiedet wurde.

In Philadelphia geriet Steuben in finanzielle Schwierigkeiten. Das amerikanische Geld war weitgehend entwertet worden, und das Monatsgehalt eines Generalmajors von einhundertsechsundsechzig Dollar in Papiergeld und siebenundsechzig Cents hatte zu dieser Zeit einen Kaufwert von kaum zwanzig Dollar. Glücklicherweise hatten die Offiziere Anspruch auf reichliche Rationen von Fleisch, Mehl, Butter und Zucker, die sie vom Proviantmeister empfingen, so daß sie nicht zu hungern brauchten.[18]

Am 18. Februar beschloß der Kongreß endlich, den Inspektions-dienst in der Armee gesetzlich zu regeln. Steuben wurde als General-inspekteur eine monatliche Aufwandsvergütung von vier-undachtzig Dollar zugestanden und eine weitere Summe von vier-tausend Dollar, durch die er für frühere Ausgaben entschädigt wer-den sollte. Der Papierdollar war zu dieser Zeit nur noch etwa zehn Cent wert.

Die Arbeit an dem kleinen Buch machte gute Fortschritte. Der erste Teil war bereits an Washington gesandt worden, und dieser schrieb darüber am 26. Februar an Steuben: »Die bündige Kürze Ih-res Werkes, die Ihrem Grundsatz, alles Überflüssige wegzulassen, entspricht, gefällt mir sehr.«

Indessen machte jedoch die Drucklegung des Werkes Schwierig-keiten. Das Papier, die Typen und eine Druckerei konnten nur mit Mühe aufgetrieben werden. Es gab in dieser Zeit der Inflation und der Armut fast nichts in der durch die Briten und die Hessen ausge-plünderten Stadt. Aber dank der tatkräftigen Hilfe seiner Mitarbei-ter konnte Steuben auch diese Schwierigkeiten überwinden.

Nachdem Washington auch den zweiten Teil des Textes gelesen hatte und der erste sich bereits in Druck befand, schrieb er: »Es ist mir ein großes Vergnügen, zu erfahren, daß der Druck so rasch fortschreitet ... In einem Brief an den Kongreß habe ich meine Zustimmung zu dem Werk ausgesprochen. An ihm ist es jetzt, dasselbe endgültig zu billigen und mit einem entsprechenden Befehl einzuführen. Da die schöne Jahreszeit naht, werden Sie, wie ich mir schmeichle, bald die Genugtuung haben, die Schriftsteller so selten genießen, Ihre Lehren in die Praxis umgesetzt zu sehen, und ich hoffe, der Erfolg wird dann dem Wert Ihres wohldurchdachten Werkes entsprechen.«

Am 29. März stimmte der Kongreß dem von Steuben verfaßten »Reglement für Ordnung und Disziplin der Truppen der Vereinigten Staaten« zu und beauftragte seinen Präsidenten, dem Generalinspekteur Baron Steuben die höchste Anerkennung des Kongresses für dieses Werk auszusprechen. Es wurden sofort 3000 Exemplare in Druck gegeben.

In ihrer äußeren Form war die Dienstvorschrift auf dem preußischen Reglement aufgebaut, beschränkte sich aber auf das Wesentliche und Notwendige, das für die kriegsmäßige Ausbildung Brauchbare. Steuben war sich bewußt, daß es nicht möglich war, das preußische Militärsystem, das in der feudalen Gesellschaftsordnung entstand, auf eine Armee von Freiheitskämpfern zu übertragen. Er hatte die Vorschriften den besonderen Bedürfnissen der amerikanischen Armee angepaßt und auf diese Weise ein neues, eigenes System der Ausbildung und der militärischen Ordnung geschaffen.

Obwohl Steuben keinerlei gedruckte oder schriftliche Unterlagen besaß, sondern alles aus dem Kopf niederschrieb, enthält das »Regulation-Book« in vorbildlicher Weise, alle notwendigen Anweisungen für sämtliche Dienstgrade, vom einfachen Mann bis zum Obersten, und umfaßt alle wesentlichen Erkenntnisse der Militärwissenschaft und -praxis der damaligen Zeit für den Dienst innerhalb der Armee.

In Steubens Buch finden wir eine Exerzierordnung für die Armee, ein Reglement für den Dienst im Felde und einen Leitfaden für die Verwaltung. Aber nicht nur über die Handhabung der Waffen und das Exerzieren in Kompanien oder Regimentern, die Rekrutenausbildung, den Wachdienst, den Marsch in Kolonnen und in der Linie, den Bajonettangriff und den Einsatz der Artillerie schrieb Steuben, sondern auch über die notwendige körperliche Reinlichkeit der Soldaten und die sorgfältige Pflege ihrer Waffen und Munition. Er schrieb über die Sorge der Offiziere für das Wohl der ihnen anvertrauten Soldaten, über die Behandlung der Kranken und über die Disziplinarvergehen. Den allgemeinen Instruktionen fügte er besondere für die einzelnen Dienstgrade hinzu und schuf auf diese Weise ein Buch, das allen Ansprüchen gerecht wurde.

Dieses Instruktionsbuch, das in einem blauen Einband erschien und deshalb in der Armee das »Blaue Buch« genannt wurde, hatte aber nicht nur militärische Bedeutung. Durch dieses Buch wurde aus den weit verstreuten einzelnen Truppenkontingenten der dreizehn Staaten eine einheitliche Nationalarmee geschaffen und damit ein bedeutender Schritt zur politischen Vereinigung, zur amerikanischen Nation, getan.

Das Blaue Buch war von außerordentlicher Wirksamkeit und kann als eines der einflußreichsten Bücher bezeichnet werden, die damals in Amerika veröffentlicht wurden. Es wurde in der ganzen Armee studiert und genoß, wie William North schreibt, »nach der Bibel die höchste Verehrung«.

Steuben hatte trotz seiner finanziellen Schwierigkeiten den Winter ohne Not verbracht.

Philadelphia war zu dieser Zeit die größte und wohlhabendste Stadt Amerikas. Trotz der Inflation und der Warenknappheit hatte sich bald nach dem Abzug der Briten und Hessen, wieder ein reges Leben entwickelt. Diplomaten und Parlamentsabgeordnete, Offiziere, Redakteure und Advokaten, Patrioten und Karrieristen,

Händler und Spekulanten waren in dieser jungen Hauptstadt einer neuen Nation zu Hause.

Die Stadt selbst, die zu jener Zeit etwa 35000 Einwohner zählte, hatte breite und schöne gepflasterte Straßen mit schattenspendenden Bäumen. Die Häuser, die zumeist farbenfroh angestrichen waren, hatten gepflegte Vorgärten und machten einen freundlichen Eindruck.

Die Bevölkerung bestand zum größten Teil aus Quäkern. Auch Deutsche waren hier ansässig. Es gab neben vielen Wirtshäusern, in denen Wein, Bier, Likör und Kaffee ausgeschenkt wurden, auch zahlreiche große Hotels.

Kutschen und Sänften beförderten die Angehörigen der wohlhabenden Kreise durch die Stadt. Die Damen der Lebewelt gingen in Seide und Brokat, und junge Nichtstuer promenierten in seidenen Kniehosen, einen Galanteriedegen an der Seite, durch die Straßen.

Diners, Festlichkeiten und Bälle, Glücksspiele und Duelle waren an der Tagesordnung: Es war in gewissen Kreisen nichts Besonderes, tausend Dollar im Spiel zu verlieren. Trinkgelage, bei denen in Gesellschaft leichter Mädchen Hunderte von Flaschen Wein geleert wurden, waren ebenfalls nicht ungewöhnlich. Luxus und Laster konnten sich ungehemmt entwickeln. Dabei wimmelte die Stadt von Spionen und feindlichen Agenten.

Kriegslieferanten und Geschäftemacher, deren Profitjägerei durch keinerlei gesetzliche Bestimmungen eingeschränkt wurde, verjubelten ihre Gewinne zusammen mit Kongreßabgeordneten, von denen sie wiederum neue Aufträge erhielten, während die Armee nur mit dem Notdürftigsten versorgt wurde.

Steuben nahm an dem bunten Treiben in der Stadt wenig Anteil, obwohl er nie ein Kind von Traurigkeit war. Doch dieser Wirbel von Korruption und Vergnügungssucht widerte ihn an. Er hatte die Soldaten, die für diese Leute ihre Haut zu Markte trugen, in ihren schwersten Stunden gesehen, und er hätte es als frivol empfunden, an solchen Vergnügungen teilzunehmen.

Steuben hatte aber in Philadelphia eine Reihe guter Freunde gefunden, mit denen er in seinen freien Stunden zusammen war. So verkehrte er viel im Hause des deutschen Kongreßabgeordneten Peters, der außerhalb der Stadt wohnte und von dessen erhöht gelegenem Heim man einen herrlichen Blick über Philadelphia hatte. Auch mit dem französischen Gesandten Gérard war Steuben in Freundschaft verbunden. Von Gérard erfuhr Steuben, daß der französische Kriegsminister St. Germain aus seinem Amt ausgeschieden und inzwischen verstorben war. St. Germain war das einzige Mitglied der französischen Regierung, das persönlich Zeuge der Vereinbarung gewesen war, die Steuben seinerzeit in Paris mündlich getroffen hatte.

Am 27. April traf der Generalinspekteur wieder im Hauptquartier der Armee in Middlebrock in New Jersey ein. Kurz darauf befahl er die Regimenter zur Inspektion. Steuben hatte die ersten noch druckfrischen Exemplare des »Reglements für die Ordnung und Disziplin der Truppen der Vereinigten Staaten« mitgebracht und ließ diese an die Offiziere verteilen. Es wurde sofort mit der Ausbildung der Truppen nach dem Blauen Buch begonnen.

Als erste Maßnahme seiner neu aufgenommenen Tätigkeit teilte er die Infanterie neu ein, in gleich starke Bataillone. Im März hatte der Kongreß zusammen mit seinem Beschluß über das Blaue Buch die Stärke der amerikanischen Infanterie auf achtzig Bataillone festgesetzt.

William North und Benjamin Walker waren jetzt seine Adjutanten, mit denen er in gegenseitiger Sympathie und tiefem Verständnis zusammenarbeitete und bis an sein Lebensende in enger Freundschaft verbunden blieb.

Für einige Tage kam der französische Gesandte Gérard aus Philadelphia zu einem kurzen Besuch ins Hauptquartier. Steuben bekam von Washington Befehl, zu Ehren des französischen Regierungsvertreters mit vier Bataillonen eine Parade zu veranstalten. Der französische Gesandte äußerte sein höchstes Lob über die

Fortschritte, die die Armee durch Steubens Ausbildung gemacht hatte.

Washington beauftragte Steuben, eine Abteilung leichter Infanterie zu schaffen, der nur ausgesuchte und dafür geeignete Mannschaften angehören sollten und die für besondere Aufgaben vorgesehen war. Diese leichte Infanterie war eine Truppe, die Steuben sehr schätzte, und es ist anzunehmen, daß er selbst Washington die Anregung dafür gegeben hat. In dem Freibataillon des Generals von Mayr während des Siebenjährigen Krieges hatte Steuben seine Erfahrungen mit der leichten Infanterie gemacht, die er nun in Amerika anwenden konnte.

Bei der Ausbildung dieser Abteilung kamen Steuben aber auch die großen Erfahrungen der Amerikaner zugute, die in den Indianerkriegen und auch gegen die Briten selbst häufig in aufgelöster Formation gefochten hatten. Den zerstreuten Schützenkampf, den die amerikanische Miliz in den ersten Jahren des Unabhängigkeitskrieges aus Mangel an militärischer Ordnung und Disziplin angewandt hatte, galt es jetzt zu einer bewußten militärischen Taktik zu entwickeln. Diese Kampfform erforderte von jedem einzelnen Soldaten eine besonders hohe soldatische Disziplin und mußte mit anderen Formen der Kampftaktik, dem planmäßigen Zusammenwirken der einzelnen Gruppen, dem schnellen Marsch in der Kolonne und dem Bajonettangriff, verbunden werden. War das bewußte Zusammenspiel aller Glieder dieser Truppe bei guter militärischer Führung gewährleistet, so konnte sie besondere taktische Aufgaben lösen.

Steuben schuf eine Brigade leichter Infanterie, deren Ausbildung er persönlich überwachte und deren Kommandeur der tapfere Anthony Wayne wurde. Oberst Fleury, der Steuben bei der Arbeit am Blauen Buch geholfen hatte, erhielt eines der Bataillone.

Jeden Monat fanden sorgfältige Inspektionen der einzelnen Truppenteile der Armee statt. Die Kommandeure der Abteilungen mußten dabei über jeden Mann Rechenschaft geben. Jeder, der nicht anwesend war, gleichgültig, ob krank oder gesund, mußte sich zeigen oder wurde besucht. Jedes Gewehr und jedes Bajonett wurde geprüft, ob es auch keine Rostflecken hatte, jede Patronentasche nachgesehen, ob sie auch die befohlene Anzahl von Patronen enthielt. Die Feuersteine mußten vorschriftsmäßig geschärft sein und die Reservesteine vorgewiesen werden. Der Tornisterinhalt wurde durchgesehen, indem der Soldat ihn auf seiner Decke vor sich ausbreitete, und jeder Ausrüstungsgegenstand wurde an Hand des kleinen Inventarbuches, das jeder Soldat bei sich führen mußte, gezählt und geprüft, ob er in ordentlichem Zustand war.

So dauerte allein die Besichtigung einer Brigade oft fünf bis sieben Stunden.

Steuben besuchte die Lazarette und vergewisserte sich, ob die Kranken mit allem Notwendigen versorgt wären. Er ließ sich vom Arzt die Krankenlisten zeigen und erkundigte sich nach der Art der Behandlung und der Verpflegung. Schließlich sprach er mit den Soldaten selbst. Er prüfte Waffen- und Munitionslager sowie die Vorräte an Ausrüstungsgegenständen und ließ jeden Posten zählen.

Steuben widmete sich allen Aufgaben mit großer Sorgfalt. Er war temperamentvoll und konnte, wenn Disziplinarfehler begangen wurden, sehr energisch werden und manchen scharfen Tadel verteilen. Stets bemühte er sich, gerecht zu sein, und war schonungslos gegen sich selbst, wenn er einen Fehler begangen hatte.

So hatte Steuben bei einer Truppenschau befohlen, einen Leutnant Gibbons wegen eines groben Verstoßes gegen die militärische Ordnung in Arrest zu setzen. Es stellte sich aber heraus, daß gar nicht Gibbons, sondern ein anderer den Fehler begangen hatte. Der Regimentskommandeur unterrichtete Steuben davon.

Darauf entschuldigte sich Steuben bei Gibbons vor dem ganzen Regiment. Er ließ den Leutnant vortreten und stand mit gezogenem Hut barhäuptig im strömenden Regen vor ihm.

»Mein Herr, sagte Steuben laut, daß es alle hören konnten, »das Versehen, das begangen wurde, hätte angesichts des Feindes verhängnisvolle Folgen haben können. Ihr Oberst hat mir mitgeteilt, daß Sie daran unschuldig sind. Ich bitte Sie um Verzeihung. Treten Sie wieder in das Glied!«

Durch eine solche Haltung gewann Steuben die Achtung und die Liebe der Soldaten. Sie wußten, seine Leidenschaftlichkeit und Strenge im Dienst, entsprachen seiner Liebe zur Sache, hinter seinem manchmal rauhen Wesen war viel Herzensgüte verborgen. Niemals duldete er eine Ungerechtigkeit und sorgte wie ein Vater für seine Soldaten. Steuben war nicht nur ein guter Generalinspekteur, er war auch selbst ein Vorbild für die ganze Armee.

Arnolds Verrat

Das Frühjahr und der Frühsommer des Jahres 1779 verliefen in den nördlichen Gebieten der Staaten ereignislos. Amerikaner und Briten blieben in den Stellungen, die sie Anfang des Jahres bezogen hatten. Aber in Virginia wütete der britische General Matthew, der alles amerikanische Eigentum zerstörte, verbrannte oder beschlagnahmen ließ. Wehrlose wurden gemordet, Frauen und Mädchen vergewaltigt und die Häuser der Pflanzer samt ihren Tabakvorräten angezündet.

In Wyoming und am Mohawkfluß hatten die Briten die Indianer gegen die Ansiedler aufgehetzt. Die Senecas, die Mingos, die Mohawks, die Tuscarora und andere Stämme waren reichlich mit Waffen versehen worden und überfielen gemeinsam mit britischen Sonderkommandos die amerikanischen Grenzgebiete, wo sie jedes Fort und jedes Blockhaus in Brand steckten und alles niedermetzelten und skalpierten, was ihnen in die Hände fiel. Sie vernichteten Kornfelder, Obstgärten und Gemüseäcker. Allein der britische Anführer der Senecas, Oberst John Butler, rühmte sich im Sommer 1779, daß er mehr als tausend Häuser und alle Mühlen des Landes zerstört habe. Besonders amerikanische Loyalistenformationen, die für die britische Krone fochten, beteiligten sich an den Greueln gegen ihre eigenen Landsleute.

General Clinton entsandte Truppen, die in Georgia, dem südlichsten Staate der Union, landeten, die alte Kolonialverwaltung wiederherstellten und dann in die angrenzenden Staaten Nord- und Südkarolina einfielen.

Washington schickte alle Truppen, die er entbehren konnte, in die gefährdeten Gebiete, ohne zu wissen, was dort aus ihnen wurde, und ohne kaum jemals etwas von dort zu hören. Er selbst war mit seiner Armee in Westpoint zur Untätigkeit gezwungen, da er ohne die Unterstützung der französischen Flotte zu schwach war, New York anzugreifen.

Die Stimmung im Lande war schlecht. Die Bevölkerung war des lang andauernden Krieges müde, dessen Ende noch nicht abzusehen war. Das Vertrauen der Bevölkerung in die Armee mußte wiederhergestellt werden. Ein Erfolg der amerikanischen Waffen war notwendig geworden, das wußte Washington.

Um die Position der Briten am Hudson zu schwächen, beschloß Washington, das Fort Stony Point anzugreifen, und entwarf den Plan dazu.

Stony Point war ein felsiges Vorgebirge am Rande des Hochlandes und ragte über den Hudson hinaus. Es war von drei Seiten von den Wassern des Flusses umspült. Die vierte Seite war durch einen tiefen Morast geschützt, durch den nur ein einziger schmaler Pfad führte. Das Fort selbst war mit starken Verschanzungen und schweren Geschützen bestückt. Eine doppelte Reihe von Verhauen sicherte den Strand am Fluß, von dem ein Stück während der Ebbe freilag, und ebenso die Seite gegen den Sumpf hin. Der schmale Damm durch den Morast und das Stückchen Strand wurden von den Batterien Stony Points bestrichen. Auf dem Hudson ankerten britische Kriegsschiffe, die einen Angriff von der Flußseite her unmöglich machten. Die Besatzung des Forts war 600 Mann stark.

Mit der Durchführung seines Angriffsplanes hatte Washington den General Anthony Wayne mit seiner von Steuben ausgebildeten leichten Infanterie beauftragt. Am 15. Juli gegen Mittag marschierte Wayne mit zwölfhundert Mann von Sandy Beach ab, das etwa vierzehn Meilen von Stony Point entfernt liegt. Die Soldaten mußten durch bergiges Gelände, über Engpässe und durch Moräste marschieren, die man nur im Gänsemarsch überwinden konnte. Sie hatten den Befehl, jede Person, die ihnen begegnete, sofort festzunehmen, damit das Unternehmen nicht verraten werden konnte. Um acht Uhr abends hatte man sich dem Fort auf etwa eineinhalb Meilen genähert, und Wayne ließ seine Truppen lagern, während er mit einigen seiner Offiziere einen Erkundungsgang unternahm.

Washington hatte Wayne geraten, gegen Mitternacht anzugreifen. Die gewöhnliche Zeit für ein Unternehmen dieser Art waren die frühen Morgenstunden. Um Mitternacht aber, nahm Wayne an, würde niemand einen Angriff erwarten.

Um zweiundzwanzig Uhr dreißig ließ Wayne seine Truppen aufbrechen. Die Soldaten wurden von einem Schwarzen geführt, der häufig als Obst- und Gemüselieferant ins Fort gekommen war, aber im Kundschaftsdienst der Revolutionsarmee stand.

Die Nacht war sternenklar und fast mondlos. Alle Hunde der Umgebung waren vorher getötet worden, damit sie durch ihr Bellen die Aktion nicht verraten konnten. Der Überfall mußte in aller Stille vor sich gehen, wenn er gelingen sollte. Es war den Soldaten bei Todesstrafe verboten worden, ihre Gewehre zu laden. Sie sollten nur mit dem Bajonett angreifen. Die Männer trugen weiße Kokarden oder Federn an ihren Hüten, damit sie sich im nächtlichen Kampf nicht gegenseitig niederstachen. Auch ein Losungswort war vereinbart worden.

Der Kundschafter, der die Abteilung führte, war von zwei als Bauern verkleideten Soldaten begleitet. Lautlos überwältigten die drei Männer die am Anfang und am Ende des Dammes aufgestellten Wachposten, und die Truppe konnte über den Sumpf vorrücken. Dreihundert Mann blieben auf der Westseite als Reserve zurück.

Nun wurde die Angriffsabteilung in zwei Kolonnen geteilt, die zugleich von entgegengesetzten Seiten in das erhöht gelegene Fort eindringen sollten. Sie wurden geführt von Oberst Fleury und Major Stewart. Jeder Abteilung war ein Sonderkommando beigegeben worden, das die Aufgabe hatte, Verhaue und Hindernisse beiseite zu räumen.

Kurz nach Mitternacht begann der Angriff. Die Amerikaner waren schon an den Außenwerken, als sie von den britischen Wachen bemerkt wurden. Die Wachposten schossen und weckten die Besatzung. Trommeln dröhnten und riefen die Rotröcke zu den Waffen. Die Soldaten strömten aus den Unterkünften und besetzten ihre Alarmstellungen.

Ein heftiges Musketen- und Geschützfeuer schlug den stürmenden Amerikanern entgegen, die bereits dabei waren, die Befestigung zu überwinden. Nichts konnte die leichte Infanterie Waynes aufhalten. Oberst Fleury war einer der ersten, die in das Fort eindrangen. Er riß die britische Flagge herunter. Die beiden Kolonnen trafen sich im Zentrum von Stony Point. Wayne selbst wurde bei dem Angriff durch eine Musketenkugel am Kopf verletzt und glaubte im ersten Augenblick, die Verwundung sei tödlich.

»Tragen Sie mich in das Fort«, rief er seinem Adjutanten zu, »und lassen Sie mich an der Spitze meiner Männer sterben.«

Als die Amerikaner im Fort waren, kapitulierte die Besatzung bedingungslos.

Die auf dem Flusse liegenden Kriegsschiffe kappten ihre Ankertaue, um aus dem Bereich der Kanonen von Stony Point zu kommen, und segelten den Hudson abwärts.

543 britische Offiziere und Soldaten wurden gefangengenommen, 63 waren getötet worden. Die Amerikaner aber verloren nur fünfzehn Mann. Nicht ein Brite war den Soldaten Waynes entkommen. Die Amerikaner aber hatten keinen Schuß abgegeben. Die von Steuben ausgebildete leichte Infanterie hatte sich bewährt.

Als Washington und Steuben am nächsten Tag die Eroberer von Stony Point besuchten, herrschte großer Jubel.

Steuben wurde von den Soldaten umringt, die ihm immer wieder zuriefen, daß sie von nun an nur noch mit dem Bajonett angreifen wollten. Niemals wieder wollten sie ihre Bajonette als Bratspieße benutzen.

Steuben nutzte diese Begeisterung und ließ sich vom Oberkommandierenden die Genehmigung für einen Befehl erteilen, nach dem die Soldaten von nun an ihre Bajonette stets aufgepflanzt zu tragen hatten. Scheiden und Koppel wurden abgelegt und sollten in Zukunft nicht mehr ausgegeben werden.

Die Eroberung von Stony Point war eine der hervorragendsten Waffentaten des Revolutionskrieges mit einer außerordentlichen moralischen Wirkung. Das ganze Land war begeistert. Man hatte wieder Vertrauen zur Armee.

Von Westpoint aus sandte Steuben einige Exemplare seines Blauen Buches an Benjamin Franklin nach Paris und schrieb dazu, daß es den Engländern niemals gelingen werde, die Amerikaner zu schlagen, wenn diese sich einig seien.

»Obgleich wir noch so jung sind, daß wir kaum zu gehen anfangen«, schrieb Steuben an Franklin über die amerikanische Armee, »so können wir doch schon Stony Point und Paulus Hook[19] mit dem bloßen Bajonett nehmen, ohne einen einzigen Schuß zu tun. Aber wir haben auch noch manche Schwächen, die in unserer Kindheit begründet sind. Vor allem müssen viele noch die Begriffe Freiheit und Unabhängigkeit richtig verstehen lernen, damit das Kind dieselben nicht gegen seinen Vater, noch der Soldat gegen seinen Offizier mißbrauche.«

Steuben arbeitete ständig an der weiteren Vervollkommnung der Ausbildung und der Ausrüstung der Armee. Es mangelte noch an vielem. Er war in der Armee populär geworden und so beliebt, daß viele Soldaten ihren Kindern seinen Namen oder seinen Titel »Baron« als Vornamen gaben, der auch sein Spitzname in der Armee war.

Als der neue französische Gesandte de la Luzerne seinen Besuch in Westpoint ankündigte, herrschte im Hauptquartier große Aufregung. Es war niemand da, der mit dem diplomatischen Zeremoniell vertraut war. Hier konnte nur Steuben helfen. Alexander Hamilton wußte, daß Steuben einstmals Hofmarschall gewesen war, und bat ihn, seine Erfahrungen zur Verfügung zu stellen.

Steuben selbst geleitete den Gesandten ins Lager, und alles klappte so gut, daß der Baron von nun an bei allen ähnlichen Gelegenheiten gebeten wurde, das übliche diplomatische Zeremoniell zu übernehmen.

Der Chevalier de la Luzerne brachte eine gute Botschaft . Im Frühjahr sollte eine französische Armee zur Unterstützung der Kontinentalarmee nach Amerika kommen.

Der Oberkommandierende begann unverzüglich, den Feldzug des nächsten Jahres vorzubereiten. Hierbei war Steuben sein engster Mitarbeiter. Der Generalinspekteur mußte alle notwendigen Informationen über die Mannschaftsstärke und die Ausrüstung der Regimenter der Armee bei den Truppenteilen einholen. Das Ergebnis war niederschmetternd. Die Armee hatte nur zwei Drittel ihrer vorgesehenen Stärke, und von diesen hatte sich auch nur ein Teil der Mannschaften für eine längere Dienstzeit verpflichtet. Die Ausrüstung der Soldaten entsprach ebenfalls bei weitem nicht den militärischen Anforderungen.

Auf Grund der Unterlagen, die Washington von Steuben bekam, entwarf er einen Plan zur Auffüllung der Armee, den er Mitte November dem Kongreß vorlegte. Washington schlug vor, in jedem Staat eine gewisse Anzahl von Rekruten auszuheben, um im Frühjahr genügend Soldaten zur Verfügung zu haben. Auf die Freiwilligen allein könne man sich nicht verlassen.

Ende November ging Washington mit dem Gros der Armee ins Winterquartier nach Morristown, wohin auch Steuben seine Dienststelle verlegte.

Der Winter kam früh und mit ungewöhnlicher Strenge. Es schneite und fror, noch ehe Blockhäuser erbaut werden konnten. Der Schnee lag bereits zwei Fuß hoch, als die Soldaten noch auf freiem Feld übernachteten. Sie entzündeten große Feuer, um sich vor der Kälte zu schützen. Endlich waren die Hütten erbaut, da blieben die Zufuhren aus. Viele Wege waren unpassierbar geworden und die Magazine leer. Die mit der Versorgung beauftragten Kommissionäre hatten weder Geld noch Kredit, um die notwendigen Lebensmittel anzukaufen. Monatelang erhielten die Soldaten keine Löhnung. Es fehlte an warmer Kleidung und an Decken.

Die Leiden des amerikanischen Heeres in Morristown standen denen in Valley Forge kaum nach. Viele Soldaten starben an den

Folgen der Kälte und des Hungers. Die schwersten Prüfungen, die die Revolutionsarmee zu bestehen hatte, waren nicht die Schlachten gegen die Briten, sondern das Elend der Winterlager von Valley Forge und Morristown.[20]

Der Mannschaftsbestand der Armee sank immer mehr, und der Kongreß tat nichts, um der Armee zu helfen. Washingtons Plan zur Verstärkung des Heeres war nicht berücksichtigt worden. Man hatte nicht einmal Freiwillige angeworben. Das Papiergeld, welches der Kongreß ausgab, sank immer mehr im Wert. Vierzig Papierdollar waren zu dieser Zeit nur noch so viel wert wie ein Dollar in klingender Münze.

In dieser Situation entschloß sich Washington, Steuben als seinen Bevollmächtigten nach Philadelphia zu senden, damit er beim Kongreß die Sache der Armee vertrete. Der Plan des Feldzuges für das kommende Jahr und die Zusammenarbeit mit den Franzosen waren in Frage gestellt, wenn der Armee nicht bald geholfen würde.

Washington selbst konnte die Armee in dieser schwierigen Lage nicht verlassen. Während Steubens Abwesenheit vertrat ihn sein Adjutant Benjamin Walker.

Mit einem Beglaubigungsschreiben des Oberkommandierenden versehen machte sich Steuben Ende Januar auf den Weg. In Philadelphia legte er dem Kongreß eine umfangreiche Denkschrift vor, die er selbst verfaßt hatte. Darin schilderte er den augenblicklichen Zustand der Armee und schlug zugleich Abänderungsmaßnahmen vor.

Um den Feinden im Norden und Süden des Landes Widerstand leisten zu können und um gegen sie offensiv zu werden, müsse die Armee beträchtlich verstärkt und mit den für den nächsten Feldzug notwendigen Mitteln versehen werden, schrieb Steuben in seiner Denkschrift. Er fügte eine genaue Aufstellung der strukturmäßigen Stärke aller Truppenteile bei, die unbedingt erreicht werden müßte. Mindestens dreißigtausend Mann seien dazu nötig – zwanzigtausend für die Nordarmee und achttausend für die Südarmee. Auch über die Versorgung der Truppen machte Steuben genaue Angaben und apellierte in aller Eindringlichkeit an den Kongreß, die benötigten Mittel zur Verfügung zu stellen.

»Wenn in die Magazine nicht Vorräte eingelagert werden, die bis zur Ernte ausreichen, so ist die Armee verloren«, schrieb Steuben an den Kongreß. »Wenn wir nicht zum mindesten zehntausend neue Musketen haben, bevor die Rekruten eintreffen, so werden die Leute nutzlos sein.«

Er schloß seine Denkschrift mit den Worten: »Ich kann mir die Bemerkung nicht versagen, daß die meisten Bewohner dieses Kontinents des gegenwärtigen Krieges müde sind. Diese Tatsache möge uns veranlassen, das Äußerste zu tun, um durch einen einzigen ruhmreichen Feldzug ein glückliches Ende herbeizuführen.«

Aber der Kongreß konnte sich noch immer nicht zu einer raschen Lösung entschließen. Es wurde viel diskutiert, jeder vertrat eine andere Meinung, und die praktische Hilfe für Washington blieb vorerst aus.

Steuben berichtete Washington in ausführlichen Briefen über die Verhandlungen. Am 9. Februar nahm der Kongreß endlich eine Entschließung an, in der die Heeresstärke für das kommende Jahr auf 35000 Mann festgesetzt wurde. Aber diese Entschließung enthielt die Bestimmung, daß der Oberkommandierende zunächst allen Gouverneuren der dreizehn Staaten Listen mit einer genauen Aufstellung der Truppen zu übersenden habe, die aus jedem der Staaten bereits in der Armee dienten. Hatte der Gouverneur seine Liste endlich erhalten, konnte er sich ausrechnen, wieviel Rekruten er dem Heere noch zu stellen hatte.

»Die Verzögerung, die durch die Aufstellung der Listen hervorgerufen wird, ist eine Schwierigkeit, die ich sofort erkannt habe, als ich die Entschließung zu Gesicht bekam«, schreibt Steuben an Washington. »Wir werden sicher zwei Monate verlieren, obwohl wir nicht einmal zwei Tage zu verlieren hätten ... Ich wäre froh, wenn ich Ihnen versichern könnte, daß wir in der Lage sein werden, unser Heer zu bezahlen und zu versorgen. Der Kongreß versucht jetzt, diese Dinge zu ordnen. Gebe Gott, daß es ihm gelingt ...«

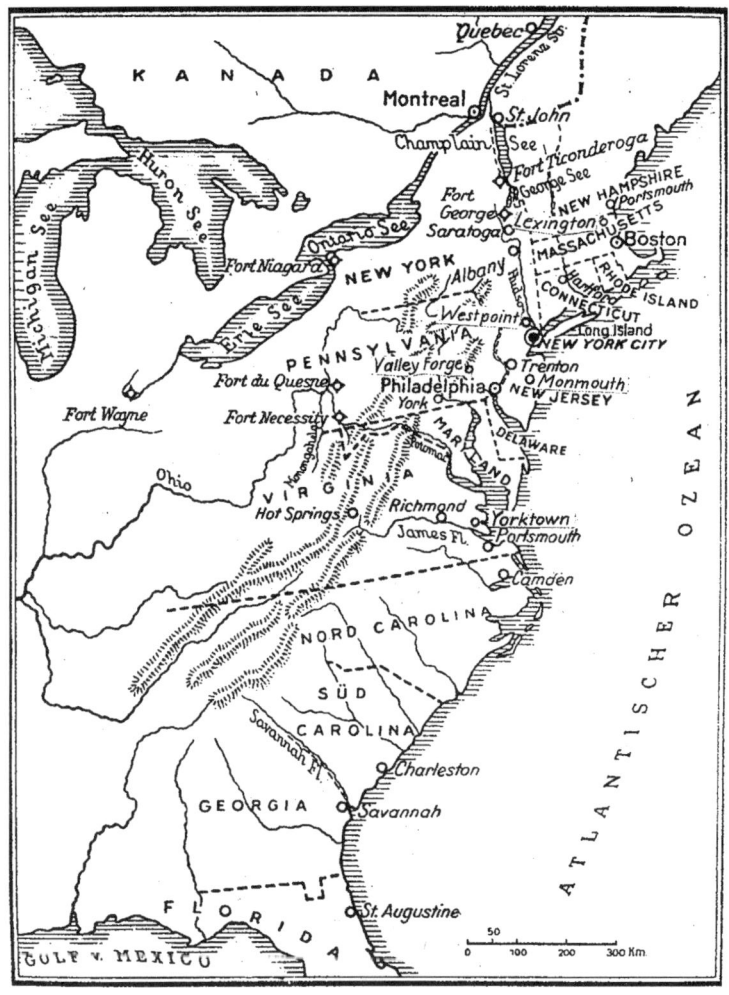

Die Staaten Nordamerikas während des Unabhängigkeitskrieges

Aber es wollte mit den notwendigen Hilfsmaßnahmen für die Armee, die nur vom Kongreß abhingen, nicht vorwärtsgehen.

»Ich habe alles aufgeboten, um den Kongreß zu einer Entscheidung über diese wichtige Frage zu veranlassen und irgend ein System zu bestimmen, nach dem Eure Exzellenz und die

Departements-Chefs ihre Anordnungen treffen können, aber es scheint, daß der schlechte Zustand unserer Finanzen alle Räder der Maschinen zum Stillstand gebracht hat«, berichtete Steuben dem Oberbefehlshaber. »Kein Tag vergeht, wo ich nicht den einen oder den anderen ersuche, im Kongreß unsere Angelegenheit zu beschleunigen. Der Monat März ist schon mehr als zur Hälfte vorbei, und mich schaudert, mein verehrter General, wenn ich an die vielen wichtigen Vorbereitungen denke, die bis zur Eröffnung des Feldzuges zu treffen sind ...«

Und in einem anderen Brief, kaum vierzehn Tage später, schrieb Steuben: »Ich sagte Ihnen, mein verehrter General, in meinem letzten Briefe, daß alle Räder der Maschinen zum Stillstand gekommen seien. Von der Wahrheit dieser Bemerkung überzeuge ich mich mehr und mehr und muß gestehen, daß mir unsere Lage sehr kritisch erscheint ... Die Zeit ist kostbar und die Aussicht drohend ...«

Washington antwortete Steuben: »Meine Ansichten über unsere öffentlichen Angelegenheiten stimmen völlig mit den Ihrigen überein. Unsere Aussichten, mein lieber Baron, sind düster, und es drohen uns Stürme. Unter den gegebenen Umständen Ihre Besorgnis nicht teilen hieße den Eifer und das Interesse für unsere Sache nicht teilen, wodurch Ihr ganzes Handeln geleitet wird. Ich hoffe aber, wir werden uns herauswinden und alles zum glücklichen Ende führen. Im Verlaufe dieses Krieges bin ich an Schwierigkeiten so sehr gewöhnt worden, daß ich sie mit mehr Ruhe als früher ins Auge fassen gelernt habe. Es wird ohne Zweifel bedeutende Anstrengungen erfordern, um die jetzt auftretenden Schwierigkeiten zu überwinden, doch ich bin weit davon entfernt zu verzweifeln ...«

Im April fuhr Steuben nach Morristown zurück. Die gesamte Nordarmee war inzwischen auf knapp elftausend Mann zusammengeschrumpft. Einige der Regimenter hatten gemeutert, da sie nicht länger mit halben Essenrationen ihren Dienst versehen wollten. Die Briten hatten dagegen vierzehntausend wohlausgerüstete Soldaten in New York und bekamen weitere Verstärkungen.

Steuben bemühte sich sogleich, die Armee wieder in den bestmöglichen Zustand zu versetzen.

Anfang Juni traf plötzlich die Nachricht ein, daß der im britischen Sold stehende General Knyphausen mit fünftausend Mann in New Jersey eingefallen sei und sich auf dem Vormarsch nach Morristown befinde.

Knyphausen hatte von der Meuterei amerikanischer Regimenter und von der allgemeinen Unzufriedenheit der Bevölkerung in New Jersey erfahren. Er wollte mit einem überraschenden Angriff die Amerikaner verwirren und überrumpeln. Aber seine Rechnung ging nicht auf.

Kaum hatten Knyphausens Truppen ihren Vormarsch begonnen, als überall die Alarmkanonen die Milizen des ganzen Landes zu den Waffen riefen. Aus allen Dörfern strömten die Männer herbei und verlegten den Truppen Knyphausens den Weg. Sie schossen aus allen Deckungen auf die verhaßten Feinde, so daß es dem hessischen General nur gelang, bis Springfield vorzustoßen.

Washington marschierte mit seiner Armee Knyphausen entgegen. Er hatte Steuben das Kommando über die zweite Linie übertragen, während Greene den rechten und Lafayette den linken Flügel kommandierte.

Der Baron war sehr erfreut darüber, daß er in dieser schwierigen Situation sofort ein Truppenkommando erhalten hatte. Aber es kam nicht zum Kampf, denn Knyphausen zog sich schleunigst zurück, nachdem er erkannte, daß er sich in der Haltung der Bevölkerung von New Jersey und der militärischen Situation getäuscht hatte.

Als die Gefahr gebannt war, wurde Steuben von Washington nach Westpoint entsandt.

Die Festung Westpoint war eine Schlüsselstellung der Amerikaner am Hudson. Sie sperrte der britischen Flotte den Zugang zum oberen Hudson und trennte die Briten in New York von den Briten in

Kanada. Für das Gelingen des geplanten Feldzuges im Sommer hatte Westpoint eine entscheidende Bedeutung. Es hielt die Verbindung von Neu-England nach den übrigen amerikanischen Staaten offen. Die Rekruten aus Neu-England wurden in Westpoint gesammelt und ausgebildet.

Kommandant von Westpoint war der alte General Howe[21]. Howe war ein ehrenhafter und tüchtiger Soldat, aber seine Fähigkeiten waren beschränkt, und er besaß auch nicht das nötige militärische Wissen, um als Kommandeur einer solchen strategisch wichtigen Festung allen Situationen gewachsen zu sein.

Washington beauftragte Steuben als Generalinspekteur, dem General Howe mit Rat und Tat zur Seite zu stehen und ihn in den nächsten Monaten, in denen der Sommerfeldzug vorbereitet werde, bei der Durchführung seiner Aufgaben zu unterstützen.

Steuben reorganisierte den gesamten Dienst in der Festung und exerzierte die neueingetroffenen Rekruten aus den Neu-England-Staaten ein. Er stellte eine Reihe Bataillone und Kompanien leichter Infanterie auf und bildete sie aus.

Am 10. Juli traf eine französische Flotte von zehn Kriegsschiffen in Newport ein, die eine Armee von sechstausend Mann unter dem Befehl des Generalleutnants Graf Rochambeau an Bord hatte. Aber auch die Briten in New York waren verstärkt worden, so daß Clinton Mitte Juni bereits eine Truppenmacht zur Verfügung hatte, die viermal so stark wie die Armee Washingtons war.

Als Washington die Nachricht erhielt, daß das erwartete französische Hilfskorps eingetroffen sei, ging er mit der Hauptarmee über den Hudson und vereinigte sich mit den Truppen aus Westpoint in der Nähe von Peekshill. Steuben blieb nun wieder bei der Hauptarmee und erhielt das Kommando über eine Division.

Die französischen Hilfstruppen unter Rochambeau waren dem Oberbefehl Washingtons unterstellt worden, und die Kontinentalarmee bereitete sich darauf vor, mit ihnen gemeinsam zum entscheidenden Angriff gegen Clinton vorzugehen.

Aber das französische Geschwader in Newport war kurz nach seinem Eintreffen von einer überlegenen Flotte im Hafen eingeschlossen worden. Ein zweites französisches Geschwader, welches die Blockade sprengen sollte und zugleich ein weiteres Hilfskorps für Washington an Bord hatte, traf nicht ein, da es in Brest durch die britische Flotte am Auslaufen gehindert wurde. Den ganzen August über warteten die Amerikaner vergeblich auf das Eintreffen der zweiten Flotte.

Anfang September rief Washington seine Generale zusammen und erklärte ihnen, daß nicht mehr damit gerechnet werden könne, in diesem Jahre noch einen siegreichen Feldzug zu führen. Steuben sah, wie schwer es Washington wurde, sich dieses einzugestehen. Seit dem vergangenen Herbst hatten sie auf das Eintreffen der französischen Hilfsmacht gewartet, mit deren Unterstützung man den Krieg endlich zu einem glücklichen Ende zu bringen hoffte. Nun waren alle Hoffnungen geschwunden, noch vor Beginn des neuen Winters entscheidende Operationen zu beginnen. Die allgemeine Lage hatte sich sogar bedenklich verschlechtert.

Washington berichtete seinen Offizieren, daß General Gates, der die Truppen im Süden befehligte, von Cornwallis bei Camden geschlagen worden sei. Die Südarmee sei in alle Richtungen auseinandergesprengt und nicht mehr in der Lage, weiterhin wirkungsvollen Widerstand zu leisten. Der Zustand der Nordarmee sei ebenfalls beunruhigend. Nur ein Drittel der Rekruten, erklärte Washington, die für die Armee angefordert worden waren, seien beim Heer eingetroffen. Zum 1. Januar aber liefen zahlreiche Werbescheine ab, so daß die Nordarmee zu diesem Zeitpunkt keine sechstausend Mann mehr zählen würde.

Steuben kannte die Lage. Er und auch andere Generale stimmten in der Besprechung Washington zu, daß man den Angriff auf die Briten wieder um ein Jahr verschieben müsse und zu diesem Zweck nur das tun könne, wozu man zur Zeit in der Lage sei: die bisherige Stellung am Hudson zu halten, um einen günstigen Ausgangspunkt für den späteren Kampf zu haben. Noch hatte Washington keine

Ahnung davon, was ihn erwartete. Noch wußte keiner seiner Generale, daß sich in ihren Reihen ein Verräter befand, der bereits seit Monaten mit dem Feinde in Verbindung stand und darauf hinarbeitete, die ganze Hudsonfront zu zerbrechen. Dieser Schlag gegen das amerikanische Verteidigungssystem sollte den Krieg zugunsten Englands entscheiden.

Im August, wenige Wochen nachdem Steuben Westpoint verlassen hatte, übernahm General Benedict Arnold das Kommando über die Festung. Er hatte sich seit längerer Zeit um diesen Posten beworben, wobei er darauf hinwies, daß er auf Grund seiner im Kriege erlittenen Wunden für den aktiven Dienst im Feldheer nicht mehr zu gebrauchen sei. Hierbei wurde er von einigen Freunden im Kongreß unterstützt. Washington, der Arnold als einen geschickten und wagemutigen Offizier schätzte und an seiner patriotischen Haltung nicht zweifelte, hatte der Ernennung zugestimmt.

Benedict Arnold war ursprünglich Kaufmann in Newhaven gewesen. Als Offizier hatte er später durch kühne Unternehmungen sein militärisches Talent bewiesen. Der ehrgeizige, selbstbewußte Arnold war allerdings auch ohne Skrupel. Er strebte nach Ruhm, Macht und Reichtum, den er durch seine Verschwendungssucht auch schnell wieder verschleuderte.

Als Kommandant von Philadelphia hatte Benedict Arnold eines der prunkvollsten Häuser der Stadt bewohnt, hatte sich einen Schwarm von Bedienten gehalten, hatte kostspielige Gesellschaften gegeben und in einem Luxus gelebt, der für einen General des Revolutionsheeres unpassend war. Er hatte auch sein Amt als Kommandant der Hauptstadt dazu mißbraucht, sich persönlich zu bereichern, und hatte sich in Spekulationen der verschiedensten Art eingelassen.

Arnold hatte außerdem eine der begehrtesten Heiratspartien der Stadt gemacht, als er die reiche Miss Margaret Shippen ehelichte, die von dem britischen Offizierskorps der ehemaligen Besatzung als

174

schönstes Mädchen von Philadelphia gekürt worden war. Die Familie Shippen gehörte zu den stadtbekannten Loyalisten, und Arnold gab von nun an in seinem Hause zahlreiche Gesellschaften, bei denen sich die Britenfreunde mit ihren Damen ein Stelldichein gaben.

Schließlich hatte der General auch noch Zwistigkeiten mit dem Vollzugsausschuß in Pennsylvania bekommen, der Anklage gegen ihn erhob und aus einer Reihe von Gründen seine Ablösung verlangte.

General Arnold kam vor das Kriegsgericht, aber da man ihn für einen verdienstvollen Offizier hielt, der im Kampf für sein Land schwere Wunden erlitten hatte, verfuhr man nachsichtig mit ihm. Er kam mit einem Verweis und einer vorläufigen Beurlaubung davon. Wenn er auch durch seinen Hang zu Spekulationen und Verschwendung Mißfallen erregt hatte, so zweifelte doch niemand an seiner Ergebenheit für die gemeinsame Sache.

Da Benedict Arnold mittlerweile schwer verschuldet war und von amerikanischen Stellen nichts mehr erwarten konnte, hatte er sich an den französischen Gesandten gewandt, mit der Bitte, ihm ein Darlehen zu geben. Dafür sei er bereit, der französischen Regierung seine Dienste zur Verfügung zu stellen und mit ihr auf das engste zusammenzuarbeiten. Der Chevalier de la Luzerne hatte höflich, doch bestimmt dieses Angebot abgelehnt und Arnold mitgeteilt, daß er das Bündnis zwischen Frankreich und Amerika nicht durch Intrigen oder illegale geheime Verbindungen zu gefährden gedenke. Bereits im Februar 1779, noch vor dem Angebot an den französischen Gesandten, hatte Arnold den britischen Oberbefehlshaber wissen lassen, daß er bereit sei, in britische Dienste zu treten. Clinton war sofort auf das Angebot eingegangen und hatte den Amerikaner in Sold genommen.

Fortan liefert Benedict Arnold den Briten wesentliche Nachrichten. Zu diesem Zwecke führte er mit verstellter Handschrift unter dem Namen Gustavus mit dem Adjutanten Clintons, Major John André, einen Briefwechsel. André, der ebenfalls mit verstellter

Handschrift schrieb, unterzeichnete mit dem Namen John Anderson.

Arnolds Partner in diesem verräterischen Spiel, John André, Generaladjutant der britischen Armee, war zugleich der bedeutendste Geheimagent der Briten. Er war ein eleganter und gesellschaftlich sehr gewandter junger Mann, der durch seine Dienstfertigkeit und vollkommene Loyalität die Gunst seines Kommandanten und damit den Adjutantenposten erobert hatte. Er war leichtfertig, zuweilen liebenswürdig und herausfordernd ironisch und verstand es wie kein anderer, gesellschaftliche Unterhaltungen oder lustige Veranstaltungen zu arrangieren. Er war beim Liebhabertheater des Hauptquartiers, an dem die britischen Offiziere großes Wohlgefallen fanden, Regisseur, Schauspieler und Bühnenbildner zugleich.

In Philadelphia hatte er jene Festlichkeiten geleitet, bei der Miß Shippen, die spätere Frau Benedict Arnolds, zur Schönheitskönigin gewählt wurde. John André war der leidenschaftlichste Fürsprecher der reizvollen Margaret Shippen gewesen, mit der er in einem intimen Verhältnis zu stehen schien. Beide führten einen vertraulichen Briefwechsel, und ihre Bekanntschaft war der Anknüpfungspunkt für das Komplott zwischen Arnold und André, der als Vertreter Clintons handelte. Major André führte seit der Räumung Philadelphias mit Britenfreunden eine geheime Korrespondenz, und seine Verbindung mit Arnold wurde zur größten Spionageaffäre des Unabhängigkeitskrieges.

Arnold nahm sein Quartier in Beverley, einem Landsitz unterhalb von Westpoint, auf dem gegenüberliegenden Ufer des Flusses. Von hieraus führte er seinen Briefwechsel mit John André weiter. Gustavus verhandelte mit John Anderson über die Übergabe dieser wichtigen Schlüsselfestung an die Briten, wodurch das gesamte amerikanische Verteidigungssystem zum Einsturz gebracht werden sollte.

Ein obskures Gefeilsche um den Preis für diesen Verrat fand statt. Als man sich endlich im Wesentlichen einig war, wurde es nötig, eine persönliche Zusammenkunft zwischen Arnold und André zu vereinbaren, um die genaue Durchführung des Planes zu besprechen und zugleich die Belohnung für den Verrat endgültig festzulegen.

In der Nacht zum 21. September, es war ruhig und sternenklar, fuhr ein Boot den Hudson hinab, das von zwei Männern gerudert wurde, ein dritter saß hinten. Die Ruderer hatten die Riemen mit Lappen umwickelt, um sich geräuschlos fortbewegen zu können. Das Boot ging an dem britischen Kanonenboot »Vulture« längsseits, und der im Heck des Kahnes sitzende Mann, ein gewisser Josuah Hett Smith, stieg an Bord des Kriegsschiffes, wo er mit einem Mann namens John Anderson zusammentraf, von dem er hier erwartet wurde. Smith richtete Anderson von seinem Auftraggeber Benedict Arnold aus, daß er beauftragt war, Mr. Anderson zu ihm zu bringen.

André ließ sich von Smith an das westliche Ufer des Hudson bringen, ungefähr sechs Meilen unterhalb Stony Points, wo er im Dunkel des dichten Tannenwaldes von Arnold, der nur von seinem persönlichen Diener begleitet war, bereits erwartet wurde.

Arnolds Diener und Smith mußten sich zurückziehen, und die Verhandlungen fanden unter vier Augen statt, nur von den Schreien der Käuzchen gestört, die an diesem finsteren Ort zu Hause waren.

Als die Dämmerung kam, und Smith sich den beiden näherte, um zum Aufbruch zu mahnen, war der Handel immer noch nicht abgeschlossen. Aber für André war es bereits zu spät, um den Platz auf die gleiche Weise zu verlassen, wie er gekommen war, denn Arnold fürchtete, daß das zum Kriegsschiff zurückrudernde Boot von den Wachposten entdeckt werden könnte. Er gab dem britischen Major das Pferd seines Dieners, und beide ritten zu dem Hause von Josuah Hett Smith, das sie bei Tagesanbruch erreichten.

Kaum waren sie dort angekommen, als dumpfer Kanonendonner vom Hudson herüberdröhnte. Der amerikanische Oberst Livingston hatte auf die Nachricht, daß ein britisches Kanonenboot auf dem Hudson unweit der amerikanischen Linie ankerte, eine Batterie am Ufer auffahren lassen, die das Schiff unter Feuer nahm.

Von einem Fenster im oberen Stockwerk konnten André und Arnold beobachten, wie die »Vulture« die Anker lichtete, den Fluß hinabfuhr und ein Stück weiter unten festmachte, um dem Feuer der amerikanischen Geschütze zu entgehen.

Arnold und André setzten ihre Verhandlungen fort. Nach dem Frühstück hatten sie sich über alle Fragen geeinigt, einschließlich der Geldsumme, die Arnold erhalten sollte, wenn sein Vorhaben gelungen war. Für die Auslieferung von Westpoint waren ihm 20000 englische Pfund in Gold versprochen worden. Außerdem wurde ihm der Posten eines Brigadegenerals in der britischen Armee zugesagt.

Arnold kehrte, nachdem er alles zu seiner Zufriedenheit erledigt hatte, in sein Quartier nach Beverley zurück. Er hatte André geraten, auf dem Landwege nach New York zurückzukehren, aber der Major hatte darauf bestanden, in der nächsten Nacht an Bord des Kanonenbootes zurückgebracht zu werden. Für den Fall, daß André doch noch den Landweg wählen würde, hatte Arnold ihm einen Paß mitgegeben, der von ihm selbst unterzeichnet war. Darin stand, daß Mr. John Anderson im Auftrage des Generals in öffentlichen Geschäften reise und man ihn ungehindert die Wachen passieren lassen solle.

Smith sollte Major André begleiten. Er war deshalb ebenfalls von Arnold mit den notwendigen Papieren ausgestattet worden.

Aber Smith fürchtete für seine persönliche Sicherheit und weigerte sich, den Major zu dem Kanonenboot zu bringen. Er war jedoch bereit, André bei Kings Ferry über den Fluß zu setzen und ihn auf den Weg nach New York zu führen.

André legte die britische Offiziersuniform ab, die er unter einem blauen Überrock bisher noch getragen hatte, und zog Zivilkleidung an, die er von Smith erhalten. hatte. Dann gingen die beiden bei Kings Ferry über den Hudson und ritten auf der Straße nach White Plains weiter.

Gegen neun Uhr abends wurden sie von einer amerikanischen Wache angehalten, die von einem Hauptmann befehligt wurde. Der Offizier war mißtrauisch, aber als er die von General Arnold ausgestellten Papiere geprüft hatte, empfahl er den Reisenden dringend, während der Nacht nicht weiterzureiten, da britische Marodeure die Gegend unsicher machten. Er besorgte den beiden ein Nachtlager in einem Haus, das sich in der Nähe befand, wo sie sicher schlafen konnten.

André hatte während der Nacht vor Aufregung kein Auge zugetan und weckte Smith in aller Frühe, um schleunigst aus der Nähe der Amerikaner zu kommen.

Die beiden gelangten in das Niemandsland zwischen den kriegführenden Parteien. Die Häuser waren zerstört oder geplündert, die Felder verwildert und die Wege mit Gras überwachsen.

Gegen Mittag trennten sich André und Smith, da sie annahmen, daß alles Schwierige nun überstanden sei. Smith kehrte nach Hause zurück, und André setzte in guter Stimmung seinen Weg fort.

Aber er kam nicht weit. Als er einen kleinen Bach überqueren wollte, der den Weg kreuzte, trat ein Mann mit einem Gewehr im Anschlag auf ihn zu und fragte ihn, wohin er wolle. Zwei andere Bewaffnete kamen hinzu.

André war der Meinung, daß er hier nur Parteigänger der Briten treffen könne, und rief: »Gentlemen, ich hoffe, sie gehören zu unserer Partei?«

»Zu welcher Partei?« fragte der Mann, der sein Gewehr auf André gerichtet hatte.

»Zur Unteren Partei«[22], antwortete André.

»Allerdings«, sagte der Mann.

André war erleichtert und gab sich zu erkennen. »Ich bin britischer Offizier und in besonderen Geschäften unterwegs. Ich hoffe, Sie werden mich keine Minute länger aufhalten.« Zur Unterstützung seiner Worte zog er seine goldene Uhr heraus und ließ sie sehen, da in jenen Tagen goldene Uhren nur von hochgestellten Persönlichkeiten getragen wurden.

»Steigen Sie ab«, war die Antwort. »Wir sind Amerikaner. Sie sind unser Gefangener.«

Die drei Männer waren Siedler, die im Niemandsland wohnten. Die fortwährenden Raubzüge britischer Marodeure in dieses Gebiet hatten die Bewohner erbittert. In kleinen Streiftrupps fingen sie britische Patrouillen und Marodeure ab und unterbanden die Zufuhr von Lebensmitteln aus dem Lande nach New York.

Eine solche Freischar von sieben Mann hatte sich an diesem Morgen geteilt, um zwei Wege zu bewachen. Vier sperrten auf einem Hügel oberhalb von Sleepy-Hollow die landeinwärts führende Straße. Die anderen drei, John Paulding, David Williams und Isaak van Wart, lagerten an dem parallel zum Hudson führenden Weg. Sie lagen im Grase und vertrieben sich kartenspielend die Zeit, als John André auftauchte.

John Paulding, der den Major angehalten hatte, gehörte der Miliz seines Landes an und war schon zweimal in englischer Gefangenschaft gewesen. Beide Male war es ihm gelungen, wieder zu entkommen.

André erschrak zutiefst, als er erkannte, in wessen Hände er gefallen war. Aber er ließ sich nichts anmerken.

»Der Mensch muß heutzutage manches tun, um durchzukommen«, sagte er mit einem erzwungenen Lachen. »Ich bin Offizier der Kontinentalarmee und bin auf dem Wege nach Dobbs-Ferry, um die Lage am unteren Flußlauf zu erkunden. Hier sind meine Papiere.«

André wies den von General Arnold ausgestellten Paß vor. Aber die drei Männer waren mißtrauisch geworden. Dieser Fremde der in keiner Situation verlegen war, erschien ihnen verdächtig.

»Steigen Sie ab«, forderte Paulding den Unbekannten auf und faßte dessen Pferd am Zügel.

»Wenn Sie mich hier aufhalten, so hindern Sie mich, meine Aufgabe durchzuführen, zu der mich der General befohlen hat«, widersprach André. »Sie machen sich damit nur Unannehmlichkeiten.«

»Keine Sorge«, sagte Paulding, »wir werden Sie nicht hindern, und wir werden Ihnen auch nichts nehmen. Aber es ziehen zu viele schlechte Menschen diesen Weg entlang, und es könnte doch sein, Sie gehören zu diesen. Das möchten wir erst einmal feststellen.«

André mußte vom Pferd steigen und den Männern folgen, die ihn etwas abseits vom Wege in ein Gehölz führten.

»Haben Sie irgendwelche Briefe oder Papiere bei sich?« fragte Paulding.

»Nein«, sagte André.

Er mußte den Überrock und die Weste ausziehen, aber in seinen Taschen waren nur achtzig Dollar in Papiergeld der Kontinentalregierung. Man fand nichts, was irgendwie verdächtig gewesen wäre.

André glaubte schon, man würde ihn wieder freilassen, aber Paulding sagte: »Ich kann mich noch nicht zufriedengeben, die Stiefel müssen Sie schon noch ausziehen.«

André wurde blaß und behauptete, seine Stiefel gingen sehr schwer herunter. Man solle ihm doch diese Unbequemlichkeit erlassen, mit der auch ein großer Zeitverlust verbunden sei.

Aber Paulding, der nun erst recht Verdacht schöpfte, blieb hart. André mußte sich setzen und die Reitstiefel ausziehen. In jedem seiner Strümpfe fand man drei Päckchen mit Papieren. Darunter war ein Plan der Befestigungsanlagen von Westpoint, Aufzeichnungen des leitenden Ingenieurs über Angriffs- und Verteidigungsmöglichkeiten der Festungswerke und ausführliche Listen über die Besatzung, die Geschütze und die Vorräte, die in der Festung lagerten.

Als Paulding die Papiere gesehen hatte, sagte er zu seinen Kameraden: »Der Mann ist ein Spion!«

Er fragte André, woher er diese Papiere habe.

»Von einem Mann in Pines-Bridge, dessen Name mir unbekannt ist«, antwortete der Major. Während er sich wieder anzog, versuchte André sich loszukaufen. Er bot den Männern hundert Guineen in Gold, eine sehr hohe Summe in jener Zeit, außerdem noch sein Reitpferd.

»Haben Sie nicht mehr zu bieten?« fragte David Williams ironisch.

»Ich gebe Ihnen jede Summe in Geld oder Waren, die Sie von mir verlangen«, antwortete André, den die Furcht gepackt hatte. »Damit Sie mir glauben, bin ich bereit, mit zweien von Ihnen hierzubleiben. Einer von Ihnen kann nach New York gehen und das Geld abholen.«

»Hören Sie auf mit diesem Unsinn«, fuhr John Paulding den Agenten an. »Damit Sie uns nicht weiter mit Ihren Angeboten belästigen, schwöre ich hier an dieser Stelle und vor Ihren Augen, daß ich Sie nicht freilassen werde, und wenn Sie mir zehntausend Guineen bieten!«

Die drei Amerikaner brachten den Gefangenen nach dem etwa elf Meilen entfernten Militärstützpunkt North Castle und lieferten ihn an Oberstleutnant Jameson ab. Dann zogen die drei Männer wieder ab, ohne eine Belohnung verlangt zu haben.

Jameson erkannte in den gefundenen Papieren sofort die Handschrift Benedict Arnolds. André, der weiterhin unter dem Namen John Anderson auftrat und seine Fassung wiedergefunden hatte, wies seinen von Arnold ausgestellten Paß vor und ersuchte den Oberstleutnant, den General sofort von seiner Verhaftung in Kenntnis zu setzen.

Jameson, der die ganze Angelegenheit anscheinend nicht durchschaute und sich nicht erklären konnte, auf welche Weise und zu welchem Zweck die Papiere in die Hand dieses Mannes gelangt waren, unterrichtete Benedict Arnold davon, daß ihm ein Mann namens John Anderson übergeben worden sei, der eine Reihe wichtiger Papiere mit sich geführt habe. Er bitte den General, diese Angelegenheit zu klären.

Die Papiere, die bei Anderson gefunden worden waren, hatte der Oberstleutnant mit einem Kurier an den Oberbefehlshaber geschickt, der sich zu dieser Zeit in Hartford aufhielt. Auch das hatte Jameson General Arnold in seinem Brief mitgeteilt.

Der Oberstleutnant wollte schon den Gefangenen selbst zu Arnold nach Westpoint bringen lassen, aber in diesem Augenblick traf Major Tallmadge, sein Stellvertreter ein, der in dienstlichen Angelegenheiten in White Plains gewesen war. Tallmagde vermutete sofort, daß Benedict Arnold ein Verräter sei, und sprach sich scharf dagegen aus, daß der Gefangene, dem er auch in Zivilkleidung den britischen Offizier ansah, nach Westpoint geschickt werde.

André wurde daraufhin Oberst Sheldon in Old Salem übergeben.

Aber Jamesons Brief über die Verhaftung des John Anderson erreichte Benedict Arnold, der sofort flüchtete und an Bord des Kanonenbootes »Vulture« ging, das noch auf dem Hudson ankerte. Die sechs Soldaten, die ihn auf seinen Befehl und unter dem Schutz der weißen Flagge zu dem Kriegsschiff gerudert hatten, in der Meinung, der General sei mit einer Parlamentärsaufgabe betraut, lieferte er den Briten als Kriegsgefangene aus.

Washington war von dem Verrat Arnolds erschüttert und niedergeschlagen. »Wem können wir jetzt noch trauen?« fragte er, als er die Dokumente sah, die man bei dem Agenten gefunden hatte.

John André wurde vor ein Kriegsgericht gestellt, das aus vierzehn Stabsoffizieren bestand, dem unter anderen die Generalmajore Steuben, Lafayette, Howe, Stirling, St.Clair und Oberst John Laurens angehörten. General Greene führte die Verhandlung. Das Gericht erkannte den Major John André, Generaladjutant der britischen Armee, der in Zivilkleidung aufgegriffen worden war, und der vor Gericht seine Taten in vollem Umfange gestanden hatte, nach dem Völkerrecht für schuldig, ein Spion des Feindes zu sein. Am 29. September 1780 wurde er nach dem Gesetz zum Tode durch den Strang verurteilt, eine Strafe, die von den Briten selbst eingeführt worden war und die sie bei allen zum Tode verurteilten amerikanischen Patrioten anwandten.

»Wir konnten nichts für ihn tun«, sagte Steuben nach der Verhandlung zu seinem Adjutanten William North. »Er hat alles offen gestanden, was auf einen seit langem vorbereiteten und genau berechneten Plan, uns zu hintergehen, schließen läßt. Wir benötigen keine weiteren Beweise gegen ihn. Aber es wäre uns lieber gewesen, wenn wir über den Schurken, der an seinem Tod schuldig ist, hätten zu Gericht sitzen können.«

Niemand wußte besser als Clinton, daß John André zu Recht verurteilt worden war, doch der britische Befehlshaber scheute sich nicht, die Drohung auszusprechen, daß er vierzig der angesehensten Einwohner Südkarolinas hinrichten lassen werde, wenn seinem Adjutanten ein Leid geschehe.

Washington bestätigte das Urteil gegen André, und der Major wurde vor den Augen der angetretenen amerikanischen Regimenter gehenkt.

Die britische Regierung setzte John André ein Denkmal im Dom zu Westminster, wohin später auch seine sterblichen Überreste überführt wurden.

Steuben war von tiefem Abscheu über die Tat Arnolds erfüllt. Als er eines Tages bei der Besichtigung einer Kompanie in Connecticut den Namen Jonathan Arnold hörte, rief er den Mann, der diesen Namen trug, vor die Front der Kompanie. Es war ein Soldat, der sich bisher gut bewährt hatte und der auch seine Waffen und seine Kleidung, so gut es ging, in Ordnung hielt.

Nachdem Steuben ihn gemustert hatte, fragte er ihn: »Schmerzt es dich nicht, den Namen eines Verräters zu tragen, Bruder Soldat?«

»Früher habe ich meinen Namen in Ehren getragen, General«, antwortete Jonathan Arnold, »aber seit ihm der Geruch der Schande anhaftet, hasse ich ihn.«

»Dann ändere deinen Namen, ändere ihn sogleich«, riet Steuben.

»Wenn das möglich ist, tue ich es sofort«, sagte der Soldat. »Aber welchen Namen soll ich denn nehmen?«

»Irgendeinen, der dir gefällt«, antwortete Steuben. »Nimm meinen wenn du keinen besseren findest, Bruder Soldat. Mein Name steht dir zu Diensten.«

»Dann möchte ich Euren Namen wählen, General«, sagte der Soldat.

Der Name Jonathan Arnold wurde sofort in der Kompanieliste gestrichen und durch den Namen Jonathan Steuben ersetzt. Der General veranlaßte, daß in den anderen Heereslisten der Name ebenfalls geändert wurde. Auch die Generalversammlung des Staates Connecticut bestätigte die Namensänderung.

Jonathan Steuben stand mit dem General zeit seines Lebens in Verbindung und taufte seinen Sohn, der ihm einige Jahre später geboren wurde, auf den Namen Friedrich Wilhelm. Diesem Sohn vermachte der General eine Farm von fünfzig Acre Land, die er erhielt, als er einundzwanzig Jahre alt wurde.

Benedict Arnold selbst war in Sicherheit. Er verspürte keine Gewissensqualen, aber er mußte es erleben, daß ein vereitelter Verrat widerwillig und sehr schlecht bezahlt wird, und daß ein Verräter von niemand Achtung erwarten kann.

Clintons Versuch, mit Gold zu erkaufen, was er mit den Waffen nicht zu erobern vermochte, war endgültig fehlgeschlagen. Der Krieg aber ging ins sechste Jahr.

In Virginia

General Horation Gates, der Günstling des Kongresses, hatte seinen bei Saragota auf leichte Weise erworbenen Ruhm schnell wieder eingebüßt, als er von Lord Cornwallis bei Camden geschlagen wurde. Der deutsche General de Kalb fiel in dieser Schlacht. Die Südarmee war zersprengt und ihr Train fast vollständig in die Hände der Briten gefallen, so daß es dem Rest der Truppen auch an den notwendigsten Versorgungsgütern mangelte.

Washington ließ Gates vor ein Untersuchungsgericht stellen und ernannte Nathanael Greene, einen seiner fähigsten und energischsten Generale, zum Oberbefehlshaber auf dem südlichen Kriegsschauplatz.

Gleichzeitig teilte er Steuben mit, daß er ihn zusammen mit Greene zur Südarmee entsende, obwohl er sich darüber klar sei, daß Steuben auch bei der Nordarmee dringend gebraucht würde. Aber die Südarmee, die beinahe aufgehört hatte zu bestehen, mußte neu aufgestellt werden. Steuben erhielt die Aufgabe, diese Armee zu reorganisieren und neu auszubilden, um General Greene eine Streitmacht zu schaffen, mit der er in den Kampf ziehen konnte.

Steuben und Greene waren alte Freunde. Seit ihrem ersten Zusammentreffen in Valley Forge waren sie miteinander verbunden. Greene schätzte Steubens Tüchtigkeit und sein militärisches Wissen. Er hatte von Anfang an dessen Bestrebungen energisch unterstützt. Steuben achtete Greene als ein scharfsinniges militärisches Talent und als einen Menschen von wahrhaft integerer Haltung. Er freute sich darüber, mit Greene zusammen in den Süden zu gehen.

Nathanael Greenes Vater war Schmied in Rhode Island und zugleich Prediger der Quäker. Greene hatte kaum jemals Schulunterricht er halten. Während er am Tage in der Schmiede seines Vaters oder auf dem Felde arbeitete, saß er an den Abenden bis spät in der

Nacht wach und las beim Schein einer kleinen Öllampe. Je tiefer er in die Welt der Bücher eindrang, desto mehr wuchs sein Verlangen, immer neues Wissen zu erwerben. Hatte er zuerst wahllos gelesen, so begann er bald sein Interesse auf bestimmte Gebiete zu lenken. Seine besondere Liebe galt dem Studium der Geschichte; Cäsar und Plutarch gehörten zu seinen Lieblingsautoren. Bereits im Jahre 1770 wurde der junge Nathanael Greene, der mehr und mehr die Achtung seiner Mitbürger errang, in das Parlament von Rhode Island gewählt.

Als er erkannte, daß der Kampf mit Großbritannien bevorstand, widmete er seine ganze Aufmerksamkeit dem Studium des Militärwesens. Nach dem Treffen von Lexington und Concord führte er 1600 Mann Miliz aus Rhode Island in das Lager von Boston. Einige Monate später wurde er als Brigadegeneral in die Kontinentalarmee aufgenommen. Seitdem hatte er durch seine kluge militärische Führung die Zuneigung Washingtons erworben. Mit dem Oberkommandierenden verband ihn eine enge Freundschaft. Greene war einer der talentiertesten Generale der jungen amerikanischen Armee.

Am 3. November verließen Steuben und Greene Philadelphia, um zur Südarmee zu reisen. Am 12. November trafen sie in Mount Vernon, der Besitzung Washingtons, ein, wo sie von Martha Washington sehr herzlich empfangen wurden. Greene war von Mount Vernon begeistert und schrieb an Washington, daß es einer der schönsten Plätze sei, die er je gesehen habe. »Auch Baron Steuben ist von dem Ort entzückt und bezaubert von der Aufnahme, die uns zuteil wurde.«

Wenige Tage später trafen die beiden in Richmond, der Hauptstadt Virginias ein. Die Lage hier war alles andere als hoffnungsvoll. Greene hatte erwartet, Virginia zur Basis seiner Operationen gegen die Briten im Süden der Staaten ausbauen zu können. Er hatte die Absicht, eine schnelle Elitetruppe, ein »fliegendes Korps«, aufzustellen, mit dem er gegen die an verschiedenen Stellen gelandeten feindlichen Kräfte vorgehen konnte. Von Virginia aus wollte Gree-

ne die Carolina-Staaten befreien, wo die Briten die alte Kolonial-
herrschaft wiedererrichtet hatten.

Aber es fehlte an allem. Die im Lande gelagerten Waffen der regulären Armee waren an die Milizen ausgegeben worden, die im
Abwehrkampf gegen die an der Chesapeake-Bucht gelandeten Briten standen. Hier war General Leslie mit dreitausend Mann in Virginia eingefallen. Der Pfarrer-General Mühlenberg[23] hatte sich ihm
mit viertausend ungeübten Freiwilligen entgegengestellt und hatte
den Vormarsch aufgehalten. Mit Leslies Landung waren alle Hoffnungen zerstört worden, die in Nord- und Südcarolina befindli-
chen Reste der amerikanischen Südarmee in absehbarer Zeit
verstärken zu können.

General Greenes Hauptaufgabe lag in den Carolina-Staaten, und
so entschloß er sich, trotz der schwierigen Lage Virginias, in diese
Staaten zu gehen. Als seinen persönlichen Vertreter in Virginia ließ
er Steuben zurück, dessen organisatorischem Talent er vertraute
und der die Aufgabe erhielt, Virginia als Operationsbasis für die
Südarmee auszubauen.

Das war äußerst schwierig und undankbar zugleich. Die Kassen
des Staates waren leer. Die Verhältnisse im Lande glichen einem
Chaos. Steuben mußte, wenn er seine Aufgabe erfüllen und dem allgemeinen Interesse dienen wollte, von der Regierung des Staates
ständig Mittel fordern, die er zur Neuaufstellung von Truppen für
die Südarmee brauchte. Er packte seine Aufgabe mit der gewohnten
Energie an und hatte in Oberst William Davies, der früher schon als
Unterinspekteur bei ihm gewesen war, eine gute Hilfe. Davies übernahm die Rekrutierung, Aufstellung und Ausrüstung der neuen
Kontinentaltruppen im Staate Virginia. Bald konnte Steuben Washington berichten, daß er in Kürze Verstärkung an Greene schik-
ken würde.

In den Südstaaten hatte sich ein erbitterter Kleinkrieg entwickelt.
General Cornwallis war mit größter Grausamkeit vorgegangen, um
den Amerikanern endgültig die Freiheitsgedanken auszutreiben.
Die Patrioten die in seine Hände fielen, hatte er hängen lassen. Aber

Blut und Terror zähmten die aufsässige Bevölkerung nicht. Die Rechnung des Generals Cornwallis ging nicht auf. Seine brutalen Gewaltmaßnahmen riefen in der Bevölkerung einen um so heftigeren und entschlosseneren Widerstand hervor. Cornwallis hatte Wind gesät und erntete Sturm. Überall im Land machte die Bevölkerung den Rotröcken das Leben schwer. Zahlreiche Abteilungen von Freischärlern bildeten sich und begannen auf eigene Faust, ihren Kleinkrieg gegen die Briten zu führen.

Die Freischaren brachten wahre Volkshelden hervor. Einer von ihnen war Francis Marion, ein Kleinfarmer aus Südcarolina. Er hatte mit seiner Schar die unzugänglichen Sümpfe des Pedee und Black-River zum Aufenthaltsort gewählt. Von hier aus unternahm er überraschende, blitzschnelle Überfälle und Streifzüge gegen die Briten. Ehe die Engländer zum Gegenschlag ausholen konnten, war er schon wieder in seinen Schlupfwinkel zurückgekehrt. Marion war bald im ganzen Süden berühmt. Er wurde zum amerikanischen Brigadegeneral ernannt, und die Briten gaben ihm den Namen »der Sumpffuchs«. Seine Männer waren eine bunte Truppe, die zumeist mit ledernen, befransten Jagdhemden oder grobem Leinen bekleidet war. Jeder hatte eine Büchse mit gezogenem Lauf, mit der er ausgezeichnet schoß. Oft versuchten die Briten, Marion zum Kampf zu stellen und zu vernichten. Aber er entschlüpfte immer wieder den Schlingen, die sie ihm stellten. Sobald sich die Briten zurückzogen, kam er aus seinem Versteck hervor, verfolgte sie und bekämpfte sie wirksam.

So wie Marion operierten viele andere größere und kleinere Abteilungen. Das Land selbst mit seinen vielen Flüssen, Sümpfen und buschbewachsenen Morästen war für einen solchen Kleinkrieg wie geschaffen.

Während General Greene in den Carolina-Staaten die Reste der geschlagenen Südarmee von Gates übernahm – es waren noch etwa 800 Mann –, versuchte Steuben in Richmond Verstärkungen aufzutreiben, um die Südarmee so schnell wie möglich wieder kampffähig zu machen. Aber die Lage war nicht so günstig, wie er an Washington geschrieben hatte. Zwar hatte sich der in der Chesapeake-Bucht gelandete General Leslie vor dem ihm gegenübertretenden General Mühlenberg bald wieder zurückgezogen, aber die wenigen Freiwilligen, die zur Armee kamen konnten nicht einmal eingekleidet werden, da keinerlei Uniformen zur Verfügung standen. Dabei stand der Winter vor der Tür. Es dauerte Wochen, bis Davies Kleidung und Waffen für vierhundert Mann aufgetrieben hatte.

Inzwischen war auf Befehl Washingtons der junge Major Harry Lee, der das kühne Unternehmen gegen Paulus Hook geführt hatte, mit seinen Reitern in Richmond eingetroffen. »Dragoner-Harry« so wurde Lee in der Armee genannt, war mit seinen dreihundert Kavalleristen eine wertvolle Verstärkung für die Südarmee.

Steuben ließ aus den vierhundert Kontinentalrekruten ein Bataillon formieren und entsandte es zusammen mit Lees Legion sofort zu General Greene. Kaum hatte dieser die siebenhundert Mann Verstärkung erhalten, begann er mit seinen insgesamt nun eintausendfünfhundert Mann sofort einen Feldzug zur Wiedereinnahme von Südcarolina. Mit William Davies arbeitete Steuben unermüdlich an der Organisation der Nachschubbasis für die Südarmee. Waffen und Munition wurden gesammelt, eine Feldzeugmeisterei eingerichtet, die Waffen reparierte und Patronen herstellte, Schneidereien zur Herstellung von Uniformen begannen zu arbeiten, und nicht zuletzt wurde die Ausbildung neuer Rekruten vorangetrieben.

Um die notwendigen finanziellen Mittel aufzubringen, hatte der Gouverneur Jefferson eine neue Steuer eingeführt, die in Geld oder Naturalien gezahlt werden konnte. Das Parlament nahm ein Gesetz zur Anwerbung von Rekruten für die Kontinentalarmee an. Jeder Mann, der sich verpflichtete, für Kriegsdauer in der Armee zu dienen sollte 12 000 Dollar erhalten. Außerdem winkte ihm nach Kriegsende eine Belohnung von 60 Pfund in Gold oder Silber. Trotz dieser Versprechungen hatte die Werbung kaum Erfolg.

Gegen Jahresende wurde ein weiteres Gesetz erlassen, nach dem den in Virginia ansässigen Offizieren der Kontinentalarmee Ländereien übergeben wurden. In diesem Gesetz befand sich der Passus, daß »zum Beweise der hohen Achtung, die das Repräsentantenhaus von Virginia den wertvollen Diensten zollt, die der Ehrenwerte Generalmajor Baron Steuben den Vereinigten Staaten geleistet hat, verfügt wird, daß dem besagten Generalmajor Baron Steuben 24 000 Morgen Land in gleicher Weise wie den anderen Generalmajoren verliehen werden.«

Das neue Jahr 1781 fing düster an. Sechs Jahre Krieg hatten noch nicht den Sieg gebracht. Es kam zur größten Meuterei, die die Kontinentalarmee bisher erlebt hatte.

In der Nacht zum 1. Januar revoltierten pennsylvanische Linienregimenter und marschierten unter Führung ihrer Unteroffiziere auf Princeton. Diese Soldaten hatten seit länger als einem Jahr keinen Papierdollar Löhnung mehr bekommen. Ihre Kleidung war zerlumpt, und sie besaßen nichts, um sich gegen den Frost zu schützen. Auf je drei Mann kam eine wollene Decke. Sie litten Hunger und hatten oft nur Wasser und Brot als Nahrung, während es im Lande genug Lebensmittel gab, um alle satt zu machen. Aber diejenigen, die daheim geblieben waren, wollten die Steuern nicht zahlen, von denen die Soldaten gekleidet und genährt werden mußten. Der Kongreß war unfähig zu helfen, denn es saßen Leute darin, die nur an ihr eigenes Wohl, nicht aber an das der Soldaten dachten, die für sie ihr Blut opferten. Die Verwaltung war schlecht, die Beamten waren unzuverlässig und bestechlich. So konnte es geschehen, daß die verelendeten Soldaten der Revolutionsarmee sich keinen anderen Rat mehr wußten, als sich ihr Recht selbst zu holen.

In der Silvesternacht beschlossen von den pennsylvanischen Regimentern gewählte Vertrauensleute, nach Philadelphia zu marschieren und vom Kongreß selbst Abhilfe ihrer Nöte zu verlangen. Als sich die Regimenter formierten, gab es einen kurzen Kampf, da die Offiziere sich den Mannschaften entgegenstellten. Ein Hauptmann wurde getötet, eine Anzahl Soldaten und Offiziere verwundet. Danach brachen die Truppen auf und nahmen sechs Geschütze mit.

General Wayne trat den meuternden Soldaten mit gezogenen Pistolen gegenüber, aber auch er konnte die Männer nicht mehr beschwichtigen.

»Wir achten Sie, General«, sagte ihm ein Sprecher der Soldaten. »Doch Sie sind ein Kind des Todes, wenn Sie auf uns schießen. Verstehen Sie uns nicht falsch. Wir wollen nicht zum Feinde übergehen, und wenn er hier erschiene, so würden Sie uns mit demselben Mut und derselben Entschlossenheit wie immer unter Ihrem Kommando kämpfen sehen.«

Der britische Oberbefehlshaber, Sir Henry Clinton, entsandte sofort zwei Unterhändler zu den meuternden Regimentern, als er von den Vorfällen erfuhr. Er machte den Pennsylvaniern verlockende Angebote für den Fall, daß sie zu den britischen Truppen übergehen würden. Aber seine Unterhändler wurden von den Soldaten festgenommen und General Wayne übergeben, der seinen meuternden Truppen gefolgt war. Die Soldaten erklärten, daß sie niemals »Arnolds« würden. Wayne ließ die beiden Abgeordneten Clintons einsperren. Sie wurden später von einem Kriegsgericht als Spione zum Tode verurteilt.

Die Pennsylvanier marschierten diszipliniert bis Princeton. Ihren Oberbefehl hatte ein Komitee von Sergeanten übernommen, dem unbedingter Gehorsam geleistet wurde.

Washington war erschüttert, als er den Bericht Waynes über die Meuterei erhielt. Er riet dem General in einem Schreiben, keinerlei Gewaltmaßnahmen gegen die Truppen zu ergreifen, sondern alles auf dem Verhandlungswege beizulegen. Der Kongreß ernannte einen Sonderausschuß, der sofort aufbrach, um sich in Begleitung des Präsidenten von Pennsylvania, Reed, zu den meuternden Truppen zu begeben.

Bei Princeton wurde Reed im Lager der Soldaten empfangen. Die Regimenter waren in voller Ordnung angetreten, und die Sergeanten standen auf den Plätzen der Offiziere. Reed und die Abgesandten des Kongresses verhandelten mit dem Komitee der Sergeanten. Es kam zu einer Einigung über die strittigen Fragen. Die Truppen erhielten eine Entschädigung für die nichtgezahlte Löhnung. Sie sollten die dringend benötigten Kleidungsstücke bekommen. Diejenigen, die schon mehr als drei Jahre dienten und ihre Entlassung wünschten, konnten den Dienst in der Armee quittieren.

Den beiden Sergeanten, die die englischen Spione festgenommen hatten, wurde eine Belohnung von je fünfzig Guineen angeboten, aber beide weigerten sich das Geld anzunehmen, und erklärten, daß sie auf Befehl des Komitees der Sergeanten gehandelt hätten. Die hundert Guineen wurden nun dem Komitee angeboten, doch es lehnte auch ab. »Nicht um einer Belohnung willen«, erklärten die Unteroffiziere, »sondern aus Liebe zu unserem Vaterlande haben wir die Spione dem General Wayne übergeben. Wir glauben uns deshalb auch zu keiner anderen Belohnung als der Liebe unseres Vaterlandes berechtigt und sind entschlossen, keine andere anzunehmen.«

Wenige Wochen später, am 20. Januar, erhoben sich einige Regimenter aus New Jersey und forderten die gleichen Zugeständnisse, die man den Pennsylvaniern zugesagt hatte. Aber dieses Mal griff Washington selbst ein, da er fürchtete, daß die ganze Armee vom Geiste der Meuterei angesteckt werden könnte. Er sandte eine zuverlässige Truppenabteilung, die das Lager der aufsässigen Regimenter umstellte und sie zur Kapitulation zwang. Zwei der Anführer der meuternden Truppen wurden auf der Stelle erschossen. Den Männern des Exekutionskommandos, die aus den Reihen der Meuterer bestimmt worden waren, rannen die Tränen über die Wangen, aber sie führten schweigend und ohne zu zögern den Befehl aus.

Wenn auch die Soldaten aus Pennsylvania und New Jersey, die ihrem Vaterland nicht schaden wollten, nur für ihre Rechte gekämpft hatten, so bleibt doch die Tatsache bestehen, daß diese Meuterei, an der fast ein Drittel der Armee teilgenommen hatte, die Kontinentalarmee beinahe zum Zusammenbruch und damit den

Befreiungskrieg der jungen Nation an den Rand der Katastrophe geführt hätte.

Andererseits aber hatten diese Meutereien auch die tiefen Standesunterschiede und -interessen innerhalb der amerikanischen Revolution enthüllt. Ein großer Teil der Offiziere, die sich häufig wenig um das Wohl ihrer Soldaten kümmerten, kam aus den Kreisen der Plantagenbesitzer und wohlhabenden Bürger. Die Soldaten haßten oftmals ihre Offiziere, die in ihrem Dünkel den britischen Offizieren nicht nachstanden. Diese Arroganz hatte Steuben zu bekämpfen versucht und sich bemüht, den jungen Offizieren der Kontinentalarmee in der Sorge für die Truppe und im Umgang mit den Soldaten ein lebendiges Vorbild zu sein.

Die revolutionäre Bewegung umfaßte alle Schichten der Bevölkerung. Die offiziellen Vertreter kamen in erster Linie aus dem wohlhabenden Bürgertum. Die Industriellen und die Kaufleute der Nordstaaten, deren freie Initiative von den britischen Gesetzen eingeschränkt wurde, hatten sich mit den Plantagenbesitzern der Südstaaten zusammengefunden, deren Produkte die Briten mit hohen Zöllen belegten. Andererseits hielten viele Großkaufleute, Grundbesitzer, Beamte und Geistliche treu zur britischen Krone und widersetzten sich der Revolution von Anfang an. Diese Leute wurden als Loyalisten bezeichnet. Sie umfaßten etwa ein Drittel der Einwohner der Staaten und bildeten das Lager der Gegenrevolution.

Die stärkste Kraft der Revolution waren die kleinen Farmer und Siedler. Sie trieben die Bewegung entschieden voran. Aus ihnen rekrutierten sich in erster Linie die Miliz und die Armee. Auch zahlreiche Partisanenführer des Unabhängigkeitskrieges wie Francis Marion kamen aus den Reihen der kleinen Farmer.

Schließlich waren die Handwerker und die Arbeiter, Schmiede und Schuster, Zimmerleute, Bäcker, Hafenarbeiter, Seeleute und Tagelöhner aller Art eine der treibenden Kräfte der Revolution. Sie hatten zusammen mit den kleinen Farmern und Händlern die Organisation der »Söhne der Freiheit« ins Leben gerufen, die viel zur Entwicklung der Revolution beigetragen hatte.

Das Schlimmste war die Entwertung des vom Kongreß ausgegebenen Papiergeldes. Im Jahre 1780 mußte der Kongreß feststellen, daß der Dollarkurs im Vergleich zu 1776 auf weniger als ein Vierzigstel gefallen war. Niemand wollte das Papiergeld mehr annehmen, und die Armee war kaum noch in der Lage, sich mit Lebensmitteln zu versorgen, obwohl es im ganzen Lande genug davon gab. Allerdings litt die Armee weit mehr, als es durch die Geldentwertung bedingt war, denn die Vertreter der besitzenden Stände, aus denen sich der Kongreß zusammensetzte, kümmerten sich kaum um die Not des Heeres. – Sie seien mit Gesellschaften, Konzerten, Diners und Soupers derart beschäftigt, wie Washington in einem Brief schrieb, daß sie keine Zeit mehr hätten, an das Los der Armee zu denken. – Wenn sich der Kongreß auf Grund der ständigen Appelle des Oberkommandierenden wirklich einmal mit diesen Dingen befaßte, so traf er seine Maßnahmen derartig langsam und ungenügend, daß sie nur wenig wirksam wurden. Der Kongreß verhinderte nicht, daß sich an den Lieferungen für die Armee immer wieder betrügerische Spekulanten bereicherten. Den Truppen wurden die schlechtesten Waren verkauft, aus Frankreich importierte Ausrüstungsgegenstände verschwanden spurlos. Diesem schamlosen Treiben gewisser Geschäftsleute waren keine Schranken gesetzt.

Es scheint beinahe unfaßbar, wenn man liest, daß der Kongreß während des Krieges – in einer Zeit, da es um den Bestand des neuen Staatswesens ging – die eigenen Ausgaben für die Armee, im Vertrauen auf Hilfe des verbündeten Frankreichs, von jährlich vierundzwanzig Millionen in den Jahren 1777 und 1778 auf zehn Millionen im Jahre 1779 und auf nur noch drei Millionen im Jahre 1780 herabgesetzt hat.

»Wir sind ohne Geld, ohne Proviant, mit Ausnahme dessen, was zwangsweise genommen wird, ohne Kleidung und werden demnächst gewissermaßen ohne Mannschaften sein. Mit einem Wort, wir haben von Aushilfsmitteln gelebt, bis wir nicht mehr konnten«, schrieb Washington Ende des Jahres 1780 an einen Freund. »Die

Geschichte des Krieges ist die Geschichte zeitweiliger Maßregeln statt eines Systems und der aus letzterem entspringenden Sparsamkeit.«

Die durch unzulängliche Maßnahmen des Kongresses und eine schwerfällige Verwaltung verschuldete Not der Soldaten ist auch einer der Gründe dafür, daß die Armee niemals eine der Zahl der Bevölkerung angemessene Stärke erreichte. Die Gesamtstärke des Heeres überschritt nie einige zehntausend Mann. Washington mußte seine Schlachten mit wenigen tausend Soldaten schlagen, während eine Viertelmillion junger Männer zu Hause blieb.

Jetzt, zu Beginn des Jahres 1781, erschien die Lage besonders düster. Große Teile des Heeres hatten gemeutert, und noch stand der härteste Teil des Winters vor der Tür. »Wir sind am Ende unserer Kraft«, mußte Washington feststellen, und das war keineswegs übertrieben.

Schließlich brachte das Jahr 1781 aber doch den lang ersehnten Sieg.

In der Silvesternacht des Jahres 1780, als sich im Norden des Landes die pennsylvanischen Regimenter gegen ihre Offiziere erhoben, um nach Philadelphia zu marschieren und mit der Waffe in der Hand vom Kongreß ihr Recht zu verlangen, erhielt Steuben in Richmond die Nachricht, daß eine Flotte von siebenundzwanzig Schiffen in die Mündung des James River eingefahren sei.

Steuben wußte sofort, daß es sich hier nur um britische Schiffe handeln könne. Aber der Gouverneur Jefferson hatte seine eigenen Ansichten zu militärischen Fragen und glaubte noch nicht recht an die Nachricht. Erst einige Tage später, als die Briten bereits in Westover, zweiundzwanzig Meilen südlich von Richmond, landeten, wurde die Miliz aufgerufen.

Die Expeditionstruppen, die aus britischen und deutschen Einheiten bestanden und denen auch ein Regiment amerikanischer Loyalisten beigegeben war, standen unter dem Kommando von Benedict Arnold, der nun Brigadegeneral in der britischen Armee war. Es waren im ganzen etwa tausendsiebenhundert Mann.

Clinton hatte diese Expedition entsandt, um den Ausbau Virginias als Nachschubbasis für die amerikanische Südarmee zu verhindern, und hatte Benedict Arnold, dessen Unerbittlichkeit er kannte, mit dieser Aufgabe betraut. Arnold sollte die Magazine und Vorräte der Amerikaner zerstören und die Loyalisten im Lande bewaffnen, die mit seiner Unterstützung die Macht an sich reißen sollten.

Arnold hatte prahlerisch geäußert, daß er den Amerikanern einen Schlag versetzen wolle, »von dem der ganze Kontinent erzittern würde«.

Bei seiner Ankunft erfuhr er, daß man in Virginia gerade dabei war, die Miliz aufzurufen, und noch keinerlei wirksame Verteidigungsmaßnahmen getroffen hatte. Er entschloß sich daher, sofort auf Richmond zu marschieren.

In der Hauptstadt selbst befanden sich kaum hundert Milizsoldaten. In dieser Stunde der höchsten Gefahr übertrug Gouverneur Thomas Jefferson[24] General Steuben die Verteidigung und damit den Oberbefehl über sämtliche bewaffneten Kräfte des Staates Virginia. Aber es war bereits zu spät, um noch einen erfolgreichen Widerstand zu organisieren.

Da Steuben keine Möglichkeit sah, mit den wenigen Milizen die Hauptstadt gegen die britische Übermacht zu verteidigen, zog er sich über den Fluß nach Manchester zurück und traf hier Maßnahmen, um der feindlichen Flotte die weitere Fahrt den Strom hinauf zu verwehren. Arnold zog inzwischen in Richmond ein und entsandte eine Abteilung nach Westham, um die dort eingerichtete Feldzeugmeisterei zerstören zu lassen. In Richmond selbst ließ er verschiedene öffentliche Gebäude in Brand stecken. Dann zog er sich wieder nach Westover zurück.

Als Steuben erfuhr, daß die britische Expedition von Arnold befehligt wurde, erwachte in ihm das Verlangen, diesen Mann gefangen zu nehmen, damit er zur Rechenschaft gezogen werden könnte. Aber wie sollte er Arnold entgegentreten? Er besaß nicht einmal genügend Soldaten, um überhaupt etwas Erfolgversprechendes gegen die gelandeten Briten unternehmen zu können.

Gouverneur Thomas Jefferson war zwar einer der eifrigsten demokratischen Politiker, aber er verstand nichts vom Militärwesen und hatte die Miliz des Landes sträflich vernachlässigt. Obwohl seinen eigenen Angaben nach 5000 Mann zur Verfügung stehen sollten, folgten nur wenige dem Aufruf. Für sie waren nicht einmal genügend Gewehre vorhanden.

»Es ist mir unmöglich, meine Lage zu beschreiben«, berichtete Steuben an Washington. »Es fehlt mir an allem. Vom Staat ist nichts zu erwarten, und zwar aus Mangel an Organisation, weniger aus anderen Gründen.«

Als endlich Milizen kamen, stellte Steuben ihnen fünfhundert Gewehre aus den Vorräten der Kontinentalarmee zur Verfügung. Am 20. Januar hatte er schließlich etwa dreieinhalbtausend Mann zur Verfügung, mit denen er Arnold in Portsmouth einschloß, wo dieser sich inzwischen befand.

Wenn jetzt die französische Flotte gekommen wäre und Arnold vom Meer aus den Rückweg verlegte, saß er in der Falle. Aber die Flotte ließ auf sich warten. Steuben übergab den Befehl über die Truppen bei Portsmouth an General Mühlenberg und kehrte nach Richmond zurück, um hier vom Gouverneur energische Maßnahmen zur Landesverteidigung zu verlangen.

Wiederholt hatte Steuben von Jefferson gefordert, ein kleines Fort bei Hoods am James River zu errichten, um es den Briten unmöglich zu machen, den Fluß weiter hinaufzufahren. Aber Jefferson hatte nichts unternommen, den Plan Steubens in die Tat umzusetzen.

Thomas Jefferson gehörte dem liberalen Flügel der amerikanischen Revolutionäre an. Er hatte viel für die demokratische Bewegung getan. Fast seit Beginn des Krieges stand er an der Spitze der Regierung Virginias. Sein politisches Ideal, das er leidenschaftlich vertrat, war eine »Regierung mit Zustimmung der Regierten«, und er richtete alle seine Anstrengungen darauf, dieses Ziel zu erreichen.

Er verwarf jede Art staatlichen Zwanges und wollte seine Maßnahmen nur mit Zustimmung der Mehrheit der Bürger durchsetzen. Jede militärische Befehlsgewalt verabscheute er und war auf keine Weise zu bewegen, irgendwelche Befehle und Anordnungen zu erlassen. Steuben war über die Tatenlosigkeit Jeffersons so verzweifelt, daß er an ihn schrieb: »Ich muß Eure Exzellenz bitten, bedenken zu wollen, daß der elende Widerstand, der dem Feinde bei seiner Invasion entgegengesetzt wurde, zum Teil auf mich als den militärischen Kommandeur fällt. Ich kann es daher nur als ein großes persönliches Unglück betrachten, daß ich gerade zu dieser Zeit hier gewesen bin. Ich möchte eine Wiederholung dieser Schande verhindern, kann aber ohne den Beistand des Gouverneur nichts tun. Deshalb bitte ich Eure Exzellenz um eine Antwort auf dieses Schreiben, damit ich mein Verhalten rechtfertigen kann.«

Sollte die Regierung des Staates, so schreibt Steuben weiter, die Errichtung des Forts bei Hoods für unnötig halten, »so bitte ich nur darum, daß mir zu meiner eigenen Rechtfertigung die Ansicht schriftlich mitgeteilt wird«.

Thomas Jefferson antwortete Steuben daraufhin: »Ihre Vorstellungen über die Bedeutung eines Forts bei Hoods sind vom Staatsrat als Beweis für Ihre rege Anteilnahme an der Verteidigung des Staates gewürdigt und auch dem Repräsentantenhaus vorgelegt worden.« Die Arbeiten an diesem Fort seien aber, so führte Jefferson weiter aus, wegen dringender anderer Geschäfte und aus Mangel an Mitteln liegen geblieben.

Auf den Vorschlag Steubens, die Befestigungsarbeiten durch die Miliz vornehmen zu lassen, antwortete Jefferson, die Regierung habe »nicht die Macht, die Milizen zum Arbeitsdienst heranzuziehen«. Auch von der Bevölkerung könnten die Arbeiten nicht ausgeführt werden, denn es sei kein Geld vorhanden, um die Leute zu bezahlen, und die Regierung habe gesetzlich nicht die Möglichkeit, freie Menschen ohne ihr Einverständnis oder Sklaven ohne die Zustimmung des Eigentümers zum Arbeitsdienst heranzuziehen. Es liege der Regierung fern, den Bau des Forts nicht für erforderlich zu halten, aber es seien wenig Aussichten, freiwillige Arbeitskräfte zu bekommen, und dies sei die einzige Möglichkeit, über welche man verfüge.

Jeffersons Brief offenbart die ganze Unzulänglichkeit seiner Regierung in Virginia. Wenn der Gouverneur und seine Regierung nicht in der Lage waren, die Bevölkerung für den Schutz des Landes und die Verteidigung der demokratischen Freiheiten zu mobilisieren und die dafür notwendigen Anordnungen zu treffen, so hatte die Regierung kaum noch Sinn, und der Gouverneur war überflüssig, ja beide erwiesen sich sogar als schädlich, denn sie sabotierten die militärische Verteidigung und arbeiteten dem Feind geradezu in die Hände.

Steuben selbst wurde von Jefferson für seine militärische Tätigkeit das höchste Lob ausgestellt. Der Gouverneur schrieb an Washington: »Inzwischen hat sich unser eifriger Freund, Baron Steuben, trotz der Würde seines hohen Kommandos zur Leitung der kleinsten militärischen Bewegungen bereit gefunden. Durch seine Wachsamkeit wurde zum großen Teil der Mangel an Truppen ersetzt und dem Feinde der Übergang über den Fluß verwehrt, der für uns die schlimmsten Folgen hätte haben können. Der Baron war auf das energischste bemüht, Vorkehrungen für die Miliz an den Punkten zu treffen, wo sie sich versammeln sollte, er wies ihnen ihre Stellungen an und bewährte sich als ein ganz vortrefflicher Kommandeur.«

Aber Steuben nützten die Lobpreisungen Jeffersons nichts. Er handelte als Soldat und Verteidiger des Staates Virginia und der Demokratie und fand bei seinen Bemühungen keine wirksame Unterstützung durch den Gouverneur, der zu den bedeutendsten Vertretern der amerikanischen Revolution gehörte.

Ein Vorfall, der sich in Chesterfield abspielte, ist bezeichnend für den Charakter Steubens und seine leidenschaftliche Anteilnahme an der Verteidigung des Landes. Mit größter Mühe hatte man so viel Milizen gesammelt, daß ein neues Regiment aufgestellt werden konnte. Es war zum Abmarsch angetreten, als ein gutgekleideter

General Sreuben. Reiterbildnis
Nach einem alten Stich

Reiter in Begleitung eines Jungen erschien und sich Steuben als Oberst der Miliz vorstellte. Er habe einen Ersatzmann mitgebracht, den er dem General zur Verfügung stellen wolle.

»Dafür bin ich Ihnen sehr verbunden, mein Herr«, sagte Steuben. »Sie sind gerade zur rechten Zeit gekommen. Aber wo ist denn Ihr Mann, Herr Oberst?«

»Hier«, sagte der Milizoberst und befahl dem Jungen abzusitzen.

Das Gesicht Steubens verfinsterte sich. Mit trockener Stimme befahl er einem Sergeanten, den Jungen zu messen. Als dieser dazu die Schuhe ausziehen mußte, entdeckte man Einlagen, die ihn größer erscheinen lassen sollten.

Steuben legte dem Jungen die Hand auf die Schulter und fragte ihn, wie alt er sei. Es stellte sich heraus, daß er fast noch ein Kind war. Der General wandte sich wieder zu dem elegant gekleideten Obersten. »Mein Herr, Sie müssen mich für einen Schuft halten! »

»Aber nein«, erwiderte der Oberst erschrocken.

»Dann halte ich Sie für einen Schuft, da Sie Ihr Vaterland auf eine so schmutzige Weise betrügen wollen«, äußerte Steuben zorngerötet. Er wandte sich zum Kommandeur des Regimentes, Oberst Gaskins. »Nehmen Sie diesem Manne die Sporen ab, Oberst, und stellen Sie ihn in Reih und Glied – und machen Sie dem General Greene von mir Meldung, daß ich ihm einen Mann schicke, der besser geeignet ist, seinem Lande zu dienen, als ein Knabe, den er mir als seinen Stellvertreter unterschieben wollte.«

Steuben legte dem Jungen die Hand auf die Schulter. »Geh, mein Junge, bring die Sporen und das Pferd des Obersten seiner Frau zurück und sage ihr, daß ihr Mann für die Freiheit des Vaterlandes kämpfen gegangen ist, wie es die Pflicht jedes anständigen Mannes ist.

»Oberst Gaskins, lassen Sie abrücken«, befahl der General.

Solch energisches Durchgreifen wirkte sich günstig auf die Haltung der Soldaten aus. Auch von der Bevölkerung, bei der sich derartige Ereignisse schnell herumsprachen, wurden in Zukunft keine halben Kinder oder wenig taugliche Männer als Ersatz zum Militärdienst gestellt.

Mitte Februar traf von General Greene die Nachricht ein, daß er sich mit seiner Armee in vollem Rückzug auf Virginia befinde. Dabei wurde er von den weit überlegenen Kräften des Generals Cornwallis verfolgt.

»Ich setze alle meine Hoffnungen auf Virginia«, schrieb Greene an Steuben, »und bedarf dringend Ihrer Hilfe ...«

Abermals wurden Tausende von Milizen einberufen, aber Steuben konnte nur wenige davon bewaffnen, da es an Musketen fehlte. Glücklicherweise hatte ein großer Teil der Männer, die aus den Wäldern und ländlichen Bezirken kamen, eigene Gewehre mitgebracht, so daß Steuben bald einige Bataillone zusammenstellen und Greene als Verstärkung schicken konnte.

Um diese Zeit erhielt Steuben die Botschaft, daß eine französische Flotte in der Chesapeake-Bucht eingetroffen sei. Endlich würde man in der Lage sein, Benedict Arnold einzuschließen und gefangenzunehmen.

Steuben befahl General Mühlenberg, unverzüglich den Angriff auf das befestigte Portsmouth vorzubereiten.

Aber bald stellte sich heraus, daß die angekündigte Flotte nur aus einem Linienschiff und zwei Fregatten bestand und schon wenige Tage später wieder aus der Chesapeake-Bucht auslief. General Mühlenberg besaß außer zwei leichten Feldgeschutzen keine Artillerie. So mußte der Plan eines kombinierten Angriffs auf die Truppen Arnolds wieder fallengelassen werden.

Doch Greene hatte inzwischen seine Lage verbessert, indem er seine Armee mit Fähren über den Dan gesetzt und zwischen sich und Cornwallis ein Überschwemmungsgebiet gebracht hatte, so daß die Briten ihm vorerst nicht folgen konnten. Indessen trafen bei ihm die von Steuben entsandten Verstärkungen ein, so daß er bald wieder in der Lage war, die Initiative an sich zu reißen.

Ein Kurier brachte Steuben in den letzten Tagen des Februar einen Eilbrief des Oberkommandierenden. Washington benachrichtigte ihn davon, daß in Kürze eine starke französische Flotte nach Virginia kommen werde, um mitzuhelfen, Arnold gefangenzunehmen. Diese Flotte habe zwölfhundert Mann französische Infanterie an Bord und außerdem schwere Belagerungsgeschütze. Weitere zwölfhundert Mann amerikanischer leichter Infanterie seien nach der Chesapeake-Bucht unterwegs, von wo aus sie auf den französischen Schiffen weitertransportiert würden. Steuben solle alles gründlich vorbereiten. Sobald die Flotte mit der Verstärkung eingetroffen sei, könne man dann mit dem Angriff auf Portsmouth beginnen.

Das war eine gute Nachricht. Aber sie enthielt auch einen Wermutstropfen. Wie Washington dem Baron mitteilte, würde die leichte Infanterie unter dem Befehl des Marquis de Lafayette stehen, und dieser war, obwohl an Jahren viel jünger als Steuben, doch der rangältere General. Er würde also den Oberbefehl über die Operationen gegen Arnold haben. Das war sehr bitter für Steuben, denn er hatte gehofft, selbst den Sieg über den Verräter zu erringen. Steuben hatte Arnold in Portsmouth eingeschlossen, er hatte auf jene Flotte gehofft, die nun endlich eintraf. Aber mit ihr kam ein anderer Kommandeur.

Wieder war Steuben um eine Hoffnung betrogen. Aber er war Soldat und mußte gehorchen. Es ging nicht um persönliche Lorbeeren, sondern um den Sieg.

Er schrieb an seinen Freund Nathanael Greene: »Ich bin der Ansicht daß ich auch ohne den Marquis und mit sechshundert Mann weniger als die jetzt kommende Zahl imstande gewesen sein würde, Ihnen den Herrn Arnold zu überliefern, aber diese Ehre wurde einem anderen aufbewahrt. Glauben Sie aber nicht, mein lieber General, daß dieser Gedanke, so sehr er mich auch verdrießt, meinen Diensteifer für die Sache im geringsten abgeschwächt hat. Im Gegenteil: Der Marquis wird bei seinem Eintreffen alles vorbereitet finden.«

Die Hauptsache war, daß die französische Flotte kam, zusammen mit 2400 Mann regulärer Truppen. Hatte man Arnold geschlagen und war Virginia von seinem Druck befreit, dann konnte die ganze Macht gegen Cornwallis geworfen werden, und dem endgültigen Siege im Süden der Staaten stand nichts mehr entgegen.

Steuben forderte vom Gouverneur weitere Mittel, die dringend benötigt wurden, damit bei der Landung der französischen und der amerikanischen Truppen der Angriff sofort beginnen konnte. Es wurden Pferde für die Artillerie gebraucht, Abteilungen Berittener mußten aufgestellt werden, und weitere Milizeinheiten wurden benötigt, um den Einschließungsring zu verstärken, damit die Falle geschlossen werden konnte.

Der Gouverneur und die Regierung hatten dem General ihre Unterstützung zugesagt, aber nichts geschah. Steuben erhielt kein Geld, keinen Kredit, keine Pferde, keine Boote und auch keine Lebensmittel für die Truppen. Nicht einmal die Ärzte wurden mit Verbandmaterial und Medikamenten versorgt. Es fehlte an Pulver und Blei. General Mühlenbergs Truppen vor Portsmouth waren nur noch mit acht Patronen pro Mann ausgerüstet. Die Lebensmittel reichten nur noch für vier Tage. Von fünfhundert Mann Miliz, die sich stellen sollten, erschienen nur sieben, und von diesen desertierten zwei, so daß nur fünf übrigblieben.

Endlich riß Steuben die Geduld, und er schrieb an Jefferson: »Auf die Versicherung hin, die dem Oberst Walker von der Regierung gegeben wurde, hatte ich die Schwäche, an General Washington und den Marquis de Lafayette zu schreiben, daß alles für das Unternehmen vorbereitet sei. Aber meine Leichtgläubigkeit ist auf Kosten meiner Ehre bestraft worden, und die einzige Entschuldigung, die ich habe, ist mein Vertrauen auf die Regierung. Wahrhaftig, das Unternehmen muß fehlschlagen, wenn die Regierung nicht imstande ist, das Allernotwendigste zu beschaffen. – Unter solchen Umständen gebe ich vorläufig keine Befehle, bis ich von Eurer Exzellenz eine Antwort erhalte, die ich dann dem Marquis und dem Kommandeur der französischen Flotte vorlegen kann, damit diese sich nicht zu weit in ein Unternehmen einlassen, für dessen Durchführung keine Aussicht auf Erfolg vorhanden ist.«

Bereits am folgenden Tage antwortete Jefferson und teilte Steuben mit, daß man ihn nur für die erteilten Anordnungen verantwortlich machen könnte, nicht aber für deren Ausführung. Wenn die Anordnungen, aus Widerspenstigkeit oder mangels zwingender gesetzlicher Vorschriften nicht befolgt würden, so sei dies nicht seine Schuld. Er hielte es nicht für richtig, das Land blindlings den Befehlen des militärischen Kommandeurs zu unterwerfen ...

Trotz all dieser Schwierigkeiten, denen sich Steuben gegenübersah, setzte er unermüdlich seine Vorbereitungen fort.

Benedict Arnold waren die fieberhaften Bemühungen der amerikanischen Patrioten, ihn zu besiegen und zu ergreifen, nicht entgangen. Besorgnis und Furcht plagten ihn, daß er den Amerikanern in die Hände fallen könnte.

Er fragte eines Tages einen amerikanischen Gefangenen, was denn seine Landsleute mit ihm tun würden, wo er doch im Dienste Amerikas zum Krüppel geschossen worden sei.

»Sie würden das im Dienste Ihres Vaterlandes verwundete Bein abschneiden und mit militärischen Ehren begraben«, antwortete der Amerikaner, »das übrige von Ihnen würden sie hängen!«

Am 14. März traf der Marquis de Lafayette auf dem Landwege vor Yorktown ein, nachdem er sich von seinen Truppen getrennt hatte, die in Annapolis auf ihre Einschiffung warteten.

Steuben meldete sich bei dem jungen Kommandeur. Er kannte den Marquis seit Valley Forge. Der Franzose verkörperte die Grazie seines Landes und eine bis zur Dekadenz verfeinerte Kultur. Er begeisterte sich an der Lektüre der französischen Aufklärer und der großen Denker des Altertums, für die Ideen der Freiheit und Gleichheit und die republikanische Staatsform. Begeistert war er ausgezogen, um für seine Überzeugung zu kämpfen und Ruhm zu erwerben. Lafayette war das Gegenteil von Steuben, der nüchtern dachte und sich bemühte, die Tatsachen real einzuschätzen. Dem jungen Marquis fiel auf Grund seines Namens und seiner einflußreichen Familie vieles in den Schoß, während Steuben sich jeden Schritt schwer erkämpfen mußte.

Als neunzehnjähriger Leutnant war Lafayette nach Amerika gekommen und auf Rat Franklins, der den Einfluß der Familie des Marquis am französischen Hof kannte, sofort zum Generalmajor der amerikanischen Armee ernannt worden, obwohl er keinerlei militärische Erfahrungen besaß. Trotzdem hatte sich Lafayette in schwierigen Situationen bewährt, wie zum Beispiel bei Barren Hill. Er hatte bald die Zuneigung des Oberkommandierenden gewonnen, der diesen Typ des jungen begeisterungsfähigen Offiziers schätzte.

Steuben und der Marquis begrüßten einander als gute alte Bekannte und tauschten freundschaftlich ihre Ansichten aus. Lafayette folgte dem Deutschen in das Lager Mühlenbergs vor Portsmouth. Er orientierte sich über die militärische Situation und den Stand der Vorbereitungen für den Angriff auf die Stadt.

Obwohl Steuben von der Regierung des Landes kaum unterstützt worden war und ständig mit Schwierigkeiten zu kämpfen hatte, waren dank seiner nie erlahmenden persönlichen Initiative alle notwendigen Maßnahmen getroffen. Fünftausend Milizen standen vor Portsmouth. Pferde und Boote waren beschafft worden, und es fehlte nichts außer der Flotte, auf die man wartete, um den Sieg zu erringen.

Lafayette berichtete Washington, wie sehr er mit Steubens Tätigkeit zufrieden sei. Er bat den Oberkommandierenden, dem General dafür sein Lob auszusprechen und ihm zu berichten, wie sehr er selbst, der Marquise de Lafayette, danach strebe, dem Baron zu gefallen und mit ihm zu harmonieren.

Am 20. März kam die Nachricht, daß eine große Flotte in die Bucht eingelaufen und vor Anker gegangen sei. Der Jubel bei den Amerikanern war unbeschreiblich. Arnold würde seiner Strafe nicht entgehen, und die Briten sollten eine entscheidende Niederlage erleiden. Aber die Freude wurde bald getrübt. Das Geschwader, das in die Mündung des James River einfuhr, führte die britische Flagge. Die erwartete französische Flotte war von den Engländern in einer Seeschlacht besiegt worden und hatte wieder nach Newport zurückkehren müssen.

Zwei Tage später trafen weitere britische Truppentransporter ein, die zweitausend Mann Verstärkung unter General Phillips landeten, der nun den Oberbefehl in Portsmouth übernahm.

Ein erfolgversprechender Angriff auf die Stadt war damit aussichtslos geworden, und Lafayette ging nach Annapolis zurück. Arnold war gerettet.

Noch bevor der Marquis abreiste, rief Steuben seine Generale und Stabsoffiziere zu einem Kriegsrat zusammen. Er beriet mit ihnen, welche Maßnahmen man ergreifen könne, um der Gefahr zu begegnen, die dem Lande durch die Anwesenheit eines so starken britischen Truppenkontingents in Portsmouth drohte.

Die Generale Mühlenberg, Weedon, Gregory und Nelson, die Obersten Davis, Duponceau, Walker und andere Offiziere versammelten sich in Steubens Hauptquartier.

Der General schilderte ihnen die augenblickliche militärische Lage. Von Greene war die Nachricht gekommen, daß er am 15. März bei Guilford Court House die Armee von Cornwallis angegriffen habe, aber zurückgeschlagen worden sei. Doch es war ein Pyrrhussieg der Briten gewesen. Sie hatten im Kampf so schwere Verluste erlitten, daß sie das Schlachtfeld nicht behaupten konnten. Auf ihrem Rückzug an die Küste wurden sie von Greene verfolgt.

Die Situation vor Portsmouth dagegen war ernst. Die sechzehnhundert Mann unter Arnold hatte man mit den Milizen einschließen und in Schach halten können. Nun hatte sich das Kräfteverhältnis geändert.

»Ich frage mich, meine Herren«, sagte Steuben, »was können wir tun, um Virginia gegen die dreitausendsechshundert Mann unter General Phillips zu verteidigen und dabei noch unseren Freund Greene in Nordcarolina zu unterstützen? Wie sollen wir Phillips, der über eine starke Flotte und über reichlich Artillerie verfügt, daran hindern, an den Küsten des Landes und überall an den Ufern des James River zu landen, wo er will, und Virginia mit Brand und Ausplünderung zu überziehen?« Steuben wies mit dem Finger auf die Karte. »Das Fort bei Hoods, das den Feind daran hindern könnte, den James River hinaufzufahren, ist immer noch nicht gebaut worden ... Phillips hat freie Bahn, und wir sind mit unseren Milizen, von denen uns ein großer Teil in Kürze wieder verlassen wird, da ihre dreimonatige Verpflichtung abgelaufen ist, nicht in der Lage, ihm wirkungsvoll entgegenzutreten.«

Aber Steuben hatte einen Plan entworfen, mit dem er die schwierige Lage meistern wollte. »Es gibt nur eine Lösung, meine Herren. Wir müssen sofort, noch ehe General Phillips aktiv werden kann, das Gesetz des Handelns in unsere Hände nehmen. Ich selbst werde mit zweitausend unserer besten Männer unverzüglich nach Süden marschieren und die Armee unseres Freundes Greene verstärken. Damit ist General Greene die Übermacht über Cornwallis gesichert, und er kann sofort einen entscheidenden Schlag gegen ihn führen. Ist Cornwallis vernichtet, so ist der endgültige Sieg im Süden gewiß.«

»Aber was geschieht inzwischen in Virginia?« wandte General Mühlenberg ein. »Wenn Sie mit zweitausend unserer besten Truppen hier abrücken, dann sind wir nicht mehr in der Lage, Phillips noch erfolgversprechenden Widerstand entgegenzusetzen, und ganz Virginia wird in seine Hände fallen.«

»Nein«, entgegnete Steuben. »Virginia wird nicht von Phillips besetzt werden, denn Phillips wird sich mit seiner ganzen Streitmacht auf dem schnellsten Wege nach Nordcarolina begeben, um Cornwallis zu retten. Es bleibt Philips keine andere Wahl. Er muß so handeln, denn im anderen Falle würde er, nachdem Cornwallis geschlagen ist, allein der gesamten vereinigten Südarmee gegenüberstehen und hätte keine Chance mehr. – Aber er wird, auch wenn er sich nach Nordcarolina aufmacht, Cornwallis nicht mehr helfen können, denn wir werden schneller sein. Ehe er die Nachricht unseres Abmarsches erhält und seine Truppen eingeschifft hat, werden wir auf dem Landwege bereits den entscheidenden Vorsprung haben. Ist Cornwallis vernichtet, dann sind auch Philips' Tage im Süden gezählt.«

Der Plan, der auf dem indirekten Vorgehen beruhte, bewies Steubens hohes militärisches Können.

Auch Lafayette, dem Steuben seinen Feldzugsplan vortrug, unterstützte das vorgesehene Unternehmen.

Steuben legte seinen Plan sofort dem Gouverneur und dem Geheimen Rat des Staates Virginia vor. General Weedon apellierte in einem Brief an Thomas Jefferson, dem Steubenschen Plan, den der Kriegsrat einstimmig angenommen habe und der in hohem Maße zur Beendigung des Krieges beitragen dürfte, unverzüglich zuzustimmen.

Aber wiederum verhinderten Egoismus und Kurzsichtigkeit der Vertreter Virginias, die nur ihre lokalen Interessen sahen, die Annahme des Steubenschen Planes. Der Geheime Rat entschied, daß dieser Plan bei der gegenwärtigen Lage der Dinge nicht zu rechtfertigen sei, da der Feind in Portsmouth in jüngster Zeit große Verstärkungen erhalten habe. Aus diesem Grunde könne der Staat keinerlei Truppen und Waffen entbehren, wenn auch der Plan recht einleuchtend sei.

Mit dieser Entscheidung war die Aussicht auf einen schnellen und entscheidenden Sieg gegen die Briten im Süden geschwunden, und die Situation wurde angesichts der beiden wohlausgerüsteten britischen Armeen heikler als je zuvor. Aber Steuben konnte nichts gegen den Beschluß des Geheimen Rates unternehmen, denn er besaß keinerlei Verfügungsgewalt über die Miliztruppen, die der Landesregierung unterstanden.

Er war über diese Entwicklung verbittert und gab sich keine Mühe mehr, seine Meinung über die unentschlossene und kleinliche Politik der Regierung zu verbergen. Die Vertreter des Staates nahmen Steuben seine offenen Worte übel und behaupteten, er wolle die Interessen Virginias opfern. Sie konnten es nicht begreifen, daß ein Sieg über Cornwallis in Nordcarolina zugleich die beste Verteidigung ihres eigenen Landes war. Es brach eine Zeit der Konfrontation zwischen dem militärischen Befehlshaber und den Vertretern der Regierung an, und Steuben sehnte sich danach, das Land zu verlassen.

Er habe den Staat nicht weniger satt als dieser ihn, schrieb er in einem Brief an Greene. Und wenn es nicht seine Pflicht wäre, hier auszuharren, und er seine eigene Neigung dem öffentlichen Interesse vorzöge, dann wäre er schon längst nicht mehr in Virginia.

Als Washington in Morristown von dem Steubenschen Feldzugsplan und seiner Ablehnung erfuhr, schrieb er an den General: »Wenn Sie Ihren Plan, plötzlich in Nordcarolina einzumarschieren, hätten ausführen können, wäre Lord Cornwallis höchstwahrscheinlich vernichtet worden.«

Yorktown

»Wenn Sie, lieber Baron, Virginia verlassen, dann wird alles drunter und drüber gehen«, hatte Nathanael Greene an seinen Freund geschrieben. Eine kleinliche Staatspolitik und Parteienwirtschaft würden die Beiträge für die Verteidigung auf ein Minimum reduzieren, und die Südarmee müßte zusammenbrechen. Wenn Steubens Kommando auch wenig erfreulich sei, so trage es doch in hohem Maße dazu bei, das Land vor Unheil zu bewahren.

Greenes Appell an Steuben war nicht vergebens; der General blieb in Virginia. Es kam, wie er erwartet hatte. Als die dreimonatige Verpflichtung der Milizen abgelaufen war, gaben die meisten ihre Gewehre ab und gingen nach Hause. Der Gouverneur aber weigerte sich, neue auszuheben, bevor die Dienstzeit der anderen abgelaufen war. Jefferson versuchte um jeden Preis zu sparen.

Die Miliztruppen schmolzen zusammen wie der Schnee unter der Sonne. Hinzu kam noch, daß viele der Virginier bereits desertiert waren, bevor ihre Dienstzeit abgelaufen war. Die Regierung unternahm nichts, um die Deserteure wieder zu ergreifen und sie zu bestrafen.

Die Milizen, die ihre drei Monate gedient hatten, hätten selbst ihre Entlassung vorgenommen, berichtete General Mühlenberg an Steuben. Hundert seien in einer einzigen Nacht aus seinem Lager entwichen. Er habe jetzt keine siebenhundert Mann mehr zur Verfügung.

Die Überlegenheit der britischen Streitkräfte wurde so groß, daß sich Steuben, als General Phillips bei City Point landete, mit seinen Truppen in das Landesinnere zurückziehen mußte.

Um aber den Transport von Waffen und Ausrüstungsgegenständen zu sichern, lieferte er den vorrückenden Briten bei Blandford ein hinhaltendes Gefecht. Mit etwa neunhundert Mann Miliz verteidigte sich Steuben gegen zweitausenddreihundert Soldaten britischer Elitetruppen.

Steuben sah die Schützenketten der britischen leichten Infanterie über das buschbewachsene Gelände vorgehen. Die roten Uniformen leuchteten zwischen den Gebüschen in der Sonne. Er wußte, daß er sich nicht lange halten konnte, doch es mußte wenigstens der größte Teil des ihm anvertrauten kostbaren Materials gerettet werden.

Die Munition war knapp. Steuben hatte seinen Soldaten befohlen, nur auf lohnende Ziele zu schießen. Langsam von Baum zu Baum und von Strauch zu Strauch zogen sich die Amerikaner vor den nachdrängenden Briten zurück. Die britische Artillerie eröffnete ein heftiges Feuer, aber sie erzielte nur geringe Wirkung.

Nach etwa zwei Stunden kam von verschiedenen Seiten die Meldung, daß die Munition zu Ende gehe. Die Vorräte waren inzwischen in Sicherheit gebracht, und Steuben konnte den Befehl zum Rückzug geben.

Die Miliz ging, trotz des starken feindlichen Artillerie- und Gewehrfeuers, ohne Hast und in guter Ordnung über die Brücke bei Pocahontas zurück, die, nachdem der letzte sie passiert hatte, gesprengt wurde. Nicht ein einziger Mann war den Briten als Gefangener in die Hände gefallen.

Jefferson beglückwünschte Steuben am 26. April zu diesem erfolgreichen Gefecht und stellte in einem Brief an Washington dem General höchstes Lob aus.

Steuben blieb mit den britischen Truppen weiterhin in Fühlung, aber er war zu schwach, um ihrem Vormarsch Widerstand entgegensetzen zu können. General Phillips zog in Petersburg ein, zerstörte die im Hafen liegenden Schiffe und verbrannte die Lagerhäuser mit den Tabakvorräten. Eine andere Abteilung unter dem Befehl von Benedict Arnold verwüstete die Gegend um Warwick. Auch in Manchester wurden alle Vorräte und Lagerhäuser vernichtet. Das Ziel des Zerstörungsfeldzuges von General Phillips war die Hauptstadt Richmond.

Um das gefährdete Virginia zu retten, und um eine Vereinigung der Streitkräfte des Generals Phillips mit denen des Generals Cornwallis zu verhindern, hatte Washington dem Marquis de Lafayette den Befehl erteilt, mit seinen Truppen sofort nach Virginia zu marschieren.

Lafayette übernahm gleich nach seiner Ankunft den Oberbefehl über alle Truppen in Virginia, so daß Steuben zu seiner eigentlichen Aufgabe zurückkehren konnte: den Nachschub an Soldaten und Material für die Südarmee zu organisieren.

Vom Süden her rückte währenddessen Lord Cornwallis mit seiner Armee heran, um sich in Virginia mit den Truppen des Generals Phillips zu vereinigen. General Phillips starb plötzlich, wenige Tage bevor die Vereinigung der beiden Armeen in Petersburg stattfand. Lord Cornwallis übernahm den Oberbefehl über die Streitmacht von mehr als fünftausend Mann. Er verfügte über Kanonenboote, Transportfahrzeuge und Kavallerie.

Die Kontinentalsoldaten und die Milizen Lafayettes, die ihrem Gegner zahlenmäßig unterlegen waren, besaßen dagegen kaum Pferde, obwohl im Lande genügend vorhanden waren. Da aber die virginische Regierung nur »mit Zustimmung der Regierten« ihre Maßnahmen traf, blieben die Pferde dem Feinde vorbehalten, der sich keineswegs scheute, sie zu requirieren.

Bald nachdem Lafayette in Virginia eingetroffen war, hatte Greene Steuben gebeten, recht bald mit allen ausgebildeten Rekruten der Kontinentalarmee zu ihm zu stoßen, da er einer schnellen Hilfe bedürfe.

Steuben legte den Brief des Generals sofort dem Gouverneur Jefferson und Lafayette vor, die er im Regierungsgebäude von Richmond aufsuchte.

»Wieviel Rekruten haben Sie zur Zeit zur Verfügung?« fragte Lafayette.

»Kaum dreihundert Mann.«

»Das ist nicht viel. Damit werden Sie kaum zu Greene marschieren können, denn er braucht eine wirkliche Unterstützung.«

»Das ist mir klar«, antwortete Steuben. »Aber wie mir von der Regierung versichert wurde, werden in Kürze neue Aushebungen verfügt.

»Leider können wir von denjenigen Bezirken, die bereits Milizen im Felde stehen haben, keine Mannschaften für die Kontinentalarmee verlangen«, erklärte Jefferson. »Das ist gegen die mit den Bezirken getroffenen Vereinbarungen.«

»Wieviel Rekruten werden die übrigen Bezirke stellen können, Herr Gouverneur?« fragte Steuben. »Mit wieviel Männern kann ich im ganzen rechnen?«

»Es werden gegen tausendfünfhundert Mann sein«, erwiderte Jefferson. »Soviel kann ich Ihnen sicher versprechen!«

»Wo wollen Sie die Aufgerufenen versammeln, und wo wollen Sie eine so große Anzahl Soldaten ausbilden?« fragte Lafayette. »Die Kasernen bei Chesterfield Court House sind von den Briten zerstört worden.«

»Ich hatte an Albermarle Barracks gedacht«, antwortete Steuben. »Dort befinden sich jetzt schon Rekruten. Aber Oberst Davies schrieb mir, daß die Unterkünfte in Albermarle Barracks bereits sehr baufällig seien, und es sei auch kaum Holz für Ausbesserungsarbeiten in der Nähe. Er schlug mir deshalb Point of Fork als neues Ausbildungszentrum vor.«

»Ich halte diesen Platz für sehr geeignet«, erklärte der Gouverneur. »In Point of Fork befinden sich die Magazine mit den Heeresvorräten unseres Staates. Es ist gut, wenn der General mit seinen Soldaten zugleich den Schutz der Magazine übernimmt. Ich werde sofort Anweisungen geben, daß sich die neuen Rekruten in Point of Fork sammeln sollen.«

»Gut, lieber Baron, gehen Sie nach Point of Fork«, sagte der Marquis, »auch ich bin mit der Wahl dieses Platzes einverstanden.«

»Aber bevor General Steuben uns verläßt, habe ich mit ihm noch einige Worte zu reden«, sagte Jefferson, »und möchte ihn bitten, wenn diese Besprechung zu Ende ist, noch einen Moment zu bleiben und mir Gehör zu schenken.«

Der Marquis verabschiedete sich und verließ den Raum.

»Sie sind in unserem Lande sehr unbeliebt geworden, General«, sagte Jefferson, als er mit Steuben allein war. »Von allen Seiten kommen Beschwerden, und wie man hört, pflegen Sie selbst gegen unsere Regierung recht harte Worte zu gebrauchen.«

Steuben hob überrascht den Kopf. »Wollen Sie mich zur Rechenschaft ziehen, Herr Gouverneur? Oder wie soll ich Ihre Worte auslegen?«

»Weder ich noch die Regierung unseres Staates können Sie zur Rechenschaft ziehen, Baron. Das wäre die Aufgabe des Kongresses oder des Oberkommandierenden. Aber die Klagen, die man über Sie führt, werden auch dort vorgebracht. Die Vorurteile gegen Sie sind stark und gewiß nicht grundlos. Sie haben sich in die Angelegenheit unseres Staates einzumischen versucht und unserer Exekutive Ihren Willen aufzwingen wollen. Aber wir lassen uns von niemand diktieren, auch von Ihnen nicht, General!«

»Wie wollen Sie denn für die Freiheit Ihres Landes kämpfen, wenn Sie Ihre Soldaten nicht mit den Mitteln ausrüsten, die für diesen Kampf notwendig sind?«, entgegnete Steuben.

»Die gerechte Sache wird immer siegen«, sagte Jefferson. »Denn sie ist in den Herzen der Menschen begründet!«

Steuben machte eine Handbewegung, als wolle er die hohlen Worte des Mannes hinwegwischen, der ihm gegenübersaß. »Ich werde Ihnen die wahren Ursachen nennen, weshalb ich hier im Lande unbeliebt geworden bin«, sagte er bitter, ohne weiter auf die Antwort Jeffersons einzugehen. »Es paßt Ihren Herren nicht, daß ich auf die Erfüllung des vom Kongreß festgesetzten Planes zur Rekrutierung virginischer Soldaten für die Kontinentalarmee gedrungen habe, wie es meine Pflicht ist. Es paßt ihnen nicht, daß ich mich immer wieder über die unglaublichen Verhältnisse in der virginischen Miliz beklagt habe. Jeder im Lande glaubt tun zu können, was er will, und niemand ist da, der ihn zur Befolgung der Anordnungen der Regierung anhält. Ich habe mich über das üble Betragen der berittenen Freiwilligen aus den Kreisen der wohlhabenden Pflanzer beschwert. Jeder dieser jungen Leute benimmt sich, als sei er sein eigener General, aber keiner von ihnen will Soldat sein. Ich habe die Nachlässigkeit, die manches Mal an direkten Verrat grenzt und an der Tagesordnung zu sein scheint, auf das schärfste kritisiert!«

Steuben stand auf. »Ich frage Sie, Herr Gouverneur, was soll ich tun, wenn die besten Geschütze, die das Land besitzt, sich in der Obhut eines Obersten befinden, den ich noch niemals zu Gesicht bekommen habe und der als Feldmesser im Lande herumreist? Das Ingenieurkorps wird von einem alten Trunkenbold geleitet. Das Kriegsdepartement ist in der Hand eines bankrotten schottischen Kaufmannes, der sich beständig mit Frauen herumtreibt und weder Kenntnisse noch Interesse besitzt. Der Generalquartiermeister in diesem Lande aber ist zugleich Gefängniswärter und ein nichtswürdiges Subjekt dazu. Sechstausend Musketen habe ich verrostet oder verfault in einem Salzschuppen und an anderen feuchten Orten aufgestapelt vorgefunden!«

Steuben hatte sich in Zorn geredet. »Die Regierung hat die Arbeiten in den Gewehrmanufakturen einstellen lassen, weil angeblich weder Geld noch Material vorhanden war, aber auch die beschädigten Musketen konnten nicht repariert werden, weil keine Vorbereitungen dafür getroffen waren. Meine Listen für all die Artikel, die für die Ausstattung der Truppen dringend benötigt werden, wurden in den meisten Fällen gar nicht beachtet. Weder Patronentaschen noch Sättel wurden geliefert. Es gab nicht einmal Blei zur Herstellung von Munition. Und wenn ich mich über alle diese Tatsachen beschwerte, die Nachlässigkeiten mißbilligte und manchmal auch das Benötigte energisch forderte, dann waren die Vertreter Ihrer Regierung gekränkt, meine Kritik wurde übel vermerkt, und ich lernte die Boshaftigkeit dieser Leute kennen. Ich hätte schon längst diesen Staat verlassen, Herr Gouverneur, und hätte mich zur Armee des Generals Greene begeben, aber meine Pflicht hat mich bisher daran gehindert.«

Jefferson schwieg. Was sollte er antworten? Der General hatte von seinem Standpunkt aus recht, und es gab niemand, der ihm die redlichsten Bemühungen für die Sache, der er diente, absprechen konnte. Gewiß, er war leicht erregbar, aufbrausend, machte wenig Umschweife und sprach die nackte Wahrheit aus, auch wenn es vielen nicht paßte.

Es ist manchmal bitter und unbequem, die Wahrheit anzuerkennen, das wußte auch Jefferson. Dieser Mann, der vor ihm stand, war nicht von seiner Art, sie waren einander fremd, aber er war ehrlich, und man konnte ihm die Achtung nicht versagen.

»Lassen Sie mich Ihnen noch eins erklären«, fuhr Steuben fort, »ich habe schon immer die Kleinlichkeit und Zaghaftigkeit, die Furcht vor Entscheidungen und die Nachlässigkeit gehaßt, denn sie ersticken jede Initiative. Amerika ist jung, aber schon eine große und starke Nation, die keine Macht der Welt unterwerfen könnte, aber der Kleinmut und die Korruption führen das Land an den Rand des Abgrundes.«

Jefferson stand auf und reichte Steuben die Hand. »Ich nehme Ihre Gründe zur Kenntnis, General«, sagte er müde. »Ich wünsche Ihnen bei Ihren weiteren Unternehmungen viel Glück.«

Point of Fork war eine Landzunge zwischen James River und Rivanna, an dessen Mündung, etwa siebzig Kilometer oberhalb von Richmond, das Ausbildungslager lag. Da man den Vormarsch der vereinigten britischen Armee unter Lord Cornwallis befürchtete, hatte die virginische Regierung verfügt, daß die in den staatlichen Proviantmagazinen von Point of Fork lagernden Vorräte über den Fluß geschafft und weiter westlich in das Landesinnere gebracht werden sollten. Den Abtransport dieser Vorräte sollte Steuben, solange er sich mit seinen Truppen in Point of Fork befand, überwachen und schützen.

Als Steuben dort eintraf, fand er aber statt der versprochenen tausendfünfhundert Rekruten nur fünfhundertfünfzig Mann vor, von denen viele völlig untauglich zum Militärdienst waren. Es fehlte die Bekleidung für die Soldaten, lediglich die Waffen waren eingetroffen.

Steuben schrieb an das Repräsentantenhaus in Virginia und wies darauf hin, daß die zugesagte Ausrüstung nicht eingetroffen sei. Er wandte sich an den Marquis de Lafayette und beklagte sich, daß man ihn mit fünfhundertfünfzig Mann ohne Schuhe, Hemden, Socken, Decken und Patronentaschen sitzengelassen habe.

Der Marquis de Lafayette befand sich auf dem Rückzug vor Lord Cornwallis, der ihn hart bedrängte. Regierung und Gouverneur von Virginia waren vor Cornwallis von Richmond nach Charlottesville geflüchtet, auf das jetzt eine britische Abteilung unter Tarleton marschierte, um Jefferson und sein Repräsentantenhaus gefangenzunehmen.

Eine zweite Abteilung unter Oberst Lincoln wurde von General Cornwallis nach Point of Fork entsandt, um die dortigen Proviantmagazine des Staates Virginia zu plündern und zu zerstören.

Von alledem wußte Steuben nichts, denn die Verbindungen waren abgerissen. Erst in der Nacht zum 14. Juni erreichte Steuben eine Meldung, daß eine feindliche Kolonne den James River aufwärts marschiere. Der General ordnete an, daß die in den Magazinen lagernden Vorräte, mit deren Abtransport man bereits beschäftigt war, beschleunigt über den Fluß gebracht werden sollten, aber im übrigen blieb die Meldung unbestätigt.

Am nächsten Morgen gegen fünf Uhr wurde Steuben durch seinen Diener aus dem Schlafe gerüttelt. »Herr General, der Feind ist im Anmarsch. Ein Offizier möchte Ihnen Meldung machen.«

Steuben sprang auf und griff nach seiner Kleidung. »Lassen Sie den Herrn herein«, sagte er, noch während er sich anzog.

Ein staubbedeckter Kavalleriemajor, auf dessen Stirne der Schweiß glänzte, trat ins Zimmer.

»Major Call von Oberstleutnant Washingtons Korps«, stellte er sich vor. »Der Oberst hat mich beauftragt, Ihnen zu melden, daß der Feind auf Point of Fork vorrückt. Zwei starke Kolonnen sind im Anmarsch. Eine Kavallerieabteilung steht bereits bei Gochland Court House, und eine andere feindliche Truppe, die ebenfalls zum großen Teil beritten ist, befindet sich bei Louisa Court House.«

»Wie stark sind die feindlichen Verbände?« fragte Steuben.

»Die Truppen bei Louisa Court House sind mindestens tausend Mann stark. Die Kavallerie dagegen schätze ich auf vier- bis fünfhundert Mann.«

»Woher haben Sie diese Angaben?« erkundigte sich der General.

»Ich habe beide Kolonnen selbst beobachtet und bin ihnen nur mit knapper Not entwischt.«

Der General ließ die Adjutanten rufen und erteilte augenblicklich seine Befehle. Die beiden feindlichen Abteilungen waren bereits in bedrohlicher Nähe. Hinzu kam, daß sie nicht nur mindestens dreimal so stark, sondern als Berittene auch dreimal so schnell wie die von Steuben geführten Amerikaner waren. Die gemeldeten Abteilungen konnten die Vorhut von Lord Cornwallis sein. Wenn Steuben nicht sofort handelte, wurde er von der Übermacht der feindlichen Reiter umgangen und saß in der Falle. Mit den ihm zur Verfügung stehenden ungeübten Rekruten konnte er dem Gegner keinen ernsthaften Widerstand entgegensetzen. Wenn er mit dem Rückzug zögerte, bedeutete dies den Verlust des Bataillons.

Der General ließ, nachdem er zwei kleinere Abteilungen als vorgeschobene Sicherungen entsandt hatte, die Wagen mit den Vorräten und anschließend das Bataillon über den James River setzen, der zu dieser Zeit viel Wasser führte. Damit hatte er seine Truppe zunächst gegen eine Überraschung gesichert. Eine Nachhut von fünfzig Mann blieb weiterhin auf der anderen Seite des Flusses, um die Furten des Rivanna zu überwachen und Steuben zu benachrichtigen, wenn der Feind den Fluß überschritten und Point of Fork besetzte.

Währenddessen ging der Abtransport der Vorräte aus den Magazinen weiter. Steuben stellte dazu die Bagagewagen seines Bataillons zur Verfügung. Der weitaus größte Teil der Vorräte befand sich bereits in Sicherheit, aber noch während der ganzen Nacht wurden Güter über den Fluß geschafft.

Am nächsten Morgen sandte Steuben einen Leutnant und vier Dragoner auf Erkundung aus. Aber die Patrouille fiel in die Hände der Briten, und Steuben blieb ohne Nachricht.

Am Vormittag meldete einer von Steubens Kundschaftern, daß die Rotröcke bereits den Rivanna überschritten hätten und sich knapp vier Meilen oberhalb der Flußgabelung befänden.

Der General beauftragte einen Offizier, die Nachhut zurückzurufen, aber auch er wurde von den Briten gefangengenommen. Die Soldaten hatten beim Erscheinen der Angreifer die Flucht ergriffen. Auf die eingeschüchterten Rekruten, die vordem noch niemals den Feind gesehen hatten, war kein Verlaß.

Gegen Mittag erschienen die Briten in Point of Fork. Steuben konnte sie in ihren roten Uniformen mit den weißen Hosen am jenseitigen Ufer des James River beobachten.

Die über den Fluß gebrachten Vorräte wurden den ganzen Tag über weitertransportiert. Aber als der Abend dämmerte, lag noch immer ein Teil der Sachen am Südufer des James River.

In der Dunkelheit brannten auf dem jenseitigen Flußufer die Lagerfeuer der Briten.

Der General wußte, daß er mit seinen fünfhundert unerfahrenen Rekruten das Flußufer nicht gegen tausend kriegsgewohnte britische Soldaten verteidigen konnte. Der James River hatte nur wenige Meilen weiter oberhalb einige Stellen, die ohne Schwierigkeiten durchwatet werden konnten. Zudem besaßen die Briten eine Anzahl Boote und Flöße zum Übersetzen.

Das Bataillon durfte nicht in die Hände des Feindes fallen. Steuben gab noch in der Nacht den Befehl zum Abmarsch nach Süden.

Als der britische Oberst Simcoe mit seinen Truppen am nächsten Tage den James River überschritt, fand er das Südufer verlassen. Nur noch wenige Vorräte, die man nicht mehr hatte wegschaffen können, fielen in seine Hände.

Der Abmarsch der Amerikaner war gerade zur rechten Zeit erfolgt. Wenige Stunden später vereinigten sich die von Charlottesville kommenden Truppen General Tarletons mit der Abteilung des Obersten Simcoe. Bereits am Tage darauf hatte Cornwallis seine ganze Armee wenige Meilen unterhalb von Point of Fork am Nordufer des James River versammelt. Hätte Steuben auch nur einen einzigen Tag gezögert, so wäre das Bataillon gewiß nicht mehr entkommen.

Mit seinem Rückzug hatte Steuben Oberst Simcoes Plan vereitelt, ihn und seine Truppe gefangenzunehmen oder zu vernichten. Er hatte lieber einen Teil der Vorräte geopfert als seine ganze Mannschaft, einschließlich ihrer Waffen.

In Eilmärschen zog das Bataillon des Generals nach Süden. Am 10. Juni rastete es bei Coles Ferry, etwa hundert Kilometer von Point of Fork entfernt.

Hier erhielt Steuben von General Summer die Nachricht, daß Greene, auf Grund der Verlagerung des Schwerpunktes der Kämpfe nach Virginia, angeordnet habe, daß Steuben dort verbleiben solle und das Summer ihm mit einem Teil der in Nordcarolina stehenden Truppen entgegen marschiere, um ihn zu unterstützen. Das war die erste Nachricht, die Steuben nach so langer Zeit erhielt, während der er ganz auf sich selbst gestellt war.

Steuben marschierte zurück. Bei Prince Edwards Court House erreichte ihn am 13. Juni ein Schreiben Lafayettes. Der Marquis war inzwischen durch 800 Mann pennsylvanische Truppen unter General Wayne verstärkt worden und benachrichtigte Steuben, daß er sich mit ihm vereinigen solle, um gemeinsam gegen Cornwallis zu operieren.

»Ich fürchte, daß General Greenes Brief, worin er Sie ersucht, bei uns zu bleiben, Sie noch nicht erreicht hat«, schrieb Lafayette. »Aber wenn Sie nach der Zeit von General Greenes Marsch nach Ninety Six und Augusta keine Befehle mehr empfangen haben, so kann ich Sie mit Bestimmtheit versichern, daß er Ihre Vereinigung mit uns wünscht.«

222

Nach langen und strapazenreichen Märschen traf Steuben am 19. Juni dreißig Kilometer nördlich von Richmond auf die Truppen Lafayettes.

Wenige Tage danach erkrankte Steuben. Die Gewaltmärsche und das ungewohnte heiße Klima hatten seine Gesundheit angegriffen. Ein heftiger Gichtanfall mit starken Schmerzen warf ihn nieder. Hinzu kam eine Furunkulose, die sich über den ganzen Körper ausbreitete. Der Kranke wurde in ein Landhaus bei Charlottesville gebracht.

Während der General im Bett liegen mußte, wurden in der gesetzgebenden Versammlung von Virginia, die nach der Flucht vor Cornwallis jetzt in Staunton tagte, Stimmen gegen ihn laut, die ihn anklagten. Man machte ihn für den britischen Vormarsch am James River verantwortlich.

Steubens Rückzug aus Point of Fork und die Tatsache, daß dabei einige der Vorräte aus den Magazinen in die Hände des Feindes gefallen waren, nahmen rachsüchtige virginische Politiker zum Vorwand, um den General anzugreifen. Sie verleumdeten Steuben, er sei vor den Briten geflohen, anstatt die Magazine von Point of Fork zu verteidigen, und habe mit virginischen Truppen das Land verlassen wollen, als sich die gesamte feindliche Heeresmacht dort vereinigte. Steuben kannte seine Gegner. Es waren diejenigen, die durch ihre bürokratische Kleinlichkeit, ihre Unfähigkeit und ihren persönlichen Egoismus den Staat geschwächt und ihn fast unfähig gemacht hatten, den Briten ernsthaften Widerstand entgegenzusetzen.

Wäre nur das kleine Fort bei Hoods rechtzeitig errichtet worden, auf dessen Bau Steuben immer wieder hingewiesen hatte, so hätten die Engländer nicht so weit vordringen können. Steuben hatte die Schuldigen, die jetzt in Staunton saßen, immer wieder gemahnt, kritisiert und zum Schluß, als nichts half, mit offener Verachtung bedacht. Sein Diensteifer und seine uneigennützige Energie waren von diesen Leuten, die nur ihre eigenen Interessen kannten, als unbequem und störend empfunden worden. Seine rücksichtslose Wahrhaftigkeit mit der er die Tatsachen aussprach, und der Sarkasmus, den er schließlich über sie ausschüttete, waren von ihnen äußerst übel aufgenommen worden.

Diejenigen, die selbst den Staat in die bedenkliche Lage gebracht hatten, suchten nun einen Sündenbock, auf den sie ihre Schuld abladen konnten. Was lag näher, als den unbequemen General dafür zu nehmen, der auf dem Krankenbett lag und sich nicht wehren konnte.

Ende Juli erreichte den Baron ein Brief General Greenes, der von Steubens Krankheit noch nichts erfahren hatte und ihn bat, nunmehr doch so bald wie möglich zu ihm zu kommen, selbst wenn er keinen einzigen Mann mitbringen könne.

Steuben antwortete: »Ich habe Ihr geehrtes Schreiben vom 19. Juli empfangen, worin Sie mich zu sich befehlen. Wenn es Gott gefallen hätte, mein lieber General, daß mich dieser Befehl einige Monate früher erreicht hätte, so würde ich vielem Ärger und Verdruß entgangen sein. Aber über dieses Thema will ich schweigen, bis ich Sie zu sehen das Vergnügen habe ...« Dann berichtete Steuben über seine Krankheit, die ihn daran hinderte, dem Befehl augenblicklich Folge zu leisten.

Aber General Greene erfuhr von anderer Seite von den Vorwürfen, die man seinem Freunde machte, und schrieb bald danach an diesen: »Es hat mich schmerzlich berührt, daß ein so eifriger und für das öffentliche Wohl besorgter Mann wie Sie für seine wohlgemeinten Bemühungen statt der Anerkennung Ärger und Kummer erntet. Aber lassen Sie, mein teurer Baron, ich bitte Sie darum, die gemeinen Angriffe nichtswürdiger Menschen nicht zu tief auf Sie wirken. Das Verdienst ist oft für eine Zeit verdunkelt, die besten Absichten sind einem parteiischen Tadel bloßgestellt, und zwar in einem republikanischen Lande mehr als anderswo. Allein, es kommt selten vor, daß ein verdienter Mann ohne die ihm schuldige Anerkennung bleibt, denn so sehr auch die Menschen sich eine Zeitlang irren, so sind sie doch, wenn sie eines Besseren belehrt wer-

den, bereit, ihre Anklage fallen zulassen und die Wahrheit anzuerkennen. Ich bin überzeugt, daß Sie in jeder Beziehung die richtigen
Maßregeln ergriffen haben, und vertraue so sehr auf die endliche
Gerechtigkeit des Volkes, daß meine Ansicht, wie ich nicht zweifle,
sich in Ihrem Falle bald bestätigen wird.«

Als Steuben später, nachdem er wieder gesund war, vom Gouverneur eine Untersuchung verlangte, erhielt er keine Antwort auf sein
Schreiben.

Steuben wußte, daß er richtig gehandelt hatte und jeder militärische Sachverständige ihn rehabilitieren würde. Er wandte sich abermals an den Sprecher des Repräsentantenhauses von Virginia und
erfuhr nun, daß die Angelegenheit erledigt sei und nicht wieder aufgenommen würde.

Man hatte inzwischen gemerkt, daß die Verdächtigungen haltlos
waren, lehnte es aber ab, den General öffentlich zu rehabilitieren.
Man verleumdete nach dem Prinzip: Es wird schon etwas hängen-
bleiben.

Während der Krankheit Steubens veränderte sich die Lage beträchtlich. Im Juli war die Amtszeit des Gouverneurs Thomas Jefferson abgelaufen, und er war nicht wiedergewählt worden. Wenn
auch Jefferson auf politischem Gebiet als einer der geistigen Weg-
bereiter der Revolution galt, so hatte sich seine Tätigkeit als Kriegs-
gouverneur doch außerordentlich schädlich ausgewirkt. Zu seinem
Nachfolger war der General Thomas Nelson gewählt worden, der
sich sofort mit Energie und Umsicht ans Werk machte, um die Lage
im Lande zu verbessern, so weit dies gegenwärtig bei den erschopf-
ten staatlichen Mitteln und der Unordnung möglich war.

Zur gleichen Zeit war eine große französische Flotte in Amerika
eingetroffen. Zahlreiche Regimenter waren gelandet. Unter dem Jubel der Bevölkerung marschierten die französischen Truppen in ihren strahlendweißen Uniformen, die Musikkorps voran, durch
Philadelphia.

Auch Geld war mit einemmal genügend vorhanden. Der Kongreß hatte Robert Morris, einen wohlhabenden Kaufmann, zum Fi-

nanzverwalter der Vereinigten Staaten ernannt. Morris dämmte die Verschwendung und die Korruption ein und beschaffte neue Anleihen, zum Teil sogar auf seinen persönlichen Kredit, so daß die Armee mit Bekleidung, Verpflegung und Löhnung ordnungsgemäß versehen werden konnte.

Durch das Eintreffen der neuen französischen Verstärkungen waren die Verbündeten nun endlich in der Lage, zum entscheidenden Kampf gegen die Briten anzutreten, um den Krieg zu beenden.

Washington traf sich mit dem französischen Oberbefehlshaber Rochambeau in Connecticut, um den weiteren Verlauf des Feldzuges festzulegen. Es wurde beschlossen, gemeinsam entweder gegen Clinton in New York oder gegen Cornwallis in Virginia vorzugehen. Der letztere hatte inzwischen begonnen, die Stadt Yorktown als einen Stützpunkt auszubauen. Die Entscheidung hierüber sollte dem Befehlshaber der Flotte, Admiral de Grasse, überlassen werden, da die Flotte einen wesentlichen Anteil an den geplanten Operationen haben würde.

De Grasse entschied sich für Yorktown, da ein Angriff auf den schlecht zugänglichen New Yorker Hafen mit großen Schwierigkeiten verbunden war und keine guten Aussichten bot.

In der zweiten Augusthälfte gab Washington den Befehl für den Abmarsch nach Süden. Sechstausend Mann, Franzosen und Amerikaner, gingen über den Hudson, während viertausend Amerikaner vor New York stehenblieben, um Clinton zu binden.

Die Flotte aber segelte mit der Belagerungsartillerie und einigen tausend Mann französischer Truppen zur Chesapeake-Bucht, in der sie am 30. August eintraf und vor Anker ging. Kurz darauf erschien, von Norden kommend, eine britische Flotte unter Admiral Graves. In einer fünftägigen Seeschlacht wurden die Briten von de Grasse geschlagen und mußten sich mit schweren Verlusten nach New York zurückziehen. Die Franzosen waren die Herren der Chesapeake-Bucht.

Ende August besserte sich das Befinden Steubens, und er bereitete sich darauf vor, so bald wie möglich zu Greenes Armee zu reisen.

Aber am 3. September erhielt er einen Brief von Lafayette, den er von der Besserung seines Zustandes in Kenntnis gesetzt hatte. Der Marquis bat den Baron, sich zu seiner Unterstützung in sein Hauptquartier zu begeben. Zugleich teilte er Steuben die Ankunft der französischen Flotte in der Chesapeake-Bucht mit.

Steuben entschied sich, bei der Armee Lafayettes zu bleiben, und unterrichtete Greene in einem Brief über die Gründe dieses Entschlusses: »Ich habe Grund zu fürchten, daß meine Abreise in diesem Augenblick zu meinem Nachteile von Leuten ausgelegt werden würde, welche den guten Ruf eines jeden ehrlichen Mannes zu zerstören suchen. Sie wissen ohne Zweifel, mein lieber General, wie sauer man mir das Leben in diesem Staat gemacht hat. Das größte Opfer, welches ich dem öffentlichen Interesse bringe, ist dieses, daß ich meine Bemühungen um Genugtuung bis nach dem Schluß des gegenwärtigen Aktes verschiebe. Wenn ich früher den Staat verließe, so würde ich meinen Feinden Waffen gegen mich in die Hände geben ... Ich bitte Sie, mir zu erlauben, daß ich dieses sich jetzt vorbereitende Unternehmen mitmache ...« Sollte der General jedoch anderer Ansicht sein, schrieb Steuben weiter, so würde er sich sofort, wenn er dies erführe, auf den Weg zur Südarmee machen.

Wenige Tage später schrieb Steuben seinem Freunde Nathanael Greene, daß er im Lager von Lafayette bei Williamsburg General Washington und den Grafen Rochambeau gesprochen habe, die bereits am 14. September noch vor ihren Truppen dort eingetroffen waren.

Steuben nahm sofort wieder seine Tätigkeit als Generalinspekteur der Armee auf. In der letzten Septemberwoche trafen die verbündeten Truppen ein und lieferten den in Yorktown verschanzten Briten die ersten Gefechte.

»Alle Vorbereitungen für unser großes Unternehmen sind im Gange, und bisher hat das Glück unserer Arbeit zur Seite gestanden«, berichtete Steuben an Greene. »Dies, mein lieber General, ist der entscheidende Moment, die glücklichste Zeit, welche ich in Amerika verbracht habe. Jeder Vorteil scheint sich auf die Seite der guten und gerechten Sache zu neigen. Der junge Oberst Laurens besuchte mich gestern. Er ist soeben aus Frankreich zurückgekehrt und bringt alles mit was zur Beendigung des Krieges notwendig ist.«

Siebentausend Franzosen und neuntausend Amerikaner, davon fünftausendfünfhundert Mann Kontinentaltruppen und dreitausendfünfhundert Mann Miliz, waren nun vor Yorktown versammelt. Sie hatten siebentausendfünfhundert Briten unter Cornwallis in der Stadt eingeschlossen und belagerten sie.

Der letzte Akt des Unabhängigkeitskrieges hatte begonnen.

Die amerikanische Armee vor Yorktown wurde auf Befehl ihres Oberkommandierenden neu eingeteilt. Washington bildete drei Divisionen, mit deren Führung er Steuben, Lafayette und Lincoln betraute.

Die Ernennung Steubens zum Divisionskommandeur in dem entscheidenden Feldzug des Krieges war ein Ausdruck des Vertrauens für den General. Washington trat mit dieser Auszeichnung eindeutig den in Virginia erhobenen Beschuldigungen gegen Steuben entgegen.

Zur Division Steubens gehörten die Brigaden der Generale Wayne und Gist, Truppen aus Pennsylvania und Maryland. Die Division war 2309 Mann stark, wovon 1356 auf die Brigade Waynes und 953 auf die von Gist kamen.

Steuben war der einzige höhere amerikanische Offizier, der bereits an Belagerungen teilgenommen hatte und Kenntnisse sowie Erfahrungen in dieser Art der Kriegsführung besaß. Washington zog aus diesem Grunde Steuben ständig zur Beratung und Mitarbeit bei der Ausarbeitung der Pläne für die Belagerungsoperationen heran.

Der Tagesbefehl des Oberkommandierenden vom 6. Oktober, der genaue Anweisungen für die Truppen in der Technik des Belagerungskrieges enthält, ist wahrscheinlich unter Steubens Leitung entworfen worden. Auch bei den Beratungen mit dem französischen Generalstab über die gemeinsamen Operationen vertrat Steuben die amerikanische Armee als Sachverständiger.

In der Nacht vom 6. Oktober begannen die Truppen Lincolns mit dem Ausheben des ersten parallel zu den britischen Befestigungen angelegten Laufgrabens. Er sollte etwa 550 Meter von den feindlichen Verschanzungen entfernt verlaufen.

Die Nacht war mondlos und finster, und die Arbeiten wurden in größtmöglicher Stille durchgeführt. Erst als die Sonne aufging, bemerkten die Briten die vor ihrem Befestigungsverhau schanzenden Amerikaner und eröffneten ein heftiges Artilleriefeuer. Aber die Amerikaner, die durch das im Laufe der Nacht ausgehobene Grabenstück gedeckt waren, arbeiteten ohne Unterbrechung weiter.

Am 9. Oktober waren sämtliche Belagerungsgeschütze in Stellung bracht worden, und es begann die Beschießung der Stadt aus 52 schweren Mörsern und Kanonen. General Washington eröffnete die Kanonade, indem er das erste Geschütz selbst abfeuerte. Im gleichen Augenblick schossen sämtliche Kanonen und Mörser eine Salve und setzten anschließend das Bombardement pausenlos fort.

Zwei Tage darauf begann Steuben mit seiner Division einen zweiten parallelen Laufgraben auszuheben, der nur noch 250 Meter vom Feinde entfernt war. Steuben selbst gab während der ganzen Nacht seinen Männern die nötigen Anweisungen und spornte sie bei der Arbeit an. Alles ging in größter Stille vor sich. Man hörte nur das Geräusch der Spaten und den dumpfen Fall der aus dem Graben geworfenen Erde.

Am Himmel zogen die Geschosse der Artillerie, die auch bei Nacht die Beschießung fortsetzte, feurige Bahnen hinüber und herüber. Mit ohrenbetäubendem Krach detonierten die mit Pulver gefüllten Hohlkugeln kurz nach ihrem Einschlag. Diese mit brennenden Lunten versehenen Explosivgeschosse jagten wie Meteore mit feuersprühendem Schweif durch die Nacht. Während des Tages konnte man die Geschosse als kleine schwarze Kugeln am Himmel dahinsausen sehen.

Als Steuben eines Tages mit General Wayne die Laufgräben inspizierte, schlug eine feindliche Granate dicht neben ihm auf der Grabenböschung ein. Steuben warf sich sofort auf den Boden des Grabens. General Wayne folgte augenblicklich seinem Beispiel. Da der Graben an dieser Stelle aber sehr schmal und nur wenig Platz vorhanden war, weil beide Männer dicht hintereinander gingen fiel Wayne über Steuben.

Die Granate detonierte ohne Schaden anzurichten.

Die Männer standen wieder auf und schüttelten sich die Erde von der Kleidung.

»Ich habe Sie immer für einen tapferen Offizier gehalten, General«, sagte Steuben lachend, »aber daß Sie Ihre Pflicht in jeder Hinsicht so gewissenhaft erfüllen, das wußte ich bisher noch nicht. Sie decken Ihren Divisionskommandeur auf geradezu vorbildliche Weise.«

Durch die amerikanische Beschießung wurden die Befestigungswerke der Briten schwer getroffen. Schanze auf Schanze erlitt durch das gutgezielte Feuer der Artillerie erhebliche Zerstörungen. Auch zahlreiche englische Geschütze fielen aus.

Brandkugeln aus den Geschützen der Belagerer erreichten auch die noch vor der Stadt ankernden britischen Kriegsschiffe. Das größte von ihnen, die »Charon«, eine Fregatte mit vierundvierzig Kanonen, und drei Transportschiffe fingen Feuer und verbrannten. Die Flammen liefen das Takelwerk hinauf bis zu den Mastspitzen, und während der Nacht standen die Schiffe wie lodernde Fackeln auf dem Wasser, bis das Feuer die Pulverkammern erreichte und sie durch die Explosionen auseinanderbarsten und in den Fluten versanken.

Einige vorgeschobene britische Befestigungswerke, die mit ihren Geschützen in die Laufgräben der Verbündetem schossen, wurden von Franzosen und Amerikanern im Sturm genommen. Bei der Erstürmung dieser Redouten zeigten sich die amerikanischen Soldaten, die nach dem Steubenschen Ausbildungssystem geschult worden waren, den französischen Truppen überlegen. Die britischen Grenadiere konnten den mit großem Elan vorgetragenen Bajonettangriffen nicht standhalten und mußten weichen.

Cornwallis versuchte durch heftige Ausbruchsgefechte die verlorengegangenen Positionen zurückzuerobern und in die Laufgräben der Belagerer einzudringen, um sie zu zerstören.

Eines Abends saß Steuben mit seinen Brigadekommandeuren und Adjutanten zusammen, als ein französischer Offizier, der Graf von Deuxponts, bei ihm erschien und von seinem Kommandeur, dem Baron de Viomenil, ausrichtete, daß der Abschnitt, den die Division Steubens innehabe, zu schwach besetzt sei, um einen britischen Angriff zurückweisen zu können.

»Baron de Viomenil erwartet noch in dieser Nacht einen Ausfall des Feindes«, erklärte der Graf, »und er möchte daher dem General Steuben fünfhundert bis achthundert Mann seiner Truppen als Verstärkung zur Verfügung stellen.«

»Ich danke dem Baron de Viomenil für die liebenswürdige Aufmerksamkeit, die er mir zuteil werden läßt«, antwortete Steuben. »Aber ich glaube, ich werde die mir freundlicherweise angebotene Verstärkung nicht benötigen, denn ich kenne meine Truppen. Ich bin sicher, sollte der Feind mich angreifen, meine Stellung halten zu können. Auf jeden Fall so lange, bis mir der Baron de Viomenil zu Hilfe eilt. – Sollte aber der Baron angegriffen werden«, fuhr Steuben fort, »so kann er sich darauf verlassen, daß ich ihm mit achthundert Mann zu Hilfe kommen werde. Ich bitte Sie, Herr Graf, dies Ihrem Kommandeur auszurichten.«

Der Franzose verabschiedete sich und verließ Steubens Quartier. »Darf ich mir die Bemerkung erlauben«, sagte General Wayne, als der Graf gegangen war, »daß Sie zur Zeit überhaupt nur tausend Mann Ihrer Division in unserer Stellung zur Verfügung haben?«

»Sollte jener Fall wirklich eintreten, so werde ich es auf meine Kappe nehmen, mit zweihundert Mann den Graben und die Batterie zu verteidigen, während achthundert Soldaten den Franzosen zu Hilfe eilen. Wenn ich vorhin dem Grafen auf meine Weise antwortete, so geschah dies zu Ehren unserer Armee. Man sollte es sich abgewöhnen, in unseren tapferen Männern Soldaten zweiten Ranges zu sehen.«

Wayne ergriff die Hand seines Kommandeurs und drückte sie.

»Jetzt, meine Herren«, sagte Wayne zu den anderen Offizieren, »ist es unsere Pflicht, die Übertreibung Baron Steubens wahr zu machen. Wir werden so kämpfen, als ob er die doppelte Truppenzahl zur Verfügung hätte.«

Der Ring der Belagerer zog sich immer enger um die Stadt, in der sich bereits Mangel an Verpflegung und Ausrüstung fühlbar machte. Das pausenlose Bombardement der Belagerungsgeschütze zermürbte die Widerstandskraft der Briten. Von den parallel zu den britischen Befestigungen angelegten Gräben hatte man zahlreiche neue Laufgräben, direkt auf die britischen Stellungen zulaufend, gebaut, aus denen die Verbündeten zum Sturm auf die Stadt antreten wollten.

Am 17. Oktober erschienen britische Parlamentäre vor den amerikanischen Stellungen im Abschnitt der Division Steubens.

Der General empfing die beiden britischen Offiziere, die von einem Sergeanten mit weißer Fahne und einem Trommler begleitet wurden, und ließ sich von ihnen einen Brief des Lord Cornwallis an Washington aushändigen.

Cornwallis bat den amerikanischen Oberkommandierenden um einen Waffenstillstand von vierundzwanzig Stunden, um während dieser Zeit über die Bedingungen der Übergabe verhandeln zu können.

Aber Washington dachte nicht daran, den Briten eine solche lange Frist zu gewähren, von der sie nur Nutzen haben konnten. In seiner Antwort, die er den britischen Parlamentären überreichen ließ, schlug er einen Waffenstillstand von zwei Stunden vor, der genügen würde, um die Kapitulationsbedingungen zu vereinbaren.

Am nächsten Tage fand die Verhandlung zwischen den Beauftragten der beiden Seiten statt, und es wurde festgelegt, daß Cornwallis die Kapitulation am darauffolgenden Tage vormittags elf Uhr unterzeichnen, und daß gegen zwei Uhr die Besatzung ausmarschieren sollte.

Am Morgen des 19. Oktober, am Tage der Kapitulation erschien der Marquis de Lafayette mit seinen Truppen, um Steuben und seine Division abzulösen.

Steuben hatte Lafayette bereits erwartet, denn er kannte dessen Ehrgeiz.

Die Kapitulation der Briten bei Yorktown. Der britische Brigadegeneral O'Hara überreicht den Degen des Generals Cornwallis dem amerikanischen Generalmajor Lincoln.
Zeitgenössischer Stich von Francois Godefroy

Als der Marquis sich bei Steuben meldete, lehnte es Steuben freundlich, aber bestimmt ab, seine Stellung zu räumen. »Ihnen Marquis, sollte als Offizier die Sitte bekannt sein, die auch überall in Europa geübt wird, daß jener, der das Kapitulationsangebot empfangen hat, auch so lange vor dem Feinde bleibt, bis die Kapitulation unterzeichnet und die feindliche Flagge gestrichen ist«, sagte der Baron. »An diesem guten militärischen Brauch wollen wir uns halten.«

Lafayette war sehr erregt. Er hatte sich schon in der Rolle gesehen, wie er die von Cornwallis unterzeichnete Kapitulation entgegennahm. Er wollte sich als Sieger von Yorktown feiern lassen.

»Ich kann Ihren Wunsch zwar verstehen, aber nicht anerkennen, Baron«, sagte er aufgebracht. »Denn nach dem Dienstplan bin ich an der Reihe, die Stellung zu beziehen, und daran halte ich mich.«

»Bedaure, Marquis«, sagte Steuben, »aber ich bleibe, denn es ist mein Recht als Soldat.«

»Es würde keinen guten Eindruck machen, Baron, wenn wir als Offiziere uns hier stritten«, antwortete Lafayette.

»Ich habe auch nicht die Absicht, dies zu tun«, erwiderte Steuben. »Ich sehe gar keinen Grund dazu.«

»Wir sollten die Frage dem Oberkommandierenden vortragen«, schlug der Franzose vor. »Er mag darüber entscheiden.«

Steuben zuckte die Achseln und ließ sein Pferd bringen. Beide ritten zu Washington.

Lafayette hoffte, daß Washington die Frage zu seinen Gunsten entscheiden würde; denn dieser war mit dem Marquis befreundet, und außerdem wäre dies auch eine Geste den französischen Verbündeten gegenüber gewesen.

General Washington war der Vorfall peinlich. Er war mit dem Marquis zwar freundschaftlich verbunden, aber er kannte auch dessen Schwächen, zu denen vor allem sein Geltungsbedürfnis gehörte.

»Es tut mir leid, Marquis«, entschied Washington in seinem unbestechlichen Gerechtigkeitsempfinden, »aber Baron Steuben hat recht. Er wird mit seinen Truppen am Feinde bleiben, bis die Kapitulation erfolgt und die britische Flagge gestrichen ist.«

Fast siebeneinhalbtausend Mann regulärer britischer Truppen zogen in die Gefangenschaft, unter ihnen zweitausend Deutsche, zwei Regimenter Hessen und zwei Bataillone aus Ansbach-Bayreuth.

234

Die verbündeten Truppen hatten sich über eine Meile lang im Spalier aufgestellt, rechts die Amerikaner mit Washington an der Spitze und links die Franzosen unter Rochambeau.

General Cornwallis schützte Krankheit vor und ließ durch den nach ihm rangältesten Offizier, General O'Hara, seinen Degen überreichen.

Die Briten marschierten durch das Spalier der Verbündeten und legten ihre Waffen ab, Gewehre, Säbel und Patronentaschen.

Aber einer, auf den die Amerikaner gewartet hatten, Benedict Arnold, war nicht unter denen, die kapituliert hatten. Cornwallis hatte ihn bereits vor Wochen nach New York zurückgeschickt, da er ihn nicht in seiner Armee haben wollte.

Achtundzwanzig in schwarze Futterale gehüllte Regimentsfahnen wurden den Verbündeten übergeben, und die Musikkorps der in die Gefangenschaft ziehenden Truppen spielten die alte englische Weise: »The world turned upside down«. – Die Welt steht auf dem Kopf.

Sixty

Mit der Kapitulation von Cornwallis und der Einnahme York-towns war der Feldzug im Süden zu Ende, und die verbündeten Armeen marschierten an den Hudson zurück. Auch Steuben, der wieder das Amt des Generalinspekteurs versah, zog mit der Hauptarmee nach Norden.

Zwei Jahre vergingen, in denen die Kampfhandlungen zwar zu Ende waren, der Friede aber noch nicht geschlossen wurde. Noch hielt die britische Armee unter Clinton New York besetzt, und Washington trug sich mehrfach mit dem Plan, die Stadt anzugreifen. Aber eine starke britische Flotte bewachte den Hafen und seine Einfahrt. Das französische Geschwader unter de Grasse, dessen Unterstützung man dazu gebraucht hätte, war zu den französischen Besitzungen in der Karibik zurückgesegelt. So konnte der Angriff auf New York nicht erfolgen.

Steuben blieb im Hauptquartier Washingtons und widmete sich der Ausbildung der Armee. Er vervollständigte sein System, das nun überall eingeführt war, und schuf eine vorbildliche, schlagkräftige Truppe.

Seine Arbeit hatte reiche Früchte getragen. Bereits vor Yorktown hatte der französische Befehlshaber beim Anblick einiger nach dem Steubenschen System ausgebildeter Bataillone ausgerufen: »Diese Truppen sind Preußen!«

Die Jahre unermüdlicher Tätigkeit für die amerikanische Republik hatten Steuben, außer der Schenkung jenes Stücks unbebauten Landes in Virginia, keine Reichtümer gebracht. Er war arm, wie er gekommen war.

Bei Yorktown hatte er sich genötigt gesehen, alles von seinem persönlichen Besitz und seiner Feldausrüstung zu verkaufen, was er

236

nur entbehren konnte. Sogar sein eigenes Reitpferd hatte er versetzt, um einmal die verbündeten Offiziere einladen zu können.

»Wir werden unaufhörlich von den Franzosen festlich bewirtet« sagte er zu seinem Adjutanten William North, »ohne ihnen auch nur einen Bissen Bratwurst vorsetzen zu können. Ich ertrage das nicht länger. Ich will unseren Verbündeten ein großes Essen geben, und wenn ich auch für alle Zeiten meine Suppe mit einem Holzlöffel essen muß.«

Da Steubens private Mittel völlig erschöpft waren, reiste er nach Philadelphia, um vom Kongreß Abhilfe zu verlangen. In der Hauptstadt wurde er als einer der Helden von Yorktown gefeiert.

Der Schatzmeister der Vereinigten Staaten, Robert Morris, überprüfte das Konto Steubens, und es stellte sich heraus, daß die Regierung dem General bereits mehr als 8500 Dollar in vollem Geldwert schuldete. Er erhielt zunächst aber nur ein Fünftel der Summe ausgezahlt und für den Rest einen Gutschein, mit dem er jedoch nichts anfangen konnte.

Steuben drang darauf, daß man ihm wenigstens in Zukunft sein Gehalt pünktlich zustelle, damit er seine laufenden Ausgaben bestreiten konnte.

Die Geldsorgen begleiteten den Baron ständig, denn der Kongreß kam seinen Verpflichtungen nur sehr widerwillig und zögernd nach und mußte immer wieder gemahnt werden. Dabei verlangte Steuben keine besonderen Belohnungen, sondern forderte nur das, worauf er ein Recht hatte.

»Ihre Dienste gegen mein undankbares Vaterland«, schrieb William North im Oktober 1782 an Steuben, »werden mit einer Nachlässigkeit behandelt, die jeden rechtlich denkenden Menschen empören muß. Die Armee, die Sie geschaffen haben, fühlt allein, wieviel Amerika Ihnen schuldig ist, und verbirgt die Entrüstung nicht über die Undankbarkeit Ihrer Landsleute. Die Armee und die Vereinigten Staaten wissen, was Sie getan haben, aber Ihre näheren Freunde wissen allein, was Sie gelitten haben, seit sie die Herkulesarbeit, die amerikanische Armee zu formieren, aufnahmen. Es sind jetzt fünf Jahre her, seit Sie dieses Werk begannen. Wie guten Erfolg Sie gehabt haben, das zeigt der gegenwärtige Zustand unserer Armee. Aber zum Unglück für unsere Ehre besteht Ihre Belohnung allein in dem Bewußtsein, eine gute und hervorragende Rolle gespielt zu haben ...«

Selbst General Horatio Gates, der keinerlei Grund hatte, gegen Steuben freundlich zu sein, schrieb an diesen, nachdem er Washingtons Armee gesehen, die er seit fast drei Jahren aus den Augen verloren hatte: »... glauben Sie mir, mein lieber Baron, meine große Achtung gegen Sie wird mit dem Krieg nicht aufhören. Die Ordnung, Regelmäßigkeit, Pünktlichkeit, die Sie der amerikanischen Armee beigebracht haben, und der Gehorsam, die Genauigkeit und der wahre Geist militärischer Disziplin, welche Sie ihr eingeflößt haben, haben mich mit Erstaunen erfüllt und gereichen Ihnen zur höchsten Ehre. Dankbarkeit veranlaßt mich, Ihnen dies zu erklären. Und ich bin gewiß, daß unsere regierende Macht, sowohl die bürgerliche wie die militärische, Ihr Verdienst laut verkünden und die Welt davon überzeugen wird, daß die Republiken Amerikas wenigstens die Tugend der Dankbarkeit besitzen.«

Ende September 1782 hatten in Paris die Verhandlungen um den Abschluß eines Friedensvertrages zwischen den Vereinigten Staaten und Großbritannien begonnen. Am 30. November wurde ein Vorvertrag unterzeichnet, der aber erst in Kraft treten sollte, wenn auch Frankreich und England Frieden geschlossen hatten. Nachdem die Nachricht über das am 20. Januar zwischen Frankreich und Großbritannien abgeschlossene Übereinkommen in Amerika eingetroffen war, befahl Washington die Einstellung aller Kampfhandlungen zum 19. April, dem achten Jahrestag von Lexington.

Da der endgültige Abschluß des Friedensvertrages vor der Tür stand, begann man sich in den Vereinigten Staaten über die zukünftige Einrichtung eines ständigen nationalen Verteidigungssystems Gedanken zu machen.

Washington bat Steuben, seine Ansicht in dieser wichtigen Frage darzulegen. Der Plan des Generals war einfach: Die Kontinentalarmee, die im Gegensatz zu den Söldnerheeren der europäischen Fürsten aus Bürgersoldaten bestand, hatte ihre Bewährungsprobe bestanden. Er schlug deshalb die Einrichtung einer gutorganisierten und disziplinierten Miliz vor, aus der im Falle der Gefahr jederzeit eine neue Kontinentalarmee formiert werden konnte. Ein System, das dem der republikanischen Schweiz glich. Zur Ausbildung des Offiziersnachwuchses aber sollten drei Militärschulen eingerichtet werden. Steubens Entwurf enthielt auch einen detaillierten Plan für die Ausrichtung dieser Akademien, ihre Standorte, die Ausrüstung, den Lehrkörper, Lehrplan und Unterricht.

Steubens Vorschlag, auf den sich sämtliche Generale einigten, bildete die Grundlage der Denkschrift, die Washington zu dieser Frage dem Kongreß überreichen ließ.

Den Sommer über war Steuben in Washingtons Auftrag in einer diplomatischen Mission nach Kanada unterwegs, um über die Übergabe der an die Vereinigten Staaten abzutretenden Grenzgebiete zu verhandeln.

Am 3. September erfolgte in Versailles die Unterzeichnung des Friedensvertrages zwischen den verbündeten Mächten und Großbritannien.

Bei der Demobilmachung der Armee, der Frage der Kriegsgefangenen und der Fürsorge für die Kriegsbeschädigten wurde Steuben vom Oberkommandierenden und dem General Lincoln, den der Kongreß zum Kriegsminister ernannte hatte, immer wieder als Berater hinzugezogen. Viele seiner Vorschläge konnten aus Geldmangel nicht durchgeführt werden.

Während der Auflösung der Armee erhielt Steuben aus ihren Reihen immer wieder Beweise der Liebe und Achtung.

»Ehe wir für immer auseinandergehen«, hieß es in einem von sämtlichen Offizieren der New Yorker Regimenter unterzeichneten Schreiben, »gestatten Sie uns, den Offizieren der beiden New Yorker Infanterieregimenter, bei dieser Gelegenheit unsere Gefühle Ihnen gegenüber zum Ausdruck zu bringen.

Die wesentlichen und hervorragenden Dienste, die Sie diesem Lande geleistet haben, müssen die Brust jedes amerikanischen Bürgers mit Gefühlen der Dankbarkeit und Achtung erfüllen. Aber wir hegen noch Empfindungen anderer Art. Ihre unablässigen Bemühungen, die Nöte der Armee bei jeder Gelegenheit zu lindern, und die Art, wie Sie mit uns geteilt haben, geben Ihnen einen mehr als gewöhnlichen Anspruch darauf, sich unser Freund zu nennen. Seit langem haben wir in Ihnen unseren Soldatenvater gesehen. Unerfahren in dem Berufe, dem wir uns verschrieben hatten, verdanken wir Ihren Fähigkeiten und Ihrem unermüdlichen Eifer den militärischen Ruf, den wir schließlich erlangt haben. Wir fühlen uns daher durch die stärksten Bande der Liebe mit Ihnen verbunden und nehmen jetzt mit dem Schmerz, der diesen Gefühlen entspricht, von Ihnen Abschied. – Mögen Sie noch viele Jahre gesund und glücklich den Lohn genießen, den Sie sich durch Ihre Taten verdient haben und den Ihnen ein dankbares Volk gewiß nicht versagen wird.«

Die gesamte Kontinentalarmee wurde vom Kongreß demobilisiert, bis auf sechshundert Mann, deren Dienstzeit nicht abgelaufen war, und die unter dem Kommando des Generals Knox in Westpoint verblieben. Ganz besonders kümmerte sich Steuben während der Auflösung der Einheiten um die im Kriege verwundeten Soldaten, die noch nicht genesen waren und nicht in der Lage waren, für sich zu sorgen. Mit Hilfe des Schatzmeisters Morris sorgte er dafür, daß diese Männer nicht entlassen, sondern in Lazaretten ärztlich behandelt und gesund gepflegt wurden.

Nachdem die Briten New York geräumt hatten, nahm Steuben mit Washington an Festlichkeiten teil, die aus diesem Anlaß veranstaltet wurden.

In »Fraunces' Tavern« nahm Washington Abschied von seinen Offizieren. In seiner alten blaugelben Uniform stand er unter ihnen, erhob sein Glas und trank ihnen zu. »Das Herz voll Liebe und Dankbarkeit, nehme ich jetzt Abschied von Ihnen, indem ich Ihnen auf das Innigste wünsche, daß Ihre kommenden Tage so glücklich sein mögen, wie die vergangenen ehrenvoll und ruhmreich gewesen sind.«

Er umarmte jeden der Generale und Stabsoffiziere noch einmal und verließ den Raum.

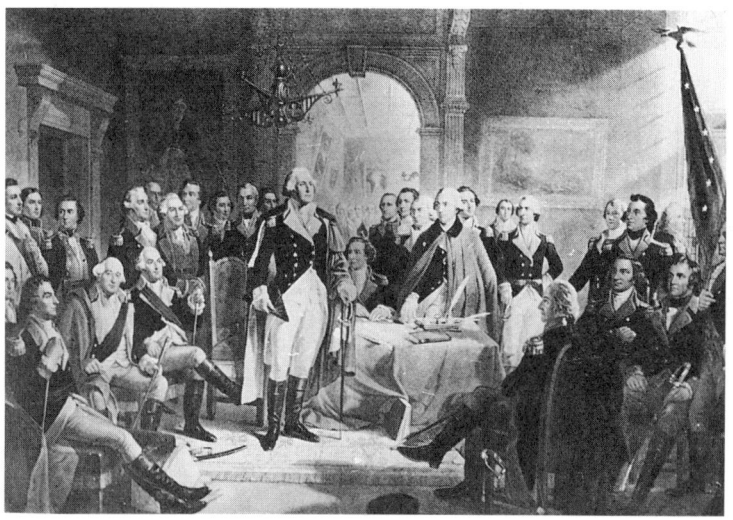

Washington und seine Generale
Kupferstich von A. R. Ritchie

Steuben begleitete den scheidenden Oberbefehlshaber nach Annapolis in Maryland, das zur Zeit Sitz des Kongresses war, in dessen Hände Washington seinen Auftrag zurückgeben wollte.

Die letzte Amtshandlung des Oberkommandierenden der amerikanischen Armeen aber war ein Brief an den Mann, dem er soviel bei der siegreichen Beendigung des Krieges verdankte. Ihm allein gelten die letzten Worte Washingtons als Oberbefehlshaber:

»Annapolis, den 23. Dezember 1783

Mein lieber Baron!

Obgleich ich öffentlich und privatim schon vielfach Gelegenheit gehabt habe, Ihre großen Fähigkeiten, Ihren nimmermüden Eifer und Ihre verdienstvolle Tätigkeit in der Ausübung Ihrer Pflichten anzuerkennen, möchte ich doch diesen letzten Augenblick meines öffentlichen Wirkens benutzen, um Ihnen mit den stärksten Worten kundzutun, daß Ihre Amtsführung meine volle Zustimmung findet, und zugleich mein Gefühl für die Dankbarkeitspflicht zum Ausdruck bringen, die Ihnen unser Land für die geleisteten treuen und ausgezeichneten Dienste schuldet.

Ich bitte Sie, überzeugt zu sein, daß ich mich über nichts mehr freuen würde, wenn ich Ihnen einen wesentlicheren Dienst leisten könnte, als durch den bloßen Ausdruck meiner Achtung und Zuneigung. Indessen werden Sie, wie ich hoffe, gewiß dieses Abschiedszeichen meiner aufrichtigen Freundschaft und Wertschätzung freundlich aufnehmen.

Dies ist der letzte Brief, den ich noch im Dienste meines Vaterlandes schreibe. Die Stunde meiner Amtsniederlegung ist auf heute zwölf Uhr festgelegt. Ich bin dann wieder einfacher Bürger an den Ufern des Potomac, wo ich mich glücklich schätzen werde, Sie zu umarmen und Ihnen meine große Achtung und Anerkennung zu bezeigen.

Ich bin, mein lieber Baron,
Ihr gehorsamster und Ihnen zugetaner Diener
George Washington.«

Diese einzigartige Anerkennung der Verdienste Steubens ist zugleich ein Zeugnis für die große und in ihrer Art einmalige Leistung, die Steuben mit der Organisation des amerikanischen Heeres vollbracht hat. Niemand kannte diese Leistung besser als Washington.

Als der Kampf gegen Großbritannien begann, hatte die amerikanische Bevölkerung nichts anderes als ihre Miliz besessen, aus der sich die Kontinentalarmee formierte. Aber der Truppe mangelte es an Disziplin, denn oft noch wurde der Begriff Freiheit mit zügellosem persönlichem Gutdünken gleichgesetzt, und sie hatte eine höchst mangelhafte militärische Ausbildung. Ihre Offiziere kamen aus allen Schichten der Bevölkerung, es waren Pflanzer, Kaufleute, Schneider, Buchdrucker und andere Berufe, die nicht einmal die

Kenntnis taktischer Grundbegriffe besaßen, geschweige denn anderer Seiten des Militärwesens.

Washington hatte seine ersten bedeutenden Erfolge durch den revolutionären Elan errungen. Das Bewußtsein, für eine gerechte Sache zu kämpfen, beflügelte seine Soldaten. Doch der Krieg zog sich in die Länge. Mit der Begeisterung allein war der Kampf gegen die gut gedrillten britischen und deutschen Söldner nicht zu gewinnen. Es mußte ein Instrument geschaffen werden, das den feindlichen Heeren auch in militärischer und taktischer Hinsicht gewachsen war.

Gerade in dem Augenblick, als die Kontinentalarmee im Winterlager von Valley Forge ihre tiefste Krise zu bestehen hatte, war Steuben erschienen. Bald hatte George Washington den Wert dieses Mannes und die Bedeutung der von ihm vorgeschlagenen Reformen erkannt.

Es mag scheinen, als habe Steuben seine Erfolge dadurch errungen, daß er das preußische Militärsystem in etwas vereinfachter Form nach Amerika übertrug. Aber dies ist ein äußerlicher Eindruck. Steuben erkannte, daß es nicht möglich war, das preußische Drillsystem auf die amerikanische Armee zu übertragen. Er übernahm lediglich jene brauchbaren Bestandteile, die ihm für die praktische Ausbildung der Amerikaner nützlich erschienen. Aufbauend auf den amerikanischen Verhältnissen, den Ideen der demokratischen Revolution und ihrer neuen gesellschaftlichen Bedingungen, schuf er ein eigenes System der Ausbildung und Disziplin für die Truppen.

Das preußische System, das den gesellschaftlichen Bedingungen des Feudalabsolutismus entsprach, gründete sich auf strikten Gehorsam. Steuben aber verstand es, seine Soldaten und Offiziere von der Unerläßlichkeit der militärischen Disziplin zu überzeugen. Obgleich er im preußischen Offizierskorps erzogen worden war und dort seine militärische Ausbildung erhalten hatte, erkannte er sofort, im Gegensatz zu vielen anderen ausländischen Offizieren in Amerika, den grundsätzlich verschiedenen Charakter der amerikanischen Armee im Vergleich zu den Heeren der europäischen Fürsten. Gerade diese Erkenntnis, die seine gesamte Tätigkeit in Amerika kennzeichnet, ist ein Grund seiner Wirksamkeit. Seine Erfolge verdankte Steuben nicht nur seiner unermüdlichen Arbeit, sondern auch seiner Fähigkeit sich das Vertrauen der Soldaten und Offiziere zu erwerben, indem er ihnen immer ein Vorbild in menschlicher Haltung und Pflichterfüllung war.

Da ein Drittel der amerikanischen Bevölkerung zu den Briten gehalten hatte, ein anderer Teil gleichgültig blieb und von denen, die mit der Revolution sympathisierten, auch nur ein Teil bereit war zu kämpfen, hatte sich der Krieg über eine lange Zeit hingezogen und viele Leiden und Opfer gefordert.

Um so höher muß die Leistung Steubens gewertet werden, der trotz der schwierigsten Verhältnisse, trotz Demoralisierung und Korruption unbeirrbar und zielbewußt sein Werk vollbrachte.

Dem unerschütterlichen Oberkommandierenden der amerikanischen Armee, Washington, stand Steuben als ihr Organisator und Generalinspekteur zur Seite. So glänzend auch die Leistungen anderer Generale der Revolutionsarmee als Truppenführer gewesen sein mögen, niemand von ihnen wäre in der Lage gewesen, jenes Amt zu übernehmen, das Steuben innehatte, und auf diesem Posten, dem wenig äußerer Glanz eigen war, einen ähnlichen Erfolg zu erzielen.

Im März 1784 reichte Steuben dem Kongreß sein Abschiedsgesuch ein, das von diesem am 15. April angenommen wurde.

Der General, der erwartet hatte, seinen den Vereinigten Staaten unter soviel persönlichen Opfern geleisteten Diensten entsprechend entschädigt und belohnt zu werden, erlebte eine bittere Enttäuschung.

Zwar wurde Steuben im Januar 1787 durch den nunmehrigen Kriegsminister General Knox ein goldener Ehrendegen überreicht, um ihm den »Dank der im Kongreß versammelten Vereinigten

Staaten für seine unschätzbaren Dienste« auszudrücken, aber er mußte sich acht Jahre bemühen, um überhaupt eine Pension vom Staate zu erhalten.

Während seine ehemaligen Kameraden nach ihrer Verabschiedung zu ihren meist recht einträglichen Beschäftigungen im zivilen Leben zurückkehrten, stand er unbemittelt in einem fremden Lande da und mußte sehen, wie er sich, entweder durch den Verkauf seiner Ländereien, die er während des Krieges geschenkt bekommen hatte, oder durch Kreditaufnahme über Wasser halten konnte.

Auf seine Forderungen nach einer Abfindung gewährte ihm der Kongreß 1784 einen »Vorschuß« von 10 000 Dollar, dem in den folgenden Jahren noch einige Beiträge folgten, so daß er im ganzen rund 20 000 Dollar erhielt. Diese Summe blieb weit hinter dem zurück, was Steuben wirklich zustand. Immerhin war es, nachdem das Geld wieder an Wert gewann, keine unbedeutende Summe.

Steuben kaufte sich von dem erhaltenen Geld ein Landhaus, das er großzügig einrichtete. Wenigstens seinen Lebensabend wollte er angenehm verbringen und die letzten Jahre genießen.

Aber so sehr Steuben als Offizier und Generalinspekteur verstanden hatte, den Heereshaushalt zu führen und dem Staate durch seine klugen Verwaltungsmaßnahmen Kosten zu ersparen, sowenig war es ihm als Privatmann gegeben, seinen eigenen Haushalt so zu verwalten, daß ihm die zur Verfügung stehenden Beträge sein Leben wenigstens für eine Reihe von Jahren gesichert hätten. Er verstand es auch nicht, sein Vermögen gewinnbringend anzulegen, denn er war kein Geschaftsmann und hatte für die Geschäftemacher immer nur Verachtung übrig gehabt. Das Geld zerrann ihm unter den Fingern, und er befand sich ständig in Finanznöten. Bald war Steuben aus Geldmangel gezwungen seinen schön gelegenen Landsitz wieder aufzugeben und bei seinem alten Freund und Adjutanten Benjamin Walker in New York unterzuschlüpfen. Später mietete er sich in der Wallstreet und am Broadway Zimmer.

Im Oktober 1784 hatte ihn die Stadt New York, wie eine Reihe anderer amerikanischer Städte, zum Ehrenbürger ernannt, und im

Juni des folgenden Jahres schenkte ihm der Staat New York Ländereien in einem Umfange von etwa 23000 Morgen, die er sich selbst aussuchen konnte.

Steuben entschied sich für die Gegend am Mohawkfluß in der Nähe des alten Forts Schuyler, eine von Seen und Flüssen durchglänzte Landschaft unweit des Ontariosees. Hier in seinen Wäldern wollte er sich ein Haus bauen und seinen Lebensabend beschließen.

Die Gegend war herrlich. Im Strom gab es reichlich Forellen und Lachse, und die Wälder beherbergten Wild in großer Menge. Der Mohawk war eine der wichtigsten Wasserstraßen dieses Staates, und in wenigen Stunden konnte man auf ihm das Fort oder andere Ansiedlungen erreichen. Hier ließ Steuben an der Südgrenze seines Anwesens ein Gebiet von etwa hundert Morgen Land abstecken, auf dem er eine Farm errichtete, der er, da dieses Stück Land nach amerikanischem Flächenmaß sechzig acres groß war, den Namen »Sixty« gab.

Im Frühjahr 1790 wurden endlich die Forderungen Steubens auf finanzielle Sicherung vom Kongreß behandelt. Eine neue Regierung war im Amte, und George Washington war zum Präsidenten der Vereinigten Staaten gewählt worden. Dieser setzte sich nachdrücklich für die gerechte Entlohnung Steubens ein, so daß für seinen ehemaligen Generalinspekteur im Juni eine jährliche Rente von 2500 Dollar gesetzlich beschlossen wurde. Hiermit sollten alle Ansprüche Steubens an die Staaten abgegolten sein.

Diese Summe reichte aus, um ihn mit seinen laufenden Ausgaben für den Rest des Lebens sicherzustellen, aber sie genügte nicht, um seine zahlreichen Gläubiger abzufinden, denn er hatte bereits 3000 Dollar Schulden.

William North und Benjamin Walker, die zeit seines Lebens Steubens enge Freunde blieben, halfen ihm bei der Verwaltung seines Besitzes und seiner Finanzen. Um die Gläubiger zu befriedigen, verkauften sie einen Teil der Ländereien, und North stellte seinem Freunde einen genauen Finanzplan für seine fernere Lebenshaltung auf .

In einem Brief an Walker äußerte sich North über die künftige Lebensführung Steubens: »Eine Kutsche, zwei Pferde und zwei Diener. Zwei Garnituren Kleidungsstücke im Jahr und was sonst noch notwendig ist. Ein Schlafzimmer, ein Wohnzimmer, eine Bibliothek. Kaffee ist das einzige, wofür er selbst zu sorgen hat ... Es ist ihm verhaßt, allein zu speisen; also mag er dann und wann einen Freund bei sich sehen. Sogar kleine Soupers für vier bis fünf Personen – aber keinesfalls mehr als sechs – mögen einmal in der Woche erlaubt sein ... Wenn er sich einen vernünftigen Plan macht und daran festhält – aber da liegt die Schwierigkeit -, kann er mit 2500 Dollar wie ein Fürst leben und sich von Schulden frei halten.«

»Ich kenne meine Schwäche und bin einem Freunde immer dankbar, wenn er meinem Hang zur Verschwendung Einhalt gebietet«, schrieb Steuben an William North, den er Billy nannte und der ihm des öfteren Vorhaltungen wegen seiner manchmal zu großzügigen Lebensführung machte. »Aber Billy, Du wirst Dich doch nicht zum Geizhals entwickeln. Ich bin wirklich besorgt ...«

Wenn Steuben nicht auf seiner Farm weilte, hielt er sich meistens in New York auf. Hier war er sehr viel mit Walker zusammen.

»Ich esse täglich bei unserem Freunde Walker«, berichtete er North. »Dies sind meine schönsten Stunden am Tag ... Wir sind glücklich und sprechen viel von Billy North, Polly und Frederic[25] ... Dann gehe ich nach Hause, unterhalte mich mit Plato, Seneca, Tristram Shandy und Pindar. Am Abend lese ich ein Kapitel Don Quichote ... Dann gehe ich zu Bett.«

Aber so sehr Steuben auch den Umgang mit Menschen und das Leben in der Stadt liebte, zog er sich doch schließlich auf seine Farm Sixty zurück. Er entließ seinen Verwalter, der sich wenig um die Bewirtschaftung des Landes gekümmert hatte, und beschloß, die Leitung seines Besitzes selbst zu übernehmen, wobei er John Mulligan, einen begabten jungen Mann, der gerade sein Studium auf dem Columbia College beendet hatte, zu seinem Sekretär machte.

Steuben wollte Kolonisten in großer Zahl auf seinen Ländereien ansiedeln, Straßen anlegen, Mühlen und Schulen errichten und hatte den Kopf voller großer Pläne. Er baute Weizen an und züchtete Vieh. Wo er einen verdienten Revolutionssoldaten fand, schenkte er ihm ein Stück Land und machte ihn zum Siedler auf seinem Gebiet.

Obwohl Steuben noch in manchem Winter New York besuchte, nahm Sixty ihn immer mehr gefangen. Hier in der Einsamkeit seiner Wälder fand er den Frieden, den ihm sein bewegtes Leben nicht vergönnt hatte.

Daneben hatte er noch eine Reihe öffentlicher Ämter inne. So war ihm unter anderem das Ehrenamt eines Regenten der Universität des Staates New York verliehen worden, und er war bis zu seinem Lebensende Vorsitzender der Deutschen Gesellschaft in New York.

In seinem Blockhaus in Sixty begann Steuben auch an seinen Erinnerungen zu schreiben. Aber was sollte er den Amerikanern erzählen, die von dem Leben ihres gefeierten Helden erfahren wollten? Sollte er ihnen berichten, daß er ein verabschiedeter, mittelloser Hauptmann der preußischen Armee war, der viele Jahre als Höfling sein Leben fristen mußte, durch einen Schwindel zum General gemacht wurde und nur dadurch zu der Rolle kam, die er dann mit so großem Erfolg zum Nutzen der jungen Nation gespielt hatte?

Nein, das konnte er nicht! Wie er seine Landsleute kannte, hätten sie sich in ihrer puritanischen Biedermannsgesinnung, die sie so gern zur Schau trugen, entsetzt von ihm abgewandt und hätten ihn öffentlich als Betrüger bezeichnet. Er konnte auch genausowenig die Leute bloßstellen, die diesen Schwindel ausgedacht und lanciert hatten: Franklin, Deane, Beaumarchais und St. Germain. Es war seine Ehrenpflicht, über diese Dinge zu schweigen.

Steuben mußte seine Rolle zu Ende spielen, die er bisher mit großem Geschick gemeistert hatte. So erdichtete er die Erinnerungen eines glück- und erfolgsgewohnten Generalleutnants, dessen Uni-

Friedrich Wilhelm von Steuben
Gemälde von Ralph Earl 1786

form er bei seiner Landung in Amerika getragen hatte. Damit erfüllte er zugleich auch die Erwartungen des amerikanischen Publikums, das ihn so zu sehen wünschte.

Der Soldat Steuben hatte seine Rolle in der Geschichte gespielt, und es war keine unbedeutende gewesen. Diese große Leistung aber war das, was von ihm blieb und Gültigkeit hatte. Alles andere war dagegen bedeutungslos. Was machte es, daß er damals kein echter General war, als er in die Neue Welt kam? Hatte er sich doch der Aufgabe, die man ihm gab, würdig erwiesen und war einer der besten Generale der Revolutionsarmee geworden.

In seiner Tätigkeit für die Armee und für seine Wahlheimat war Steuben stets von großer Wahrhaftigkeit erfüllt und scheute sich niemals, die Wahrheit auszusprechen, mochte sie noch so bitter und unbequem sein. Und in seinen militärischen Schriften ist auch nicht ein Wort zu finden, das nicht von höchstem Verantwortungsbewußtsein getragen ist.

In der eisenbeschlagenen Truhe, die unter dem Dach seines Blockhauses stand, befanden sich noch jene nun fleckig und gelb gewordenen Karten, die er bei den Feldzügen benutzt hatte, und die Aufzeichnungen, die in den Lagern der Armee entstanden waren. Manchmal blätterte er in ihnen, und dieses und jenes Blatt erinnerte ihn an bestimmte Ereignisse, an die Größe und das Elend vergangener Tage.

Oft, wenn er nachts wach in seinem Bett lag, den Fluß in der Ferne rauschen und den Wind in den Wäldern brausen hörte, dachte er an die Zeit, die hinter ihm lag. Er dachte an die Männer, die in Valley Forge gelitten hatten, die in Lumpen gegangen waren, gefroren hatten und gestorben waren. Niemals zuvor hatte er solche Soldaten gesehen.

Oft dachte Steuben an seine Freunde. Er hatte viele Freunde gewonnen. Seine gerade und offene Art hatte ihm die Herzen der Menschen erschlossen. Da waren Nathanael Greene, Alexander Hamilton, John Laurens und nicht zuletzt Billy North und Ben Walker, die ihn beide noch oft besuchten und bei denen er auch häufig zu Gast war. North hatte seine beiden Söhne nach ihm benannt.

Und er dachte auch an die vielen anderen Menschen, die ihm begegnet waren und von denen er immer wieder Beweise ihrer Zuneigung erhielt.

Sein Leben war ruhelos und oftmals nicht leicht gewesen. Aber wenn er zurückblickte, wußte er, daß es nicht nutzlos gewesen war. Dieses Amerika, in dem er jetzt lebte, hatte er mitschaffen helfen. Hier in Sixty hatte er endlich einen Platz zum Ausruhen gefunden.

Tagsüber ritt Steuben auf seiner kleinen Stute Molly über die Felder und überwachte die Arbeiten auf seinen Ländereien. Oft hielt er dabei auf einem Hügel und blickte über das weite, sonnenbeschienene Land. Unendlich schienen die Ebenen und Wälder zu sein, die sich im blauen Dunst der Ferne verloren, und die von zahlreichen Bächen und Flüssen durchzogen wurden.

Im Frühling zogen die Lachsschwärme flußaufwärts, und das ganze Jahr über tummelten sich die Forellen in den Gewässern. In den Sommermonaten kamen die Aale vom Meer her. Wilde Gänse und Enten bevölkerten das Wasser.

Im Herbst war die Zeit der Hirsche und Elche, die in großer Zahl vorhanden waren, und auch der Bär kreuzte oft den Weg desjenigen, der in die Wälder vordrang.

In den Wäldern jagten Oneida-Indianer, mit denen Steuben in guter Freundschaft lebte und die oft auf seine Farm kamen, um sich gegen Wild und Pelze etwas Salz oder Gebrauchsgegenstände einzutauschen.

Steuben führte nicht nur Aufsicht über seinen Besitz, er legte auch oftmals selbst mit Hand an, wo es nötig war. Mit besonderer Leidenschaft widmete er sich der Gartenarbeit, züchtete Erdbeeren, pflanzte Obstbäume und freute sich über jeden kleinen Erfolg, der ihm bei einer Arbeit gelungen war.

Oft besuchten ihn alte Freunde und Kameraden, die von weit her gereist kamen, um ihn wieder einmal zu sehen. Seine Nachbarn kamen an den Abenden zu ihm, und er selbst vergaß es nie, ihre Besuche zu erwidern. Dann wurde Schach gespielt, oder man sprach über die politischen Ereignisse, vor allem über die Französische Revolution, die zu dieser Zeit gerade ihren Höhepunkt erreicht hatte.

Der liebste unter seinen Nachbarn war ihm ein Holländer namens Mappa, der ein glühender Republikaner war und nach der Niederlage der revolutionären Bewegung in seiner Heimat in die Vereinigten Staaten emigriert war. Mit Mappa hatte Steuben eine enge Freundschaft geschlossen, und sie besuchten einander, sooft es nur möglich war.

Ein anderer von Steubens Nachbarn war der Seemann Simeon Woodruff, der mit Kapitän Cook die Welt umsegelt hatte.

Wenn Steubens Freunde ihn fragten, warum er sich denn ausgerechnet ein Stück Land ausgesucht habe, das so weit ab von der Zivilisation an den Quellen des Mohawk gelegen sei, dann antwortete er: »Seht, da ist der Kapitän Simeon Woodruff, der mit Cook um die Welt gesegelt ist. Der hat von mir ein Stück dieses Landes gekauft und sich dort angesiedelt. Glaubt ihr, er hätte das getan, wenn er auf seinen Reisen ein besseres Stück Land gefunden hätte?«

Steuben liebte dieses Land, und er trug sich mit großen Plänen. Er wollte mehr Siedler in sein Gebiet holen, damit immer mehr Boden urbar gemacht werde. Er wollte neue Obstplantagen und Scheunen anlegen, ein neues, großes Haus an Stelle seines einfachen, kleinen Blockhauses bauen und vieles andere mehr.

Am 1. Juli 1794 legte Steuben in seiner Eigenschaft als Regent der Universität von New York den Grundstein für die Hamilton-Oneida-Akademie. Die Feier fand in einer Lichtung mitten im Wald statt. An ihr nahmen eine Schar von Ansiedlern und auch eine Gruppe befreundeter Oneida-Indianer mit ihrem Häuptling Schanando teil.

Steuben sagte in seiner Ansprache: »Wo können wir unter den heutigen Nationen Europas ein Beispiel dafür finden, daß in dem kurzen Zeitraum weniger Jahre eine Wildnis in einen Garten verwandelt wurde und daß die Bewohner ihre ersten Bemühungen der Ausbreitung des Wissens gewidmet haben? ... Kaum hat der Pflug die erste Ackerfurche für die Bedürfnisse des Lebens gezogen, kaum ist der erste Baum unter dem Axthieb gefallen, da wird auch schon ein Teil des Lebensnotwendigen, nämlich dieser Baum, für die Errichtung eines Gebäudes aufgespart, das dem Wohle der kommenden Generation geweiht ist ... Ja meine Freunde, Menschen, die den Hunger weniger fürchten als die Unwissenheit, müssen glücklich und geachtet sein ...«

Steuben kannte die Bedeutung des Wissens. Er wußte, daß mehr als das Blei der Muskete das Blei des Buchdruckers die Welt verändert hatte.

Bücher waren zeit seines Lebens seine Freunde gewesen. Sie hatten ihn immer begleitet und ihn zu dem gemacht, was er geworden war. Aus den Büchern hatte er sein Wissen und seine Kraft geschöpft. Auch jetzt waren sie seine ständigen Gesellschafter, die er täglich zur Hand nahm.

Wenn seine Augen nicht mehr recht wollten, ließ er sich von John Mulligan vorlesen – aus Gibbons Römischer Geschichte, aus den Schriften Voltaires, Swifts, Sternes und Cervantes und anderen Werken seiner umfangreichen Bibliothek.

Am Abend des 25. November 1794 legte sich Steuben gegen elf Uhr zu Bett, nachdem ihm Mulligan in gewohnter Weise vorgelesen hatte.

Gegen vier Uhr morgens wurde der Sekretär durch Steubens Diener geweckt, mit der Nachricht, daß der General schwer erkrankt sei. Steuben hatte einen Schlaganfall erlitten. Er schien starke Schmerzen zu erleiden, war aber noch bei Bewußtsein. Mit matter Stimme sagte er zu Mulligan: »Sei nicht ängstlich, mein Sohn!« Dies waren seine letzten Worte.

Mulligan ließ sofort Boten zum Arzt, zu Mappa und William North senden.

In der folgenden Nacht schlief Steuben etwas. Aber am nächsten Tage schwand sein Bewußtsein. Er starb am 28. November gegen zwölfeinhalb Uhr.

North kam zu spät. Er traf, da er einen sehr weiten Weg hatte und die Straßen schlecht waren, erst am Tage nach dem Tode Steubens ein.

Am 30. November fand die Beisetzung statt. Es war ein kalter Tag, und ein eisiger Wind wehte über das Land.

Keine Trauermusik erklang, keine Fahnen flatterten hinter dem Sarge, und keine Offiziere mit gezogenem Degen gaben das Ehrengeleit. Nur North, Mulligan und einige Dutzend Ansiedler folgten schweigend dem Toten.

An seinem Grabe wurde keine Rede gehalten und keine Salve geschossen. Steuben wurde in einem einfachen, unbearbeiteten Holzsarg bestattet, so wie er es in seinem Testament verfügt hatte, »eingehüllt in meinem alten Soldatenmantel und ohne einen Stein, der die Stelle bezeichnet, wo ich begraben liege«.[26]

Zeittafel

1730 (17. September) Friedrich Wilhelm von Steuben wird in Magdeburg geboren.

1731 Steubens Vater, Ingenieuroffizier in Magdeburg, reist im Auftrag Friedrich Wilhelm I. mit seiner Familie nach Rußland.

1732 (22. Februar) George Washington wird als Sohn eines wohlhabenden Pflanzers in Virginia geboren.

1737 (29. Januar) Thomas Paine, Vorkämpfer für die Unabhängigkeit der Vereinigten Staaten von Amerika, wird in Norfolk/England geboren.

1739 Rückkehr der Familie Steuben aus Rußland.

1740 Friedrich II. beginnt den »Ersten Schlesischen Krieg«, an dem Steubens Vater teilnimmt. Er wird 1741 zum Major befördert und mit dem Orden »Pour le merite« ausgezeichnet.

1743 (2. April) Thomas Jefferson, Verfasser der Unabhängigkeitserklärung und 3. Präsident der Vereinigten Staaten, wird zu Shadwell in Virginia geboren.

1746 Steuben tritt als Fahnenjunker in das Regiment Lestwitz ein.

1752 Steuben wird zum Secondeleutnant befördert.

1756 Beginn des Siebenjährigen Krieges, in dem Preußen um den Besitz von Schlesien gegen eine Koalition von Österreich, Rußland, Frankreich, Schweden und Kursachsen kämpft. Im Bündnis mit Preußen sind Großbritanien-Hannover und einige kleine deutsche Staaten wie Hessen-Kassel und Braunschweig. Durch das Ringen zwischen Großbritannien und Frankreich um die Vorherrschaft in Nordamerika und Indien wird der Siebenjährige Krieg zu einer weltweiten Auseinandersetzung.

1757 (6. Mai) Schlacht bei Prag. Steuben wird verwundet. (5. November) Steuben nimmt an der Schlacht bei Roßbach teil, in der die Armee Friedrich II. die vereinigten Truppen der Franzosen und der Reichsarmee besiegt.

1758 Steuben tritt in das Freibataillon von Mayr ein, als Adjutant von Mayr und erster Offizier des Stabes.

1759/60 Steuben in der Armee des Prinzen Heinrich von Preußen, Brigade-Ordonnanzoffizier im Stabe des Generals Hülsen, zeitweilig im Hauptquartier des Prinzen Heinrich.

1759 (12. August) Niederlage der preußischen Armee Friedrichs II. bei Kunersdorf. Steuben wird verwundet. (November) Steuben wird zum Premierleutnant befördert.

1760 Steuben nimmt an den Schlachten bei Liegnitz und Torgau teil.

1760 England erobert Kanada.

1761 Steuben wird ins Große Hauptquartier versetzt. Ausbildung zum Generalstabsoffizier.
1761(Herbst) Steuben wird dem Stabe des Generals Platen zugeteilt, der mit einem kleinen Korps in Pommern steht.
(24. Oktober) Steuben gerät in russische Gefangenschaft und wird in Königsberg interniert.

1762 (8. Januar) Tod der Kaiserin Elisabeth von Rußland. Waffenstillstand und Friedensschluß zwischen Rußland und Preußen. Diplomatische Mission Steubens in St.Petersburg. Im Mai kehrt Steuben ins Hauptquartier Friedrichs II. nach Breslau zurück.

1763 (10. Februar) Friede zu Paris zwischen Großbritannien, Frankreich und Spanien. Frankreich verliert seine Besitzungen in Nordamerika und Indien.
(15. Februar) Friede zu Hubertusburg zwischen Preußen, Österreich und Sachsen. Österreich entsagt allen Ansprüchen auf Schlesien und die Grafschaft Glatz. Steuben erhält als Stabskapitän (Hauptmann) seinen Abschied aus der preußischen Armee.

1764 Steuben wird Hofmarschall in Hechingen.

1765 (22. März) Erlaß des berüchtigten Stempelgesetzes (Stamp Act) in den britischen Kolonien von Nordamerika. Beginn von Unruhen. Verbrennung der Stempelpapiere. Vertreter von neun Kolonien beraten gemeinsame Maßnahmen gegen die britische Kolonialpolitik. Gründung revolutionärer Geheimbünde, wie »Söhne der Freiheit« und »Töchter der Freiheit«.

1770 (5. März) Zusammenstoß von Demonstranten und britischen Soldaten in Boston. Fünf Amerikaner werden getötet. (»Massaker von Boston«).

1772 Steuben reist mit dem Fürsten von Hohenzollern-Hechingen nach Frankreich.

1773 (17. Dezember) Die »Tee-Party« (Teesturm) in Boston.

1774 (5. September) Der erste Kontinentalkongreß der Kolonien von Nordamerika tritt zusammen.

1775 Rückkehr Steubens aus Frankreich nach Hechingen.

1775 (18. April) Gouverneur Thomas Gage entsendet Truppen nach Concord um John Hancock und Samuel Adams zu verhaften.
(19. April) Gefecht bei Lexington. Beginn des Unabhängigkeits-Krieges. (22. April) Die Amerikaner belagern Boston.
(10. Mai) Der 2. Kontinentalkongreß tritt zusammen.
(15. Juni) Washington wird Oberbefehlshaber der amerikanischen Streitkräfte.
(17. Juni) Die Kämpfe um Bunker Hill.

1776 (10. Januar) Thomas Paines Flugschrift »Common Sense« (Der gesunde Menschenverstand) erscheint.
(4. Juli) Die Unabhängigkeitserklärung, die revolutionäre Geburtsurkunde der Vereinigten Staaten von Amerika wird vom Kongreß bestätigt.
(Dezember) Thomas Paines Flugschrift »Die Krise« erscheint.
(25./26. Dezember) Washington überquert den Delaware und besiegt die Hessen bei Trenton.

1777 (Sommer) Erste und zweite Reise Steubens zu Benjamin Franklin nach Paris.
(17. Oktober) Der britische General Burgoyne ergibt sich den Amerikanern bei Saratoga.
(1. Dezember) Ankunft Steubens in Amerika.

1778 (6. Februar) Bündnisvertrag der Vereinigten Staaten mit Frankreich.
(23. Februar) Steuben trifft im Lager von Valley Forge ein.
(5. Mai) Ernennung zum Generalinspekteur mit dem Rang eines Generalmajors.
(28. Juni) Schlacht von Monmouth.

1778 Steuben verfaßt das »Blaue Buch«.

1779 (18. Februar) Steuben wird durch Kongreßbeschluß offiziell zum Generalinspekteur der Armee der Vereinigten Staaten ernannt.
(29. März) Kongreßbeschluß über das »Reglement für die Ordnung und Disziplin der Truppen der Vereinigten Staaten«.

1780 (September) General Arnolds Verrat wird vereitelt.
(November) Steuben in Virginia.

1781 (19. Oktober) Kapitulation des britischen Generals Cornwallis bei Yorktown.

1782 Beginn der Verhandlungen um den Abschluß eines Friedensvertrages in Paris.

1783 (19. April) Einstellung der Feindseligkeiten zwischen den Vereinigten Staaten und Großbritannien.
(3. September) Unterzeichnung des Friedensvertrages in Paris. Der britische König anerkennt die Unabhängigkeit der Vereinigten Staaten von Nordamerika.

1784 (März) Steuben reicht dem Kongreß sein Abschiedsgesuch ein.
(Oktober) Steuben wird Ehrenbürger von New York und anderen amerikanischen Städten. Er erhält vom Staate New York Land.

1789 (30. April) George Washington wird 1. Präsident der USA. Steuben nimmt als Ehrengast an der Amtseinführung teil.

1789 Beginn der Französischen Revolution.

1790 Erste Volkszählung in den USA (3,9 Millionen Einwohner).

1794 (28. November) Steubens Tod in Sixty. Er wird zwei Tage später beigesetzt.

Anmerkungen

1 *Pierre-Augustin Caron de Beaumarchais* (1732-1799) Drama-
   tiker, Prosaautor, kaufmännischer Unternehmer, Finanzspe-
   kulant und Geheimagent. Pierre-Augustin Caron erwarb sich
   durch seine Ehen und finanziellen Geschäfte rasch ein bedeutendes Vermögen und nannte sich nach einem durch Heirat
   erworbenen Landgut de Beaumarchais. Er war in zahlreiche
   gesellschaftliche Skandale und Prozesse verwickelt. Sein lite-
   rarischer Ruhm gründet sich vor allem auf seine Bühnenstük-
   ke, zu deren bekanntesten »Der Barbier von Sevilla« und
   »Figaros Hochzeit« gehören. Während der Französischen Revolution mußte er nach Hamburg emigrieren und kehrte erst
   1796 nach Paris zurück, wo er drei Jahre später, fast taub geworden, verstarb.

2 *»Große Dame«* gemeint ist Maria Theresia, Kaiserin von
   Österreich.

3 *Heinrich,* Prinz von Preußen, jüngerer Bruder Friedrichs II.
   wurde am 18. Januar 1728 in Berlin geboren. Er gilt als einer
   der besten Armeeführer Friedrichs im Siebenjährigen Krieg,
   mit großem taktischen Geschick (Sieg bei Freiberg am 29. Oktober 1762). 1744 hatte Heinrich von seinem Bruder das
   Schloß in Rheinsberg geschenkt bekommen, wo er, in wach-
   sendem politischen Gegensatz und persönlicher Abneigung
   zu Friedrich, über ein halbes Jahrhundert lebte und am 3. August 1802 starb.

4 *Quäker* eine freikirchliche Religionsgemeinschaft mit huma-
   nistischen Tendenzen, die um 1650 in England gegründet
   wurde und sich selbst als »Gesellschaft der Freunde« bezeichnet. Nach 1680 breiteten sich die Quäker auch in Nordameri-

ka aus. Die Quäker lehnten unter anderem den Kriegsdienst und den Eid ab und bekämpften auch die Sklaverei.

5   *Loyalisten* »Die Loyalistenpartei wurde zahlenmäßig wichtig und qualitätsmäßig eindrucksvoll. Loyalisten gab es in jeder Kolonie und in allen Kreisen der Bevölkerung. In New York, New Yersey und Georgia bildeten sie wahrscheinlich die Mehrheit der Bevölkerung. Sehr stark waren sie in Pennsylvania und den Carolinas vertreten, daß heißt in den Gebieten, in denen die britischen Waffen am erfolgreichsten gewesen waren. Am schwächsten waren die Loyalisten in Virginia, Maryland und Massachusetts, das heißt in den am frühesten besiedelten Kolonien mit den stolzesten Traditionen. Obgleich es unmöglich ist, die Zahl der Loyalisten genau festzustellen, gibt die Tatsache, daß über 70000 während der Revolution das Land verließen, und daß allgemein zugegeben wurde, es handle sich bei ihnen nur um eine Minderheit der Partei, einen Hinweis auf ihre Stärke. Die meisten Loyalisten leisteten jedoch den von ihnen erwünschten Eid und zahlten auch die Steuern, während sie insgeheim für die Niederlage der amerikanischen Sache beteten. Sie taten all dies nur deshalb, weil sie nirgends anders hingehen konnten ... Am stärksten war der Loyalismus in den Oberschichten. Daß die königlichen Beamten Tories wurden, ist selbstverständlich, das gleiche gilt für die meisten der anglikanischen Geistlichen, deren allgemeines Gebetbuch die Treue gegenüber dem gesetzlichen Souverän als christliche Tugend vorschrieb. Außerhalb Virginias und Marylands gehörten die meisten der Grundbesitzer zu den Loyalisten, obgleich sich viele während des Krieges passiv verhielten, um ihren Besitz zu retten ...« (Morison, S.E., und Commager, H.S., »Das Werden der Amerikanischen Republik«, Bd.1, Stuttgart 1949)

6   *George Washington* (1732-1799) amerikanischer Staatsmann und General. Er war zunächst Landvermesser und nahm als Offizier der Virginia-Miliz 1755 an dem unglücklichen Feldzuge des britischen Generals Braddock gegen die Franzosen und die mit ihnen verbündeten Indianer teil. 1758-74 war er Abgeordneter des Staates Virginia. 1774 Mitglied des Konti-

nentalkongresses der aufständischen Kolonien. 1775 Oberbefehlshaber der amerikanischen Kontinentalarmee. Nach dem Unabhängigkeitskrieg zog er sich auf sein Landgut Mount Vernon zurück. 1787 war er Vorsitzender des verfassungsgebenden Bundeskonvents und war von 1789-1797 erster Präsident der Vereinigten Staaten von Amerika. Er starb im Dezember 1799 in Mount Vernon.

7   *John Adams* (1735-1826) Rechtsgelehrter, Staatsmann und führender Kopf der amerikanischen Unabhängigkeitsbewegung. Er wurde 1774 in den Kontinentalkongreß entsandt und war an dem Entwurf der Unabhängigkeitserklärung wesentlich beteiligt. Seit 1778 Bevollmächtigter des Kongresses in Paris, 1780 Gesandter in Holland, 1782 wieder in Paris, wo er in Verbindung mit Franklin, Jefferson und Laurens den Friedensvertrag von 1783 aushandelte. 1783 schloß er in Den Haag mit dem preußischen Gesandten den preußisch-amerikanischen Handels- und Freundschaftsvertrag vom 10.9.1785 ab. 1785 erster Gesandter der USA in Großbritanien. Seit 1787 Vizepräsident der USA. Adams wurde 1797 zum zweiten Präsidenten der USA gewählt. Nach der Wahl Jeffersons zum dritten Präsidenten zog sich Adams auf sein Landgut Quincy zurück, wo er am 4. Juli 1826 verstarb.

8   *Sicherheitsausschüsse* »In dieser neuen Etappe der Revolution verstärkte sich die Tätigkeit der Korrespondenz-, Sicherheits- und Kontrollausschüsse, die die Verbindung zwischen den Kolonien aufrechterhielten und eine wirksame antibritische Propaganda betrieben. Sie warben darüberhinaus für die Miliz, beschafften Waffen und ließen die Vorgänge beim Feind auskundschaften. Sie waren es auch, die mit revolutionärem Terror gegen die Loyalisten vorgingen. Im allgemeinen beschlagnahmten diese Ausschüsse auch das Eigentum der Loyalisten. Zu diesem Zweck legten sie schwarze Listen mit den Namen der des Landesverrats Verdächtigen an.« (Weltgeschichte in zehn Bänden, Bd.5, Berlin 1966)

9   *John Hancock* (1736-1793), Kaufmann, Vertreter des amerikanischen Großbürgertums, gehörte als Politiker zu den Ge-

burtshelfern der Amerikanischen Revolution. Mitglied des Kongresses der Vereinigten Staaten und 1776/77 dessen Präsident. Von 1780 bis 1785 Gouverneur des Staates Massachusetts.

10 *Horatio Gates* (1728-1807), amerikanischer General. Er trat früh in die britische Armee ein und nahm an dem britisch-französischen Krieg (1754-1763) in Nordamerika teil. 1767 erwarb er eine Plantage in Virginia. 1775 trat er in die Kontinentalarmee ein, wurde Brigadegeneral und erzwang die Kapitulation des britischen Korps unter General Bourgoyne bei Saratoga. Im August 1780 verlor er die Schlacht bei Camden in Südcarolina und wurde von seinem Posten als kommandierender General abgelöst. Er starb am 10. April 1807 in New York.

11 *Henry Laurens* (1724-1792), wohlhabender Plantagenbesitzer und Großkaufmann, gehörte zu den bekanntesten Staatsmännern während des Revolutionskrieges und war 1777/78 Präsident des Kongresses der Vereinigten Staaten von Amerika.

12 *Alexander Hamilton* geboren am 11. Januar 1757 auf der mittelamerikanischen Insel Nevis. Er besuchte das Columbia College, trat nach Ausbruch des Unabhängigkeitskrieges als Artillerieoffizier in die amerikanischen Streitkräfte ein und wurde 1777 Washingtons Adjutant. Als 1783 der Krieg zu Ende ging, war er Oberst. Als Mitglied des Kongresses und seit 1786 als Mitglied der gesetzgebenden Versammlung in Philadelphia gewann er großen Einfluß und hat wesentlichen Anteil an der Ausarbeitung der Verfassung der Vereinigten Staaten. Er gilt als der Begründer des amerikanischen Föderalismus und hat als erster Schatzsekretär der Bundesregierung (1789-1795) das Finanz- und Steuerwesen der Vereinigten Staaten geschaffen. Er wird als einer der bedeutendsten amerikanischen Staatsmänner bezeichnet. Hamilton starb nach einem Duell am 12. Juli 1804 in New York.

13 *Johann de Kalb,* General im amerikanischen Revolutionskrieg, geboren am 29. Juni 1721 als Sohn eines Bauern in Hüt-

tendorf bei Bayreuth. 1737 ging er als Kellner ins Ausland. Kalb wurde 1743 Offizier in französischen Diensten. Teilnahme als Major am Siebenjährigen Krieg, ab 1761 als Generalquartiermeisteradjutant einer Armee. 1767/68 bereiste er Nordamerika im Auftrag des französischen Außenministers Choiseul. Während des Unabhängigkeitskrieges ging er 1777 mit Lafayette nach Amerika, um den Freiheitskampf zu unterstützen. In der Schlacht bei Camden am 16. August 1780 wurde er verwundet und starb am 19. August 1780.

14 *Friedrich Wilhelm von Gaudy* (auch: Gaudi) (1725-1788), preußischer Generalleutnant. Er wurde in Spandau geboren, studierte zunächst in Königsberg/Ostpr., trat dann 1744 in das Infanterieregiment Prinz Heinrich ein und machte den II. Schlesischen Krieg mit. 1756 wurde er Hauptmann und Flügeladjutant Friedrichs des Großen und nahm am Siebenjährigen Krieg teil, in dessen Verlauf er zeitweise Stabschef und Berater der Generale von Zieten und von Hülsen war. Gaudy starb am 13. Dezember 1788 als Gouverneur der Festung Wesel.

15 *Lafayette,* Marie-Joseph de Motier, Marquis de, wurde am 6. September 1757 im Schloß Chavaniac (Dep. Haute-Loire) geboren. Er ging 1777 mit de Kalb nach Nordamerika, wo ihn der Kongreß sofort zum Generalmajor ernannte. – Während der Französischen Revolution wurde er nach dem Sturm auf die Bastille 1789 zum Generalkommandanten der Nationalgarde ernannt. Er war konstitutioneller Monarchist und floh 1792, nach dem erfolglosen Versuch die radikalen Republikaner militärisch niederzuschlagen, zu den Österreichern, die ihn bis 1797 in Ölmütz internierten. Unter Napoleon I. kehrte er nach Frankreich zurück und lebte zurückgezogen auf seinen Gütern. Er unterstützte die Thronbesteigung der Bourbonen und unternahm 1824, auf Einladung des amerikanischen Kongresses eine Reise in die Vereinigten Staaten. – Nach der Julirevolution 1830 übernahm er zeitweilig nochmals den Oberbefehl über die französische Nationalgarde. Lafayette starb am 20. Mai 1834 in Paris.

16 *Die Kontingente der Söldnertruppen,* die von verschiedenen deutschen Staaten zwischen 1776 und 1782 an die Briten nach Nordamerika verkauft wurden, betrugen im Einzelnen:
Hessen-Kassel, 16992 Mann, von denen 6500 nicht in die Heimat zurückkehrten.
Braunschweig, 5723 Mann, von denen 3015 nicht zurückkehrten.
Hessen-Hanau, 2422 Mann, von denen 981 nicht zurückkehrten.
Ansbach-Bayreuth, 2353 Mann, von denen 1170 nicht zurückkehrten.
Waldeck, 1225 Mann, von denen 720 nicht zurückkehrten.
Anhalt-Zerbst, 1152 Mann, von denen 168 nicht zurückkehrten. Die Gesamtsumme der verkauften Söldnertruppen betrug demnach 29867 Mann, von denen 12554 nicht in die Heimat zurückkehrten.

17 *Friedrich II. Landgraf von Hessen-Kassel* (1720–1785), verheiratet mit Maria, Tochter Königs Georgs II. von Großbritannien. Er nahm als Generalleutnant in preußischen Diensten an den ersten Feldzügen des Siebenjährigen Krieges teil und wurde 1759 zum General der Infanterie und Vizegouverneur der Festung Magdeburg ernannt, da Friedrich der Große dem ganz unfähigen Landgrafen kein Truppenkommando im Feld anvertrauen wollte. Nach dem Tode seines Vaters Wilhelm VIII. wurde der Landgraf 1760 Regent in Hessen-Kassel. Die Stadt Kassel verdankt ihm und seinem Architekten Du Ry eine Anzahl imposanter Bauten und schöne Parkanlagen. Der Landgraf verstarb am 31.10.1785 auf Schloß Weißenstein (später: Wilhelmshöhe).

18 *Das amerikanische Geld* »Die Patrioten waren auch sehr durch ihre Unfähigkeit, den Krieg erfolgreich zu finanzieren, beeinträchtigt. Sie hatten keine Möglichkeit, Anleihen auszugeben. Steuern kamen so gut wie gar nicht in Frage; keine kontinentale Behörde hatte ein Besteuerungsrecht. Der Kongreß mußte die dreizehn Staaten ersuchen, Steuern zu erheben, und da die Staaten eifersüchtig aufeinander waren, auch kleinlich und schlecht regiert wurden, halfen sie murrend und unzurei-

chend. Der Gesamtbetrag der staatlichen Besteuerung für Zwecke der Nation betrug bis 1784 weniger als einen Barwert von sechs Millionen Dollar, oder keine zwei Dollar je Kopf. Anleihen brachten ganz ungenügende Summen – inländische Anleihen nicht ganz zwölf Millionen Dollar und ausländische Anleihen (hauptsächlich von Frankreich, aber auch von Holland und Spanien) nicht ganz acht Millionen. Die Vereinigten Staaten mußten den Kampf um die Revolution in erster Linie auf Papiergeld stützen.

Das ganze Land wurde mit Papiergeld überschwemmt. Dieses verlor so rapide an Wert, daß nur etwa 38 Millionen Dollar bei einem in Umlauf gesetzten Nominalbetrag von rund 240 Millionen Dollar an die Schatzkammer zurückflossen. Im Frühjahr 1781 war der Wert der kontinentalen Noten so nahe an Null, daß Barbiere ihre Läden mit ihnen tapezierten ... Naturgemäß waren die immer wertloser werdenden Geldnoten eine Quelle großer Ungerechtigkeit, Unzufriedenheit und Desorganisation. Ein zeitgenössischer Beobachter, Pelatiah Webster, schrieb darüber: 'Papiergeld schändet die Gerechtigkeit unserer Gesetze, machte sie zu Maschinen der Unterdrükkung, korrumpierte die Rechtlichkeit unserer öffentlichen Verwaltung, zerstörte das Vermögen von Tausenden, die ihr vertraut hatten, schwächte Handel, Ackerbau und Fabrikation in unserem Lande und untergrub die Rechtschaffenheit unseres Volkes'.« (Nevins und Commager, »Kurze Geschichte der Vereinigten Staaten«, Wiesbaden 1960)

19 *Paulus Hook* Eine Landzunge in der Mündung des Hudson. Hier hatten die Briten ein Fort errichtet, das am 19. Juni 1779 von Major Harry Lee in einem nächtlichen Handstreich überwältigt wurde, wobei 160 Gefangene gemacht wurden, darunter mehrere Offiziere. Die Verluste der Amerikaner betrugen 2 Tote und 3 Verwundete.

20 *Die Leiden des Amerikanischen Heeres* »Die Geschichte der Leiden der Revolutionsarmee wird im allgemeinen als ein glorreicher Beweis von Ausdauer und Patriotismus angesehen, und das ist sie auch. Sie ist aber auch gleichzeitig ein Beweis für die Schwäche und Torheit des Kongresses und des

Landes. Zweifellos muß man großzügig über vieles hinwegsehen, wenn man ein junges, schlecht organisiertes Volk beurteilen will, das keine Erfahrungen in den großen Dingen des Lebens besaß und dessen Umstände für eine tüchtige Verwaltung besonders ungünstig lagen. Trotzdem bleibt die Tatsache bestehen, daß das Heer Hunger litt, nicht etwa weil das Land keine Lebensmittel aufbringen konnte, sondern weil die Leute die Steuern nicht zahlen wollten, und weil der Kongreß selbst nicht übersah, wie wichtig eine verwaltungsmäßige Zentralisierung in dieser Lage war. Mancherlei Leiden, die die Armee zu erdulden hatte, waren allerdings unvermeidlich, aber in der Mehrzahl waren sie doch durch untüchtige und nachlässige Beamte, schlechte Verwaltung und zuviel Papiergeld verursacht worden.« (Morison, S.E., und Commager, H.S., »Das Werden der Amerikanischen Republik«, Bd.1, Stuttgart 1949)

21 *General Howe* nicht zu verwechseln mit dem britischen General Howe.

22 *Untere Partei* der untere Lauf des Hudson war von den Briten besetzt.

23 *General Mühlenberg* Johann Peter Gabriel Mühlenberg wurde am 1. Oktober 1746 im Staate Pennsylvania geboren. Sein Vater, der sich seit 1742 in Amerika befand, gründete dort die Deutsch-Lutherische Kirche. Der älteste Sohn Peter sollte ebenfalls Pfarrer werden und wurde 1763 zur Ausbildung nach Halle an der Saale gesandt, wo er aber ein Jahr später dem Internat entwich und sich einem Dragonerregiment anschloß, das durch die Stadt zog. Nach seiner Rückkehr nach Amerika wurde Johann Peter Mühlenberg Pfarrer. Er beteiligte sich lebhaft an der revolutionären Bewegung und wurde nach dem Ausbruch der Feindseligkeiten zum Oberst und Kommandeur eines Regiments ernannt. Dreihundert seiner deutschen Gemeindemitglieder ließen sich in die Listen seines Regiments eintragen, welches als das »Deutsche Regiment« im Kriege bekannt wurde und sich auszeichnete. 1777 wurde Mühlenberg zur Hauptarmee versetzt und im Winter 1779/80 nach Virgi-

nia, wo er bis zur Ankunft Steubens und Greenes den Oberbefehl führte.

24 *Thomas Jefferson* geb. am 2. 4. 1743 zu Shadwell in Virginia in einer Grundbesitzerfamilie. Er studierte Rechtswissenschaft und erwarb sich eine vielseitige Bildung. Als Plantagenbesitzer und Advokat wurde er 1769 Mitglied der Gesetzgebenden Versammlung von Virginia und entwarf, als sich der Widerstand gegen die britische Unterdrückung zu regen begann, den Plan zur Bildung von »Korrespondenzkomitees«. 1776 verfaßte Jefferson, als Delegierter des Kontinentalkongresses, den Entwurf für die Unabhängigkeitserklärung, die am 4. 7. 1776 vom Kongreß angenommen wurde. 1779/82 war Jefferson Gouverneur von Virginia. 1784 reiste er zur Unterstützung Franklins nach Paris, wo er von 1785–1789 als Gesandter der USA residierte. 1790 bis 1793 war er Staatssekretär des Auswärtigen in Washingtons Kabinett. Als 1796 John Adams Präsident der USA wurde, übernahm Jefferson das Amt des Vizepräsidenten. 1801 wurde er zum 3. Präsidenten der Vereinigten Staaten gewählt und übte dieses Amt bis 1809 aus. Neben Franklin gehört Jefferson zu den führenden Köpfen der amerikanischen Aufklärung. Er trat als Verteidiger des Kleinbesitzes auf und wurde zum Ideologen der Farmer, Handwerker und des linken Flügels der revolutionären, liberalen Bourgeoisie. Jefferson begründete die Partei der Föderalisten und Republikaner, aus der die heutige Demokratische Partei entstand. Er gilt als eine der bedeutendsten Erscheinungen in der amerikanischen Geschichte. – Nach 1809 zog sich Jefferson ins Privatleben zurück und starb am 4. Juli 1829 auf seiner Plantage Monticello in Virginia.

25 *Polly und Frederic* Frau und Sohn von William North.

26 *Steubens Grabstätte* in einem Wildpark bei Remsen im Staate New York. Über Steubens Grab wurde in den Jahren 1870/72 ein Grabdenkmal errichtet. Unweit dieses Grabmals wurde 1934 vom Staate New York ein Gedenkstein gesetzt, an dem eine Tafel mit folgender Inschrift angebracht ist:

»S t e u b e n
Offizier in der preußischen Armee 1746–1763
Generalmajor und Generalinspekteur der Armee der
Vereinigten Staaten 1778–1784

Ausgebildet unter Friedrich dem Großen während des Siebenjährigen Krieges stellte er als ehemaliger Generalstabsoffizier Washington seine speziellen Sachkenntnisse zur Verfügung.

Durch seine Ausbildung unserer Bürger-Soldaten in Valley Forge, durch sein System militärischer Regeln und durch seine strengen Inspektionen führte er Ordnung und Disziplin in die Kontinentalarmee ein.

Er war Washingtons erster militärischer Berater und Gehilfe bei der Neuformierung der maroden, schlecht versorgten und geschwächten amerikanischen Armee zu einer gefürchteten und schlagkräftigen Streitmacht.

Seine Dienste waren daher unverzichtbar für die Erringung der amerikanischen Unabhängigkeit.

Nach der Revolution wurde er amerikanischer Staatsbürger.«

Benutzte Literatur

Adams, Willi Paul u. Angela Meurer-Adams, Die Amerikanische Revolution in Augenzeugenberichten«, DTV München 1976.

Bancroft, George, »Geschichte der Amerikanischen Revolution«, Leipzig 1875, 7 Bände.

Bedoyere, Michael de la, »George Washington«, Weimar 1950.

Curti, Merle, »Das amerikanische Geistesleben – Von den Anfängen bis zur Gegenwart«, Stuttgart 1947, 2 Bände.

Doren, Carl van, »Benjamin Franklin«, Overseas Editions, New York 1945.

Eelking, Max von, »Die deutschen Hülfstruppen im nordamerikanischen Befreiungskriege 1776 bis 1783«. 1. u. 2. Bd. (Neudruck der Ausgabe von 1863) 1976.

Eelking, Max von, »Leben und Wirken des Herzogl. Braunschweigschen General-Lieutenants Friedrich Adolph Riedesel«, 2. Band, Leipzig 1856.

Giesebrecht, Werner, (Editor), »Secret Aid for the Americans«, Katalog zur Ausstellung der Stiftung Preußischer Kulturbesitz im Nationalmuseum für amerikanische Geschichte in Washington D.C., Berlin 1981.

Giesebrecht, Werner, (Redaktion), »Friedrich Wilhelm von Steuben – Leben, Zeit und Zeitgenossen«, Katalog zur Ausstellung der Stiftung Preußischer Kulturbesitz in Berlin u.a., Berlin 1980.

Giesebrecht, Werner, (Redaktion), »Friedrich Wilhelm von Steuben Leben, Zeit und Zeitgenossen«, Aufsätze zur Ausstellung der Stiftung Preußischer Kulturbesitz in Berlin u.a.O., Berlin 1980.

Hopp, Ernst Otto, »Bundesstaat und Bundeskrieg in Nordamerika«, Berlin 1885.

Irving, Washington, »Das Leben George Washingtons«, Leipzig 1855, 5 Bände.

Kapp, Friedrich, »Leben des amerikanischen Generals Friedrich Wilhelm von Steuben«, Berlin 1858.

Kapp, Friedrich, »Leben des amerikanischen Generals Johann Kalb«, Stuttgart 1862.

Kapp, Friedrich, »Friedrich der Große und die Vereinigten Staaten von Amerika«, Leipzig 1871.

Kapp, Friedrich, »Der Soldatenhandel deutscher Fürsten nach Amerika (1775-1783)«, Berlin 1864.

Kipping, Ernst, »Die Truppen von Hessen-Kassel im Amerikanischen Unabhängigkeitskrieg 1776-1783«, Darmstadt 1965.

Kügler, Dietmar, »Die deutschen Truppen im amerikanischen Unabhängigkeitskrieg 1775-1783«, Stuttgart 1980.

Lossing, Benson J., »Illustrierte Geschichte der Vereinigten Staaten von Nordamerika«, Stuttgart 1872, 2 Bände.

Lowell, Edward J., »Die Hessen und die anderen deutschen Hülfstruppen im Kriege Großbritanniens gegen Amerika 1776–1783«, Herausgegeben von C.C. Freiherrn von Verschuer, Braunschweig und Leipzig 1901.

Luckwaldt, Friedrich, »Geschichte der Vereinigten Staaten von Amerika«, Berlin und Leipzig 1920, 2 Bände.

Maurois, André, »Die Geschichte Amerikas«, Zürich 1947.

Morison, Samuel Eliot, und Commager, Henry Steele, »Das Werden der Amerikanischen Republik«, Stuttgart 1950, 2 Bände.

Neumann, Karl Friedrich, »Geschichte der Vereinigten Staaten von Amerika«, Berlin 1863-1866, 3 Bände.

Nevins, Allan und Commager, Henry Steele, »Kurze Geschichte der Vereinigten Staaten«, Wiesbaden ca. 1960.

Palmer, John McAuley, »General von Steuben«, Berlin 1938.

Pfister, Albert, »Die amerikanische Revolution 1775–1783«, Stuttgart und Berlin 1904, 2 Bände.

Reinhardt, Walter, »George Washington«, Frankfurt 1931.

Richter, Werner, »George Washington–Vater einer neuen Nation«, Erlenbach und Zürich 1946.

Riedesel, Friederike von, »Mit dem Mut einer Frau – Erlebnisse und Erfahrungen im amerikanischen Unabhängigkeitskrieg, herausgegeben von Wolfgang Griep, Berlin 1989.

Roz, Firmin, »Geschichte der Vereinigten Staaten«, Paris und Leipzig 1931.

Städtler, Erhardt, »Die Ansbach-Bayreuther Truppen im Amerikanischen Unabhängigkeitskrieg 1777-1783«, Nürnberg 1956.

Ueberhorst, Horst, »Friedrich Wilhelm von Steuben 1730–1794«, München 1981.

Weber, Rolf, (Hrsg.), »Land ohne Nachtigall – Deutsche Emigranten in Amerika 1777-1786«, Berlin 1981.

Weltgeschichte in Daten, Berlin 1965.

Weltgeschichte in zehn Bänden, Berlin 1966.

Woodward, W.E., »Tom Paine«, Stuttgart 1948.